Advanced Spanish Grammar

Wiley Self-Teaching Guides teach practical skills from accounting to astronomy, management to mathematics. Look for them at your local bookstore.

Languages

French: A Self-Teaching Guide, by Suzanne A. Hershfield

German: A Self-Teaching Guide, by Heimy Taylor

Italian: A Self-Teaching Guide, by Edoardo A. Lebano

Practical Spanish Grammar: A Self-Teaching Guide, by Marcial Prado

Business Skills

Making Successful Presentations: A Self-Teaching Guide, by Terry C. Smith

Managing Assertively: A Self-Teaching Guide, by Madelyn Burley-Allen

Managing Behavior on the Job: A Self-Teaching Guide, by Paul L. Brown

Teleselling: A Self-Teaching Guide, by James Porterfield

Successful Time Management: A Self-Teaching Guide, by Jack D. Ferner

Science

Astronomy: A Self-Teaching Guide, by Dinah L. Moche

Basic Physics: A Self-Teaching Guide, by Karl F. Kuhn

Chemistry: A Self-Teaching Guide, by Clifford C. Houk and Richard Post

Biology: A Self-Teaching Guide, by Steven D. Garber

Other Skills

How Grammar Works: A Self-Teaching Guide, by Patricia Osborn

Listening: The Forgotten Skill, A Self-Teaching Guide, by Madelyn Burley-Allen

Quick Vocabulary Power: A Self-Teaching Guide, by Jack S. Romine and Henry Ehrlich

Study Skills: A Student's Guide for Survival, A Self-Teaching Guide, by Robert A. Carman

Advanced Spanish Grammar

A Self-Teaching Guide

Third Edition

K. Allen Davis

JOSSEY-BASS™
A Wiley Brand

Library of Congress Cataloging-in-Publication Data

Names: Davis, K. Allen, author. | Prado, Marcial, 1933- author
Title: Advanced Spanish grammar : a self-teaching guide / K. Allen Davis,
   Marcial Prado.
Description: Third edition. | New York : John Wiley & Sons, Inc., 2026.
Identifiers: LCCN 2025019866 (print) | LCCN 2025019867 (ebook) | ISBN
   9781394280605 (paperback) | ISBN 9781394280629 (adobe pdf) | ISBN
   9781394280612 (epub)
Subjects: LCSH: Spanish language—Grammar—Self-instruction. | LCGFT:
   Self-instructional works.
Classification: LCC PC4112.5 .D38 2026 (print) | LCC PC4112.5 (ebook) |
   DDC 468.2/421—dc23/eng/20250614
LC record available at https://lccn.loc.gov/2025019866
LC ebook record available at https://lccn.loc.gov/2025019867

Cover design: Paul McCarthy

To my grandmother, who instilled in me the spirit of strength, foresight, perseverance to complete this work; to my mother, who granted me life, curiosity, and free-spiritedness; and to my husband for his love, patience, and space for me to be myself.

Índice

Preface

Advanced Spanish Grammar: A Self-Teaching Guide explores topics that were first introduced in Practical Spanish Grammar more deeply, but can also compliment any other first-year text. This book aims to bring the user to an **Intermediate-Low** or **Intermediate-Mid** level of Spanish on the *American Council of Teachers of Foreign Language* (ACTFL) scale. Speakers at this level of proficiency are often set apart from the novice speakers in their creative ability with the language, going beyond discussions of themselves to talking about friends and family, and the experiences, preferences, and needs of others alongside their own, with much of this speech restricted to the sentence-level. Your level of comfort with the language at either of these levels has much to do with the amount of time that you give to practice and review of the material.

Self-directed learning has become an increasingly common language learning approach. It requires that you as the learner be responsible for selecting and learning from any available input in the second language (e.g., audiovisual materials, print/online newspapers and magazines) that helps you learn. You can stop, review, and delve even deeper into topics, something that might not have been possible in a classroom setting. This also requires that the book be an accurate and detailed source material, as the learner may not have immediate assistance if they have questions. As a result, this edition has been heavily reviewed and rewritten to ensure that the most error-free material is available for the learner all throughout the text. With respect to the content of this book, you may find it beneficial to start from the very beginning or jump to the point where you feel that you need the most help or review and continue from there. There is no wrong way to use this text. Nonetheless, there are ways that you can help your acquisition of the language. These will be discussed more in depth later under the section "Helpful Pointers."

Finally, it is important to discuss the varieties of the Spanish language that will be used in this text. It is worth pointing out that Spanish is the fourth most spoken language in the world, with over 500 million speakers across all continents and is the official language in over 20 countries. As a result, each dialect of Spanish will be considered throughout the text. This text will not only observe the recommendations for usage that come from the Real Academia Española, but will also address modern usage, such as inclusive language, that operate outside of formal and prescriptive rules.

The incoming author's own experience as a self-directed learner and current university-level language educator with years of experience teaching across all levels and both inside and outside of the classroom allows for an updated perspective on the uses of this text as well as the material that has been included.

Features Contained in Each of the Twenty-Six Lessons

A significant amount of the content found in the previous edition has been kept and updated wherever necessary. Each lesson contains a vocabulary list of approximately thirty-five useful words, followed by a section called *Notas*, which includes linguistic and cultural notes related to the chapter vocabulary. There are also exercises for practicing and reinforcing the vocabulary and, wherever necessary, additions have been made to include more cultural considerations. There is also a section on grammar, followed by practice activities as well as activities to practice the structures that have been introduced. The answers to exams and activities can be found at the end of every exam. Like other intermediate level books, this text is written in Spanish to help maximize the amount of Spanish that you are exposed to.

As this is an advanced text, it is entirely written in Spanish. While this may be jarring at first, there is a benefit to this approach; you are forced to use your skills of deduction and reasoning to comprehend the vocabulary and grammar explanations as well as the instructions for the activities. As you grow in your linguistic knowledge and experience with the language, reading the text in Spanish will become less difficult. As mentioned earlier, you are encouraged to expand upon your linguistic experiences by branching out into your interests and listening and reading as much as you can in Spanish.

What's New in This Third Edition?

■ All grammar explanations have been updated based on linguistic theory and language pedagogy, but presented simply and with considerations of cultural variation where necessary.

■ Exercises and exam answers have been updated to reflected changes in the main text.

Some Helpful Pointers for Using This Book

1. Make flashcards or write out challenging vocabulary for practice. You can also write out grammar examples and attempt making sentences on your own that a native speaker could check. The process of writing out words and sentences

has been shown to aid in committing these items to memory more effectively than if you just read them.

2. Do the exercises one at a time and check your answers right away. This immediate feedback is an important factor in your learning process and a feature of this approach to language learning. Writing out your corrected errors and attempting to explain to yourself why they were wrong can be very helpful as you improve your language skills.

3. Master all the material before you proceed. If you miss three or more answers in an exercise, go back and review the vocabulary or grammar explanation.

4. Review the previous material before taking the test at the end of each group of lessons. About one-third of each of these tests is on vocabulary and the other two-thirds are on grammar. Your goal should be to score at least 80 percent, the equivalent to a B.

To the College Instructor

Advanced Spanish Grammar can be used in any intermediate college course. This text follows an order common in most universities, particularly in the United States. It can be used effectively as a supplementary workbook for students in Basic or Intermediate language programs, where the student might need some extra practice with grammar points and course time doesn't present the most ideal time for review. This is true even in those courses at the second or third year, where the course's focus is composition, conversation, or reading. This text can provide additional opportunities for practice. The website that contains complimentary materials can be accessed at https://sites.google.com/iu.edu/advancedspanishgrammar/home.

1 Tu espacio personal
(Your Personal Space)

la almohada (n.)	pillow	estudiar (v.)	to study
el altavoz; el parlante (LatAm) (n.)	speaker	la fecha (n.)	date
		las gafas del sol (npl.)	sunglasses
bajar (v.)	to go down, to get off (bus); to download	inalámbrico(a) (adj.)	wireless
		jugar (v.)	to play
		la lámpara (n.)	lamp
la bebida (n.)	drink	el lápiz (óptico) (n.)	pencil *(stylus)*
el bolígrafo; la pluma	pen	leer (v.)	to read
		el librero/ la librera (n.)	bookshelf *(America)*
la carpeta (n.)	folder		
la cobija (n.)	blanket	la manta (n.)	blanket
comer (v.)	to eat	la mano (n)	hand
el computador/ la computadora (portátil) (n.)	*(laptop)* computer	la merienda (n.)	snack
		el orden/la orden	order, arrangement (m); command (f)
cómodo/a (adj.)	comfortable		
el cuaderno (n.)	workbook; notebook	la pantalla (n.)	screen
		el papel (n.)	paper
el día (n.)	day	la pluma (estilográfica) (n.)	pen *(stylus)*
el dispositivo (n.)	*(electronic)* device		
el documento (n.)	document	el pupitre (n.)	desk
el enlace (n.)	link	el programa (n.)	program
escribir (v.)	to write	el reloj (pulsera/de pulsera) (n.)	clock *(wrist watch)*
el escritorio (n.)	desk		
la estantería (n.)	bookshelf	la silla (n.)	chair

el sitio (n.)	site	la tableta (n.)	tablet
el stylus	stylus	el teclado (n.)	keyboard
subir	to go up; to upload	la televisión (n.)	television
		el televisor (n.)	television set

PRACTIQUE EL VOCABULARIO

A. Subraye (*underline*) la palabra o expresión más adecuada para completar la oración.

1. La (pantalla, documento, dispositivo, inalámbrica) de la televisión está rota (*broken*) y no podemos ver programas.
2. Es un día bonito. Los chicos quieren (comer, estudiar, jugar, subir) al fútbol en el parque.
3. Necesitas escribir la (fecha, silla, teclado, lámpara) en el documento. Hoy es el nueve de marzo.
4. Es necesario actualizar (*to update*) la computadora. Este (programa, dispositivo, mano, cobija) tiene una versión nueva.
5. El sitio tiene un (bolígrafo, enlace, fecha, librero) roto. Cuando hago clic, no va a otro sitio.
6. Necesito un (lámpara, libro, televisor, cuaderno) nuevo para tomar apuntes (*to take notes*).
7. A veces, mientras (*while*) estudio me gusta comer una (bebida, parlante, carpeta, merienda).
8. Este cuarto necesita más luz; quiero una (lámpara, cobija, tableta, sitio).
9. Roberta necesita una (bebida, silla, programa, televisión) más cómoda. Tiene problemas con la espalda.
10. Mario quiere un (reloj de pulsera, televisor, gafas de sol, stylus) que mide (*measures*) su información biométrica (*biometric*).
11. Roberto tiene que modificar el (parlante, televisión, teclado, fecha) para entrar letras específicas, como la eñe (ñ)

B. Relacione cada palabra de la columna de la izquierda con el sinónimo, la definición o la frase de la otra columna.

1. inalámbrico/a   A. Un lugar para papeles sueltos (*loose*).
2. el librero   B. Un dispositivo para escribir letras en la computadora.
3. subir   C. Un lugar para organizar libros.
4. el programa   D. Describe algo que no requiere conexión física.
5. el escritorio   E. Conecta un sitio en la red con otro.
6. la almohada   F. Usamos esto para dormir.

7. la carpeta	**G.** Uno puede sentarse aquí y trabajar.
8. la pantalla	**H.** Ascender una escalera (*staircase*).
9. el enlace	**I.** Este producto realiza funciones en una computadora.
10. el teclado	**J.** Transmite imágenes en la computadora y la televisión.

RESPUESTAS p. 70

C. Conteste verdadero o falso (V / F).

1. En la oficina personal, es común tener pupitres.   V / F
2. Es más fácil borrar un bolígrafo que (*than*) un lápiz.   V / F
3. Es posible leer documentos en una computadora.   V / F
4. Necesito comprar cuerdas (*cords*) para conectar este dispositivo inalámbrico.   V / F
5. Usamos el teclado para escribir documentos a mano (*by hand*).   V / F
6. Es mejor dormir con una cobija cómoda.   V / F
7. Usamos una almohada para comer.   V / F
8. Es divertido jugar afuera (*outside*) en un día soleado (*sunny*).   V / F
9. Es común usar gafas de sol cuando llueve (*it is raining*).   V / F
10. Usamos un lápiz óptico para escribir en una tableta.   V / F
11. Podemos oír la música mejor con unos parlantes más grandes.   V / F

RESPUESTAS p. 70

D. En el mobiliario de oficina (**At the office supply store**).

Benito quiere un estilo nuevo en su espacio personal y decide ir al mobiliario de oficina para comprar unos muebles. Ahora, en su cuarto, solo tiene un _______________ (1) pequeño donde están su computadora, un teclado y un bote de lápices (*pencil cup*). Para mejorar este espacio, necesita una _______________ (2) cómoda para sentarse porque tiene problemas con la espalda. También, una _______________ (3) para tener más luz, ya que su cuarto es un poco oscuro. Tiene sus libros en el suelo (*floor*) y un _______________ (4) puede ayudar un poco con su organización.

Sin embargo (*however*) Benito tiene otras cosas en su lista que quiere, pero no necesita. Por ejemplo, le gusta escuchar música y busca (*is looking for*) unos _______________ (5) que puede mover a cualquier parte. Otra cosa es una _______________ (6) más grande; ahora no puede ver bien los documentos e imágenes en la computadora que tiene. Piensa en comprar una nevera pequeña para tener _______________ (7) frías para beber y unas _______________ (8) pequeñas para comer. ¡Puede estudiar en su espacio y no tiene que salir!

GRAMÁTICA   El género y los artículos

I.   **Género masculino y femenino.** Todos los sustantivos (*nouns*) del idioma español son masculinos o femeninos.

    A.   Los sustantivos que se refieren a personas y animales son **masculinos** si se refieren a un hombre o **macho** (*male animal*), y son **femeninos** si se refieren a mujeres o **hembras** (*female animals*).

        EJS: **un hombre / una mujer; un turista** (*a male tourist*) **/ una turista** (*a female tourist*); **un policía** (*a male officer*) **/ una policía** (*a female officer*); **un estudiante** (*a male student*) **/ una estudiante** (*a female student*); **un amante** (*a male lover*) **/ una amante** (*a female lover*); **un elefante** (*a male elephant*) **/ una elefanta** (*a female elephant*); **un médico** (*a male doctor*) **/ una médica** (*a female doctor*); **un presidente** (*a male president*) **/ una presidenta** (*a female president*)

        1.   La forma masculina se usa para referirse a la persona/el animal en términos genéricos (ej., *Un presidente gobierna un país* A president governs a country); la forma femenina especifica que la referente es mujer/hembra.

        2.   Hoy día es común que profesiones tradicionalmente masculinas como **médico, abogado** (*lawyer*)**, juez** (*judge*) **y presidente** estén ocupadas por mujeres, lo cual ha obligado a cambios en la lengua. En muchos países se ven las formas **médica, abogada, jueza y presidenta** para referirse a mujeres en estos oficios. De manera similar, algunos puestos que eran comúnmente para mujeres han cambiado para referirse ahora a hombres en estos puestos: *el secretario, el amo de casa, el enfermero, el peluquero* (hairdresser).

    B.   El género no tiene valor lingüístico cuando se refiere a las **cosas** o **ideas.** Simplemente es una convención relativamente arbitraria. Desde el punto de vista gramatical, es importante el género porque determina la concordancia entre artículo, sustantivo y adjetivo (por ejemplo, no decimos "*el casa blanco*" sino "*la casa blanca*", usando las formas femeninas del artículo y el adjetivo).

    C.   Hay varias maneras para determinar el género de los sustantivos en español — Las **últimas letras** del nombre pueden ser una clave (*key*) genérica:

        1.   Son **masculinos** muchos sustantivos que terminan en las letras L-O-N-E-R-S, con pocas excepciones.

           EJS: *L:* un árbol / *O:* un libro / *N:* un flan / *E:* un filete / *R:* un color / *S:* un lunes

2. Son femeninos muchos sustantivos que terminan en las letras D-IÓN-Z-A, con pocas excepciones.

   EJS: *D:* **una pared** / **IÓN: una lección** / **Z: una vez** / **A: una cerveza**

3. Para ser un poco más preciso, es útil familiarizarse con los sufijos (*suffixes*) y grupos de últimas letras comunes que pueden ser una mejor indicación del género de una palabra:

   1. Los sufijos **-aje** (*el lenguaje*, language), **-ón** (*el cajón*, drawer), **-or** (*el calor*), **-án** (*el imán*, magnet) o con una **vocal tónica** (*stressed vowel*) (*el rubí*, ruby) mayoritariamente indican un sustantivo **masculino**.

   2. Los sufijos **-ción/sión** (*la decisión*, decision), **-dad/tad** (la libertad, liberty), **-tud** (*la similitud*, similarity), **-anza** (*la fianza*, bail), **-ancia** (*la mercancía*, merchandise), **-ería** (*la panadería*, bakery), y las terminaciones **-sis** (*la dosis*, dose) e **-itis** (*la artritis, arthritis*) indican siempre un sustantivo **femenino**.

4. Hay algunas excepciones importantes a las reglas anteriores.

   1. Son femeninos los siguientes nombres terminados en '*-e*': *la tarde, la noche, la suerte, la gente, la muerte*.

   2. Son femeninos: *una mano, una flor*.

   3. Son masculinos *un día, un mapa, un lápiz*, y muchos sustantivos terminados en *-ma* (*un problema, el teorema, el dilema*). Véase la página . . . para una lista más amplia.

5. Se puede determinar el género de algunas palabras según su categoría:

   1. Las letras del alfabeto se consideran de género femenino: la *a*, la *be*, la *ese*, la *hache*, la *ene*.

   2. Los números son masculinos: **el siete, el veintidós, el treinta.**

   3. Los días de la semana y los meses son **masculinos: el lunes, los viernes.**

   4. Los colores son masculinos: **el rojo, el rosa, el azul.**

II. **Artículos indefinidos.** En inglés el artículo indefinido es *a* o *an*. En español hay cuatro y varían en **género** (masculino y femenino) y **número** (singular o plural): **un / una** (singular) *a* (ante consonante) o *an* (ante vocal); **unos / unas** (plural) *some* o *a few*:

   A. Se usa *un/unos* con sustantivos masculinos (personas, animales u objetos):

      EJS: **un papa** (*a pope*), **unos papeles** (*some/a few papers*), **un lápiz, unos carpetas** (*some/a few folders*)

B. Se usa ***una/unas*** con sustantivos femeninos (personas, animales u objetos):

> EJS: una policía, unas ciudades (*some cities*), una lección, una vez, unas casas (*some houses*)

III. Artículos definidos. En inglés el artículo definido es '*the*'. En español hay cuatro y como los artículos indefinidos, varían en género y número: **el / los** (m.); y **la / las** (f.):

A. Usamos ***el / los*** con sustantivos masculinos:

> EJS: el parlante, los documentos, el inglés, el español, los martes

B. Usamos ***la / las*** con sustantivos femeninos:

> EJS: las sillas, la lección, la luz, las lámparas, las bebidas

IV. Contracciones. Solamente existen dos contracciones en español y las dos usan el artículo el:

A. Con la preposición *a* + *el* = *al:* Voy **al** patio, pero Voy *a la* casa.

B. Con la preposición *de* + *el* = *del:* La casa ***del*** señor, pero La casa *de la* señora. Observe que *el* es el artículo definido *the,* no el pronombre personal ***él*** (*he*), que requiere un tilde.

> EJS: Le hablo *a él.* (*I talk to him.*)
> La casa *de él.* (*His house: "of him".*)

V. ¡Un caso especial! Si un nombre femenino empieza con *[a]* tónica (*stressed*), se usa el artículo ***el*** en lugar de *la,* y el artículo ***un*** en lugar de *una,* cuando éste está inmediatamente delante del nombre. En la escritura la palabra puede empezar con *a* o con *ha* (recuerde que la letra ***hache*** no se pronuncia, por eso no cuenta fonéticamente). Este cambio facilita la pronunciación entre el artículo y el sustantivo. Curiosamente, una excepción a esta regla es el nombre de esta última letra (se dice «la hache», no «el hache» para referirse a la letra h).

> EJS: **el águila** (*eagle*), **el hada** (*fairy*), **el hambre** (*hunger*),
> **un alma, un ama** (*housewife*), **un hacha** (*axe*)

> PERO: la gran ama de casa, la alfalfa, la almohada,
> una buena alma, una gran águila, una americana

En plural se conserva el artículo femenino: **las almas, las águilas, las hachas.**

PRACTIQUE LA GRAMÁTICA

RESPUESTAS
p. 70

1. Los cuatro artículos indefinidos del español son ____________ /
____________ / ____________ /____________. Se traducen al inglés como
____________.

2. Los cuatro artículos definidos son ____________ / ____________ /
____________ / ____________. Se traducen al inglés como ____________.

3. Todos los sustantivos que se refieren a varones (*human males*) o machos
(*male animals*) son de género ____________. Todos los sustantivos referidos a
mujeres y **hembras** (*females*) son de género ____________.

4. Hay muchos nombres como **turista, policía, estudiante,** que pueden referirse
a ambos géneros. La única manera de saber si hablamos de un hombre o una
mujer es el artículo definido ____________ / ____________, o el indefinido
____________ / ____________.

5. Aunque en algunos países de habla hispana todavía se dice **la médico, la juez,**
en otros se dice ____________, ____________.

6. En términos generales, los nombres de cosas que terminan en las letras
____________ son masculinos, y los nombres de cosas que terminan en las
letras ____________ son femeninos.

7. Si Ud. aplica esa regla a las palabras que no conoce, tiene una altísima
probabilidad de estar en lo correcto. Por ejemplo, según la regla, *caracol*
(*snail*) es ____________ porque termina en *l*, y *hoz* (*sickle*) es ____________
porque termina en *z*.

8. Las excepciones incluyen palabras muy comunes como *la mano* y *el día*. Pero
el grupo más grande de excepciones lo constituyen los nombres terminados
en *e: Filete* es ____________ pero *noche, tarde* y *leche* son ____________.

9. Las dos únicas contracciones en español son ____________ y ____________.
La casa de Juan, ¿es la casa del o la casa de él? ____________.

10. No decimos **la agua** sino **el agua** porque *agua* empieza con una [a]
____________. ¿Cómo decimos, **el hambre o la hambre?** ____________.

11. ¿Cómo decimos, **la americana o el americana?** ____________. La razón es que
la primera [a] de *americana* no es una vocal ____________.

12. ¿Cuál es la forma correcta, **del agua o de la agua?** ____________.

13. No decimos **la casa de el camarero** (*waiter*) sino **la casa** ____________
camarero. Pero **La casa del camarero es La casa** ____________ (*"of him"* =
his house).

EJERCICIOS

RESPUESTAS p. 71

A. Complete con artículos indefinidos (*un / una*).

1. Quiero tomar ____________ cerveza.
2. De postre voy a comer ____________ flan.
3. Agosto es ____________ mes muy caluroso.
4. Necesito comprarme ____________ traje.
5. Este mes tengo ____________ cuenta grande de teléfono.
6. Paco es ____________ alma de Dios (*good and simple man*).
7. Pasamos por ____________ crisis política.
8. Tengo ____________ lápiz en la mano.
9. María es ____________ policía muy valiente.
10. Voy a comer ____________ filete y ____________ ensalada.

RESPUESTAS p. 71

B. Complete las siguientes oraciones con artículos definidos o contracciones (*el, la, los, las, al, del*).

1. No tengo nada en ____________ manos.
2. Mi pluma está en ____________ pupitre.
3. La comida ____________ restaurante mexicano es muy buena.
4. ____________ postre tiene muchas calorías.
5. El símbolo de Estados Unidos es ____________ águila.
6. La puerta ____________ garaje está abierta.
7. ____________ gente de Canadá habla inglés y francés.
8. ____________ arma que usó el criminal fue un revólver.
9. En español nunca pronunciamos ____________ hache (*the* h).
10. Vamos ____________ restaurante italiano para almorzar.
11. Antes de comer vemos ____________ menú.
12. No quiero cerveza; ____________ leche es mejor para mí.
13. Vamos ____________ cine para ver un documental.
14. Me gusta hablar ____________ problema de la contaminación ambiental.

RESPUESTAS p. 71

C. *¡Qué palabras tan raras!* Usted no tiene que conocer el significado de las siguientes palabras para saber si son masculinas o femeninas. Aplique la regla de *L-O-N-E-R-S* y *D-IÓN-Z-A* y escriba el artículo correcto delante del nombre.

1. _____ requiebre	8. _____ jacal	15. _____ solidez
2. _____ overol	9. _____ jornal	16. _____ maizal
3. _____ idiotez	10. _____ julepe	17. _____ juventud
4. _____ metate	11. _____ libación	18. _____ nenúfar
5. _____ llavín	12. _____ lote	19. _____ obús
6. _____ incunable	13. _____ maletín	20. _____ parabrisas
7. _____ iniquidad	14. _____ paraguas	21. _____ tentempié

¡ATENCIÓN!   Nombres terminados en *-ma*

Los nombres que terminan en *-ma* son masculinos solo si son de origen griego. Estudie la siguiente lista. Observe que en la última columna están los nombres femeninos.

el **carisma** charisma	el **morfema** morpheme	*el alma* (f.) soul
el **diagrama** diagram	el **panorama** panorama	*el ama* (f.) housewife
el **dilema** dilemma	el **pentagrama** pentagram	*el asma* (f.) asthma
el **diploma** diploma	el **poema** poem	*la broma* joke
el **drama** drama	el **problema** problem	*la cama* bed
el **esquema** outline, sketch	el **programa** program	*la cima* top
el **estigma** stigma	el **teorema** theorem	*la crema* cream
el **fantasma** phantom	el **reuma** arthritis	*la forma* form, shape
el **fonema** phoneme	el **síntoma** symptom	*la llama* flame
el **idioma** language	el **telegrama** telegram	*la quema* burning
el **lema** motto	el **tema** theme	*la trama* plot

D. Complete las oraciones con una palabra de la lista anterior y su correspondiente artículo.

1. ¿Cuál es ____________ del candidato a la presidencia?
2. William Shakespeare escribió ____________ *Romeo y Julieta*.
3. Me gusta más dormir en ____________ que en el sofá.
4. Rubén Darío escribió much __ s ____________ modernistas.
5. El médico tiene que saber ____________ de la enfermedad.
6. ¿Toma usted el café con much __ ____________?
7. La *t* es ____________ en inglés y en español, pero no se pronuncia igual.
8. Desde la montaña se puede ver mejor ____________.
9. ¿Quién va a resolver ____________ del SIDA (*AIDS*)?
10. Si pones la mano en ____________ te vas a quemar (*burn*).
11. ¿Cuál es ____________ de este artículo que estás leyendo?
12. Me gusta mucho ____________ de esta clase de español.
13. José no puede respirar (*breathe*) bien; tiene much__ ____________.
14. Cuando Ud. tiene que decidir entre dos cosas, tiene ____________.
15. Los cristianos creen que ____________ no muere con el cuerpo.
16. Mi madre es un __ buen __ ____________ de casa.
17. Carlitos me hizo ____________, poniendo sal en mi café.
18. El español es ____________ de unos cuatrocientos setenta y ocho millones de personas.
19. La mujer se preocupa más que el hombre de conservar ____________.

20. ¡Qué contento voy a estar cuando reciba _____________ de graduación!
21. El ingeniero tiene _____________ del puente que va a fabricar.
22. No me gustan _____________ de matemáticas.
23. Un buen líder debe tener _____________ para ganar la simpatía de la gente.
24. Desde _____________ de la montaña vemos un panorama fantástico.
25. Mandamos _____________ en vez de una carta porque llega más rápido.

¡ATENCIÓN!   El lenguaje inclusivo

Según las normas de la Real Academia Española (la RAE), la forma masculina de un sustantivo sirve como referente neutro o genérico (véase la nota I.A.1 en este capítulo), por ejemplo, *Los profesores enseñan a los estudiantes* (Professors [in general] teach students [in general]); "*Un empleado puede ganar mucho aquí*" (An employee [in general] can earn a lot here). En estos casos el referente puede ser hombre o mujer (o varón o hembra en el caso de animales), aunque el artículo y las últimas letras de la palabra indican el masculino (el/los y -o/-os/-es).

Actualmente, hay esfuerzos para modificar el lenguaje para reflejar una verdadera neutralidad. El lenguaje inclusivo en español se refiere a las estrategias que evitan el masculino genérico, tales como la letra -e, -x y la *arroba* (@) en vez de la o, por ejemplo *todes*, *todxs* y *tod@s*. La Academia rechaza estas formas, ya que la lengua española (y otros idiomas romances descendientes del latín) ha utilizado el masculino con esta función genérica desde hace siglos. Sin embargo, el uso del lenguaje inclusivo no depende de la aprobación de la RAE; hay varias personas y organizaciones que utilizan este lenguaje por eso vale la pena mencionar su uso.

2 Una buena cena
(A Good Supper)

a medianoche	at midnight	la fruta	fruit
a mediodía	at noon	hecho(a)	done, made
el almuerzo	lunch	el hecho[4]	fact
barato(a)	cheap	el huevo	egg
beber[1]	to drink	el jamón	ham
cambiar	to change	la langosta	lobster
caro(a)	expensive	la lechuga	lettuce
la cena[2]	supper	el mar	sea
cenar	to have supper	oscuro(a)	dark, obscure
el cerdo[3]	pig, pork	el país[5]	country
cortar	to cut, trim, mow	el porcentaje	percentage
los cubiertos	cutlery	por ciento	percent
la cuchara	spoon	el puerco[3]	pig, pork
el cuchillo	knife	restar	to subtract
el desayuno	breakfast	la sopa	soup
el empleado	employee	sumar	to add
en punto	sharp, on the dot	el tenedor	fork
freír (i)	to fry	último(a)	last
frito(a)	fried	la vajilla	tableware

NOTAS

1. *Beber* se traduce como *to drink* en general. *Tomar* se traduce como *to take* y *to drink*. En algunos países el significado de *beber* se limita a *to drink alcohol*—por ejemplo, en los países del Caribe; mientras que en otros, por ejemplo

México, *tomar* es *to drink alcohol*. En consecuencia, a *drunk* (persona ebria) se traduce como borracho(a), siendo esta la forma general, y ebrio(a), la forma más formal.

2. **La cena** en los países de habla hispana es muy tarde, generalmente entre las ocho y las diez de la noche, más tarde en verano que en invierno. Hay que recordar que las oficinas y tiendas de muchos de estos países cierran a las siete o las ocho de la noche, y por eso la cena es tarde. La comida principal del día es entre la una y las tres de la tarde. Se llama **almuerzo** en algunos países, pero en otros se llama *comida*. La cena es la última comida del día, y para muchas personas es muy ligera (*light*). La comida y la cena son dos eventos que los hispanoamericanos valoran mucho: es una reunión de familia, para charlar, comentar sobre los problemas familiares y chismear (*gossip*).

3. *Cerdo* se traduce como *pig* o *pork*. En español no se distingue entre el animal y la carne del animal. Sin embargo, la variedad de términos para llamar a este animal es extensa: **puerco, lechón, marrano, gocho, chancho, cochino.**

4. *Hecho* es un nombre masculino para *fact, action, deed*, pero *hecho(a)* es también un participio del verbo *hacer* y significa *done* o *made*—por ejemplo, *made in USA* = **hecho en Estados Unidos.**

5. *País* significa solamente *country* en el sentido de *nation, people*. La palabra para *country* en el sentido de *countryside* es *campo*.

PRACTIQUE LAS PALABRAS NUEVAS

RESPUESTAS p. 71
A. Identifica el género (masculino o femenino) de los sustantivos siguientes. Escriba *el* o *la* delante de los nombres en la lista:

1. _____ bondad	7. _____ red	13. _____ mes
2. _____ jamón	8. _____ tenedor	14. _____ tema
3. _____ país	9. _____ juventud	15. _____ cama
4. _____ llama	10. _____ azúcar	16. _____ tomate
5. _____ leche	11. _____ comprensión	
6. _____ porcentaje	12. _____ mediodía	

RESPUESTAS p. 71
B. Complete las oraciones con una de las palabras o expresiones de la siguiente lista. Haga los ajustes (*adjustments*) necesarios.

caro(a)	cubiertos	en punto	mar	por ciento
cerdo	cuchara	fruta	medianoche	tenedor
cortar	empleado(a)	lechuga	país	último(a)

1. La cuchara, el cuchillo y el tenedor son _______________.
2. La camarera es una _______________ del restaurante.

3. México es un _________________ que está al sur de Estados Unidos.

4. Para tomar la sopa usamos una _________________.

5. Para comer huevos y jamón usamos el _________________ y el cuchillo.

6. La langosta vive en el _________________.

7. La banana (el plátano) y el mango son dos _________________ tropicales.

8. La *r* es la _________________ letra de la palabra *mar*.

9. Un Cadillac es más _________________ que una bicicleta.

10. Usamos el cuchillo para _________________ la carne.

11. Necesito llegar a la universidad a las dos _________________.

12. El día termina a la _________________.

13. Los bancos pagan el cinco _________________ de interés.

14. El jamón es un producto derivado del _________________.

15. Comemos ensalada de tomate y _________________.

RESPUESTAS p. 71

C. Conteste verdadero o falso (V / F).

1. _____ Para tomar la sopa usamos el cuchillo y el tenedor.

2. _____ El cerdo y el puerco son dos animales muy diferentes.

3. _____ Canadá es un país situado al norte de Estados Unidos.

4. _____ Sumar y restar son dos operaciones matemáticas básicas.

5. _____ La langosta y el lechón son dos productos del mar.

6. _____ Un auto es más caro que un avión.

7. _____ La langosta es más barata que los huevos.

8. _____ Muchos vegetarianos comen huevos con jamón en el desayuno.

9. _____ El último mes del año no es enero sino diciembre.

10. _____ Los camareros se encargan de atender las mesas del restaurante.

11. _____ La lechuga y el mango son dos frutas tropicales.

RESPUESTAS p. 72

D. Complete las oraciones con una palabra o expresión del vocabulario de esta lección.

Mi madre siempre prepara la cena con amor. Mi hermana pone la mesa: (1) _________________ (*the dishes*) y los tres cubiertos: la cuchara, el tenedor y el (2) _________________. Cenamos a las nueve (3) _________________, como es costumbre en mi (4) _________________. Mi padre se sirve primero; luego se sirve mi (5) _________________; después mi hermana, y como yo soy el menor, tengo que servirme (6) _________________. A mi madre le gusta hablar de los precios en el mercado; según (*according to*) ella, los alimentos son cada día más (7) _________________. En cambio mi padre habla de política, de su trabajo y del (8) _________________ (*percentage*) que pagan en su banco. El postre siempre es (9) _________________ porque según mi madre tiene muchas vitaminas y pocas calorías. Nunca puedo disfrutar (*enjoy*) de mi postre favorito: (10) ¡_________________! (*ice cream*)

GRAMÁTICA   La hora y los números

I.   ¿Qué hora es?

    A. Para las horas exactas decimos:

Es la una.	(*It's one o'clock.*)
Son las doce.	(*It's twelve o'clock.*)
Son las seis.	(*It's six o'clock.*)

    B. Para los minutos, usamos *y* (+) para minutos **después** de la hora y *menos* (–) para indicar los minutos hasta la hora siguiente. También usamos las palabras **cuarto** (*quarter*) y **media** (*half*) como alternativas a los números *quince* y *treinta*:

Es la una y diez.	(*It's 1:10.*)
Son las doce y cuarto.	(*It's a quarter after twelve.*)
Son las doce y quince.	(*It's 12:15.*)
Son las seis y media.	(*It's half past six.*)
Son las seis y treinta.	(*It's 6:30.*)
Son las siete menos diez.	(*It's ten minutes to seven.*)
Son las siete menos cuarto.	(*It's a quarter to seven.*)
Son las siete menos quince.	(*It's fifteen minutes to seven.*)

    C. *De la mañana/de la tarde/de la noche*:

        1. De la mañana = A.M. (desde la medianoche hasta el mediodía)

        2. De la tarde = P.M. (desde el mediodía hasta las 6:59 P.M.)

        3. De la noche = P.M. (desde las 7:00 P.M. hasta la medianoche)

    D. Recuerde lo siguiente:

        1. En México se pregunta la hora diciendo: **¿Qué horas son?** En el resto del mundo de habla hispana se usa **¿Qué hora es?** Observe que para responder sólo se usa la forma singular es con la **una**. Las otras horas son plurales: **Son las dos, las tres, etc.**

        2. En vez de P.M. usamos *de la tarde* y *de la noche*. Usamos *de la tarde* desde el mediodía hasta antes de las 7:00 P.M., y después se dice *de la noche*.

        3. Desde la medianoche hasta la salida del sol se puede usar *de la mañana,* pero también se puede decir *de la madrugada.* Para decir '*sharp*' se usa *en punto.*

            EJ: **Son las tres *de la madrugada en punto.*** (*It's 3:00 A.M. sharp.*)

        4. Para decir *at* con la hora usamos *a,* siempre con los artículos *la/las.*

            EJS: **Trabajo *a la* una. / Me levanto *a las* ocho.**

E. La *hora oficial* (o *el formato de veinticuatro horas*) es distinta de la manera en que decimos la hora coloquialmente. Se usa el formato de veinticuatro horas en televisión y radio durante los noticieros; también se usa en los horarios oficiales de trenes, aviones, clases universitarias y entre los militares. El sistema oficial no utiliza *de la mañana, de la tarde, de la noche, de la madrugada.*

> EJS: **El accidente ocurrió** *a las catorce horas y treinta minutos.* (oficial)
>   **El accidente ocurrió** *a las dos y media de la tarde.* (coloquial)

En el formato de veinticuatro horas no se usa *media* sino *treinta minutos,* ni *cuarto* sino *quince minutos.* Note que los *minutos* se añaden usando *y,* y nunca se restan de la siguiente hora.

> EJ: **La conferencia es** *a las quince horas y cuarenta y cinco minutos* (*3:45 P.M.*).

II. Los números

A. Entre los números diez y treinta escribimos (y pronunciamos) una sola palabra, con un solo acento fonético (*stress*).

> EJS: **(16) dieciséis** / **(18) dieciocho** / **(21) veintiuno** / **veintiún** **(cuando es adjetivo)** / **(22) veintidós** / **(23) veintitrés** **(24) veinticuatro** / **(26) veintiséis** / **(28) veintiocho**

B. Entre treinta y uno y noventa y nueve se escriben tres palabras: (32) **treinta y dos.** Recuerde que, cuando se usa como adjetivo, *uno* se convierte en *un,* solo o formando otros números. Si el nombre que sigue es femenino, se usa *una.*

> EJS: *treinta y un* **libros,** *treinta y una* **casas,** *veintiún* **niños**

C. *Ciento* sólo se usa para números por arriba de *cien* (*100*), por ejemplo, *ciento seis* (*106*). Para traducir *one hundred per cent* usamos **cien por cien, ciento por ciento** o **cien por ciento.** Recuerde que para *one hundred* no se traduce *one*: **cien/ciento.**

> EJS: **cien libros, ciento una casas, ciento veinte dólares**

D. Escribimos una sola palabra entre *ciento* y *novecientos,* y cuando se trata de adjetivos, cambiamos de género (**-os/-as**) para concordar con el sustantivo:

> EJS: **doscientos huevos, doscientas langostas, quinientas casas**

E. *One thousand* se dice **mil,** y no se traduce la palabra *one. Mil* no cambia para el plural: *2.000* **es** *dos mil, 10.000* **es** *diez mil* y *100.000* **es** *cien mil.* Usamos la expresión *miles de* para indicar una cantidad muy grande, pero no exacta (véase la sección de **ATENCIÓN** al final de este capítulo para más información sobre el uso del punto (.) y la coma (,) con los números).

> EJ: **Hay** *miles de* **personas en el estadio.**

F. *One million* se traduce como *un millón*. Cuando acompaña a un nombre, se le añade la preposición *de*. El plural de *millón* es *millones* y también necesita la preposición *de* cuando acompaña a un nombre.

EJ: *dos millones de* **cucharas** (*two million spoons*)

G. *Un billón de* sigue la misma regla que *un millón de*. Pero aquí hay una diferencia significativa entre español e inglés: en países de habla hispana, *un billón* tiene **doce** ceros (o 1.000.000.000.000 $=10^{12}$), mientras *one billion* en los países principalmente angloparlantes este número sólo tiene *nueve* (1.000.000.000 $=10^{9}$). En español, *one billion* se traduce como **mil millones**; **un billón** equivale a *one trillion* en inglés.

PRACTIQUE LA GRAMÁTICA

1. En el habla coloquial, la expresión A.M. se traduce como ______________.

2. La expresión P.M. tiene dos posibles traducciones: ______________ y
______________.

3. Usamos **son** para las doce horas del día excepto para ______________, que es singular.

4. Para decir la hora, *fifteen minutes* tiene dos traducciones:
______________ y ______________.

5. Para decir la hora, *thirty minutes* tiene dos traducciones:
______________ y ______________.

6. ¿Cómo se traduce *sharp* al hablar de la hora? ______________.

7. El *sistema oficial* no tiene doce horas sino ______________. Se usa en los noticieros de TV y de radio, en los horarios de trenes y
______________.

8. En la *hora oficial* no se usa la palabra **media** sino ______________.

9. Existen dos palabras para *one hundred* en español: ______________ y
______________.

10. Para los números por arriba de cien, usamos ______________, por ejemplo, para 106 decimos: ______________.

11. ¿Cuántas palabras escribimos para el número 16? ______________.

12. ¿Cuántas palabras escribimos para los números entre treinta y uno y noventa y nueve? ______________. ¿Cómo se dice *forty-one houses* en español? ______________.

13. No decimos **quinientos cucharas** sino ______________.

14. ¿Qué palabra no se traduce en *one thousand*? ______________.
¿Cómo se traduce *two thousand books*? ______________.

15. ¿Cómo se traduce al inglés *miles de dólares*? ______________

16. ¿Es correcto decir **dos millones dólares**? ______________ ¿Qué falta?
____

17. La traducción de *one billion* no es **un billón** sino ______________.

EJERCICIOS

A. Traduzca al español coloquial las siguientes horas.

1. It's 3:10 P.M. _________________________________.
2. It's 2:15 A.M. _________________________________.
3. It's 1:22 P.M. _________________________________.
4. It's 10:45 A.M. _________________________________.
5. It's 8:54 P.M. _________________________________.
6. It's twenty to six. _________________________________.
7. At seven o'clock. _________________________________.
8. At one sharp. _________________________________.
9. At midnight. _________________________________.
10. At noon. _________________________________.

B. Escriba las siguientes horas en el formato de veinticuatro horas.

1. 8:00 A.M. _________________________________.
2. 8:00 P.M. _________________________________.
3. 3:36 P.M. _________________________________.
4. 6:45 P.M. _________________________________.
5. 12:15 A.M. _________________________________.
6. 7:18 P.M. _________________________________.

C. Traduzca las siguientes frases usando números, haciendo ajustes donde sean necesarios.

1. Two hundred spoons. _________________________________.
2. Three hundred forks. _________________________________.
3. One hundred percent. a) _________________ b) _________________.
4. Five hundred no se escribe *cincocientos* sino _________________.
5. Two million dollars. _________________________________.
6. Two billion dollars. _________________________________.
7. Twenty-one books. _________________________________.
8. Twenty-three houses. _________________________________.
9. One hundred ten boys. _________________________________.

D. *Mi rutina diaria.* Complete el siguiente horario (*schedule*) (usando palabras) según lo que usted hace durante un día ordinario, no durante un fin de semana o un día de fiesta.

1. Hora de levantarme: _________________________________.
2. Hora del desayuno (*breakfast*): _________________________________.
3. Hora del baño (*shower, bath*): _________________________________.

4. Hora de salida para el trabajo o para la universidad: _______________.

5. Hora del almuerzo (*lunch*): _______________.

6. Hora de salida del trabajo o la universidad: _______________.

7. Hora de llegada a casa: _______________.

8. Hora de cenar: _______________.

9. Hora de acostarme: _______________.

¡ATENCIÓN!   Más observaciones sobre los números

1. Note que *por ciento* se escribe en dos palabras. *Porcentaje* (*percentage*) es una sola palabra y se escribe con *j*.

2. Note que *doscientos/as* es una palabra, a diferencia de *two hundred,* que son dos palabras.

3. *Una* es el femenino de *un* y se usa también al formar el adjetivo numeral.

   i. EJ: **31 chicas = *treinta y una* chicas**

4. De *cuarenta* se deriva *cuarentón* (*cuarentona*), de *cincuenta, cincuentón* (*cincuentona*), etc., para expresar que una persona is *in his/her forties, fifties,* and so on.

   EJ: **Mi tía Luisa es *cincuentona*.** (*My aunt Luisa is in her fifties.*)

   * Hay otros sufijos como -*ón* que funcionan como colectivos que se refieren a personas de ciertas edades, por ejemplo -añero/a:

   EJS: -añero/a (veinteañero, *twenty-something*; treintañero, *thirty-something*)

5. En inglés se usa el punto para separar los decimales, y la coma para los miles. En español es lo contrario, según el país: el punto es para separar los miles y la coma para los decimales.

   EJS: *I have $2.25 in my pocket.* = **Tengo $2,25 dólares en el bolsillo.**
   I need 25,000 dollars. = **Necesito 25.000 dólares.**

   Sin embargo, en muchos países de habla hispana se utiliza el sistema norteamericano, una tendencia que se ha acentuado con la transnacionalización de las economías. (Para más información sobre la escritura de los números y el uso de la coma y punto vea el Apéndice I, página 314.)

RESPUESTAS p. 73

E. Practique los números.

1. No se debe escribir *diez y ocho*, sino _______________.

2. *Porciento* no está bien escrito. Debe ser _______________.

3. ¿Cómo se escribe con números *cinco mil?* _______________.

4. ¿Cómo se escribe con números *un millón?* _______________.

5. ¿Cómo se dice *one billion* en español? _______________________.

6. *Dos cientos* no está bien escrito. Debe ser _______________________.

7. No decimos **ochenta y un fichas** (*nickels**) sino _______________________.

8. No decimos **un mil dólares** sino _______________________.

9. ¿Cómo se dice *thousands of books* en español? _______________________.

10. ¿Cómo se dice *in his fifties?* 'Él es _______________________?

11. ¿Cómo se dice *in her forties?* 'Ella es _______________________?

en el dialecto puertorriqueño

RESPUESTAS p. 73

F. Practique los números con unas estadísticas (*statistics*) sobre el español.

1. Hay 21 _______________ países con español como idioma oficial, si se cuenta la isla de Puerto Rico, EEUU.

2. El primer libro en español se publicó en 1472 _______________.

3. En 2023 _______________ se estima que unos 559 _______________ millones de personas hablan español como primer o segundo idioma.

4. En el mundo hay unos 23 millones de estudiantes de español, específicamente 23.035.198 _______________ y, ¡eres uno de ellos!

3 Un desayuno especial
(A Special Breakfast)

aceptar	to accept	la minuta (*España*)	menu (*Spain*)
el arroz	rice	el pan[2]	bread, loaf
el brazo	arm	la papa[3] (*América*)	potato (*America*)
correr	to run	la patata (*España*)	potato (*Spain*)
la costumbre	custom, habit	la pimienta	pepper
el crédito	credit	el pollo	chicken
dar	to give	preparar	to prepare, cook
desayunar	to have breakfast	la raíz (*pl. raíces*)	root, stem
el desayuno[1]	breakfast	rojo(a)	red
el énfasis	emphasis	rosado(a)	rosé, pink
el esquema	outline, sketch	la sal	salt
limpio(a)	clean	la servilleta	napkin
el litro	liter (2.1 *pints*; 1.05 *quarts*)	servir (i)	to serve, work
		la tarjeta[4]	card
la mantequilla	butter	la taza[5]	cup
la margarina	margarine	el tinto	red wine (*Spain*)
el mensaje	message	el vaso	drinking glass
el menú	menu (*America*)	el vino	wine

NOTAS

1. **El desayuno** en algunos países de habla hispana es muy ligero (*light*): jugo de frutas, café con leche, o café solo y algún tipo de pasteles (*pastries*), como pan dulce en México, medias lunas (*croissants*) en Argentina, churros en España, pan tostado con mantequilla o mermelada, etc. Es el llamado **desayuno continental**.

2. *Pan* en español significa *bread* como nombre no contable, y *loaf of bread* como nombre contable. EJ: **Compré dos panes.** (*I bought two loaves of bread.*)

3. La **papa** es original de Perú, donde existen innumerables variedades de este tubérculo. Europa no adoptó la **papa** como alimento popular hasta dos siglos después de que los españoles la llevaron al continente. Sin embargo, actualmente es el vegetal que más se come en todas partes. En los restaurantes europeos, muchos platos se sirven hoy con papas fritas.

4. *Tarjeta* significa *card* como *credit card,* mientras que *carta* significa *playing card* y también *letter* como en *commercial letter.* Las tarjetas de crédito no son tan comunes en los países de habla hispana como en Estados Unidos, y los bancos y tiendas exigen una buena garantía antes de emitir una tarjeta de crédito.

5. Observe que *taza* es *cup,* mientras que *copa* es *drinking glass* (with a stem), como las que se usan para beber champán. *Vaso* se usa para *drinking glass* cuando es de fondo plano (*flat*).

PRACTIQUE LAS PALABRAS NUEVAS

A. Complete las oraciones con una palabra del vocabulario de esta lección.

1. Una _________________ de vino va bien con las pastas.
2. Hay vino blanco, tinto y _________________.
3. En Estados Unidos se usa mucho la _________________ de crédito.
4. Me gusta desayunar _________________ con mantequilla.
5. Bebemos la cerveza en un _________________.
6. Tomamos el café en una _________________.
7. Los restaurantes siempre tienen sal y _________________ en la mesa.
8. Las _________________ son conocidas en España como patatas.
9. En España, al menú se le llama _________________.
10. La mantequilla tiene más calorías que la _________________.
11. El arroz con _________________ es un plato popular en muchos países latinoamericanos.
12. El vino «rojo» también se llama _________________.
13. Una planta vive gracias a las _________________ que tiene en la tierra.
14. La última comida del día es la cena; la primera es el _________________.
15. En los restaurantes exclusivos, los camareros llevan una servilleta en el _________________.
16. Si Ud. repite sistemáticamente una acción, a ésta se le llama una _________________.

17. Muchos restaurantes ___________________ tarjetas de crédito.

18. En Estados Unidos se usan galones, cuartos y pintas; en España y Latinoamérica se usan ___________________.

RESPUESTAS p. 73

B. Conteste verdadero o falso (V / F).

1. ______ En Estados Unidos es muy popular comer pollo en el desayuno.

2. ______ La margarina es un producto vegetal, mientras que la mantequilla es un producto de origen animal.

3. ______ En Latinoamérica, en general, se comen bastantes platos con arroz.

4. ______ Los muchachos norteamericanos comen muchas papas fritas.

5. ______ Una persona de dieciséis años puede beber vino legalmente en Estados Unidos.

6. ______ Un litro es más que una pinta.

7. ______ Usamos la servilleta para limpiarnos la boca y las manos.

8. ______ El arroz con pollo es un plato muy popular en Estados Unidos.

9. ______ El desayuno es la última comida del día.

10. ______ Un desayuno norteamericano típico es huevos fritos con jamón.

11. ______ La papa se llama patata en España.

12. ______ Las rosas no solo son rosadas; pueden ser de otros colores.

RESPUESTAS p. 73

C. *Un desayuno especial en mi casa.* Complete la historia siguiente usando las palabras adecuadas.

Mis padres nacieron (*were born*) en Argentina y luego emigraron a Estados Unidos. Mi hermana y yo hemos nacido aquí. Mi madre (1) ___________ (*cooks*) excelentes platos argentinos, pero también le gusta preparar algunos (2) ___________ (*dishes*) norteamericanos. Los domingos ella prepara un desayuno típicamente norteamericano. Mi hermana pone la mesa: los platos, los cubiertos y las (3) ___________. También pone las (4) ___________ para el café. Mi madre nos sirve (5) ___________ fritos con jamón o tocino, panqueques (*pancakes*), (6) ___________ fritas, ensalada, pan con (7) ___________ o margarina, y mermelada. A mí me gusta poner sal y (8) ___________ en las papas y en los huevos fritos. Mi hermana toma leche descremada sola (*nonfat*), pero a mí me gusta el (9) con leche. Algunos domingos bebemos champán (*champagne*) en unas (10) ___________ elegantes, pero el agua la tomamos siempre en unos (11) ___________ grandes. Pasamos mucho tiempo de sobremesa (*after-dinner chat*), charlando de todo: deportes, política, estudios, nuestros parientes en Argentina. Después mi padre y yo vemos el fútbol en televisión, pero a veces tenemos que lavar los (12) ___________ (*dishes*): ¡Otra costumbre muy norteamericana. . .!

GRAMÁTICA   El presente de indicativo

I.   Verbos regulares. Repase el siguiente esquema.

Sujeto	*habl ar*	*com er*	*viv ir*
yo	habl o	com o	viv o
tú	habl as	com es	viv es
él/ella/Ud.	habl a	com e	viv e
nosotros(as)	habl amos	com emos	viv imos
vosotros(as)	habl áis	com éis	viv ís
ellos/ellas/Uds.	habl an	com en	viv en

A. Hay tres clases de verbos en español, divididos según las terminaciones del infinitivo: **-ar**, **-er** o **-ir**. Cada una de las tres clases tiene su propio patrón de conjugación, aunque los verbos en **-er** e **-ir** tienen el mismo patrón en muchos casos.

B. Dividimos todas las formas verbales en dos partes.

1. Raíz (*STEM*): Alude al significado léxico del infinitivo.

EJS: **habl-** (*talk*), **com-** (*eat*).

2. Terminación: Alude a los valores gramaticales de la palabra, como **tiempo** (presente, pasado, futuro) y **persona** (yo, tú, él).

EJS: **-o** (*presente,* **yo**), **-iste** (*pasado,* **tú**).

C. Estas partes del infinitivo se llaman *morfemas* en los estudios lingüísticos, y es un concepto muy importante. Un morfema es la parte mínima de una palabra que tiene un significado, pero no puede estar solo. Por ejemplo, en la palabra *hablo* el morfema *habl* se refiere a la acción de *hablar*; el morfema *o* indica que es yo. Es posible tener más de un morfema, como en la palabra indestructible, que tiene **tres** morfemas *in*, que indica la negación; *destruct*, que se refiere a la acción de destruir; *ible* indica la habilidad de hacer algo. Aunque no se pueden formar palabras individuales, "juntos indica que algo que no se puede destruir". También es posible tener solo un morfema, como la palabra rosa, que no se puede dividir en componentes más pequeños.

II. **Usos del presente de indicativo.** El presente de indicativo se usa en los siguientes casos.

A. Una acción **en progreso** en el momento en que se habla. En inglés, como sabemos, es obligatorio usar la forma progresiva: *is eating*.

EJ: **Juan come el pollo ahora.** (*Juan is eating the chicken now.*)

    B. Una acción futura.

        EJ: **Mañana salimos para Miami.** (*Tomorrow we will leave / are leaving / leave for Miami.*)

    C. Una costumbre o hábito.

        EJ: **José bebe mucho vino.** (*José drinks a lot of wine.*)

III. Verbos irregulares. Observe la conjugación de los verbos ser, estar, ir y dar.

Sujeto	*s er*	*est ar*	*ir*	*d ar*
yo	s oy	est oy	v oy	d oy
tú	er es	est ás	v as	d as
él / ella / Ud.	es	est á	v a	d a
nosotros(as)	s omos	est amos	v amos	d amos
vosotros(as)	s ois	est áis	v ais	d ais
ellos / ellas / Uds.	s on	est án	v an	d an

    A. Un verbo es irregular si **la raíz cambia** de una persona a otra o de un tiempo a otro, o bien toma una terminación que no es común a la mayoría de los verbos. Por ejemplo, **estoy** es irregular porque tiene una **y** después de la **-o**. De hecho, todas las primeras personas de los verbos anteriores son irregulares porque tienen la terminación **-oy** en lugar de **-o**.

    B. *Ser* es irregular porque cambia la **raíz** tres veces: **s-**, **er-**, **es**.

    C. *Ir* es el único verbo del español que no tiene raíz en el infinitivo, pero sí en el presente: **v-**.

NOTAS

1. Aunque el pronombre **vosotros** y sus formas verbales se usan solamente en España, aparecen en el paradigma verbal en este libro por razones históricas y porque no hay variación en la terminación.

2. El pronombre **vos** (*you*) se usa en muchos países en Latinoamérica en lugar de **tú**: Argentina, Paraguay, Uruguay, Chile, Nicaragua, Costa Rica; en algunos países aparece al lado de **tú** o en lugares específicos: Guatemala, Honduras, Perú, Ecuador, Colombia, Venezuela, El Salvador y México. **Vos** se usa con formas verbales distintas en el presente: **hablás**, **comés** (aunque **vivís** es igual a la forma de vosotros). Hay mucha variación en las terminaciones de **vos** entre los países voseantes, por eso **vos** no aparece en el paradigma verbal en este libro. Sin embargo, es un pronombre aceptado en el habla diaria y reemplaza **tú** en muchos casos. Puedes leer más sobre esto en los recursos en línea.

3. Los pronombres sujetos **yo**, **tú**, **él**, etc., no se suelen usar en español (excepto en dialectos particulares). Se usan en el español estándar para dar **énfasis y contraste**. La terminación del verbo es suficiente para indicar cuál es el sujeto.

EJS: *Hablamos* español en clase. (*We speak Spanish in class.*)
 Nosotros hablamos español en clase. (<u>*We*</u> *speak Spanish in class.*)

En algunos casos es necesario poner los pronombres de tercera persona
(él, ella, usted) para distinguir el género o la persona.

EJ: José y Juanita son amigos. *Ella* es norteamericana y *él,* mexicano. *Usted* es
 mexicana también.

4. *Usted / ustedes* se usan para expresar cortesía y respeto; en general, se usa
usted con personas en puestos de autoridad o personas mayores. Sin embargo,
hay algunos países hispanohablantes (por ejemplo, Colombia) en que se usa
usted aún entre amigos y familiares. El origen de *usted* es la expresión hoy en
desuso *vuestra merced* (*your grace*).

PRACTIQUE LA GRAMÁTICA

1. Para distinguir las tres clases de verbos usamos las terminaciones del
infinitivo: __________, __________ o __________. Cada clase tiene
terminaciones diferentes.
2. La parte del verbo que alude al significado es la __________, que
también se llama **base** o **radical**.
3. La raíz de *hablar* es __________ la raíz de *comer* es __________; la raíz
de *estudiar* es __________.
4. El morfema **-o** de *hablo, como, vivo* alude a dos valores gramaticales:
a) presente de indicativo; b) __________
5. Todos los verbos, en todos los tiempos, tienen el morfema **-mos**: el
significado de esta terminación es __________.
6. La *-n* de *hablan* se refiere a tres sujetos posibles: __________,
__________ o __________.
7. Un verbo es irregular cuando cambia la __________ o la terminación es
distinta a la usual.
8. Los verbos **dar, ser, estar, ir,** no tienen el morfema **-o** para el sujeto **yo,**
sino que tienen el morfema __________. Son verbos __________.
9. El verbo **ir** no tiene raíz en el infinitivo, pero en el presente de indicativo
la raíz es __________.
10. El verbo **estar** tiene acento en tres formas: __________, __________ y
__________.
11. *Jamón* y *están* tienen acento escrito porque terminan en *-n* y el acento
fonético está en la última __________.
12. En español se omiten los pronombres de sujeto porque repiten la
información de la __________ del verbo.
13. En España el plural de *tú* es __________ En cambio, en América el plural
de *tú* es __________.

14. En Argentina no se usa el pronombre *tú;* en su lugar se usa __________.

15. *Tú corres mucho* es más __________ que *corres mucho.*

16. Las dos maneras de abreviar la palabra *usted* son __________ y __________.

17. La conjugación de tercera persona singular se utiliza para tres pronombres: él, __________ y **usted**. Esto quiere decir que en muchos casos es necesario ponerlos para distinguir el sujeto **de** la oración.

EJERCICIOS

RESPUESTAS p. 73

A. Complete las oraciones con la forma correcta del presente de indicativo.

1. Solo quiero un café porque __________ a dieta. (estar)
2. José no __________ vino sino cerveza. (beber)
3. ¿Por qué (tú) __________ el tenedor para comer la sopa? (usar)
4. Nosotros __________ un filete y una ensalada. (pedir)
5. Ellos __________ servilletas y platos. (necesitar)
6. Los camareros de este restaurante __________ muy amables. (ser)
7. Yo siempre __________ el café con azúcar pero sin crema. (tomar)
8. Ustedes __________ a comer arroz con pollo. (ir)
9. ¡Camarero! Mi amiga __________ un vaso de vino blanco. (desear)
10. María no __________ helado porque este tiene muchas calorías. (comer)
11. La raíz de los verbos regulares no __________. (cambiar)
12. ¿De dónde __________ (tú), de Canadá o de Francia? (ser)
13. Yo siempre __________ cinco kilómetros por la mañana. (correr)
14. Carlos y yo __________ buenos postres. (preparar)
15. Ella __________ el bisté con el cuchillo. (cortar)
16. Mi amigo siempre __________ la cuenta del restaurante. (pagar)
17. ¿Por qué el camarero no nos __________ la cuenta? (dar)
18. En todas esas tiendas __________ tarjetas de crédito. (aceptar)
19. El plato más caro del restaurante __________ la langosta. (ser)
20. Nosotros siempre __________ a las nueve de la noche. (cenar)

RESPUESTAS p. 74

B. Escriba los pronombres que corresponden a estas formas verbales.

1. __________ escribes	7. __________ son
2. __________ pagamos	8. __________ estoy
3. __________ está	9. __________ da
4. __________ eres	10. __________ cenan
5. __________ desean	11. __________ cortas
6. __________ corro	12. __________ soy

RESPUESTAS p. 74

C. Separe las raíces de estos verbos.

1. correr _______________
2. estudiar _______________
3. desear _______________
4. ver _______________
5. leer _______________

6. satisfacer _______________
7. copiar _______________
8. criar _______________
9. crear _______________
10. ir _______________

¡ATENCIÓN! Oraciones interrogativas

En español existen dos tipos de preguntas: **pregunta general** (*yes-no question*) y **pregunta específica**, para saber quién, cómo, dónde y cuándo.

A. Usamos la **pregunta general** para confirmar cierta información. En realidad, es una oración afirmativa o negativa común, pero en forma interrogativa. El sujeto puede ponerse antes o después del verbo.

> EJS: ¿Es *usted* argentino? = ¿*Usted* es argentino?
> ¿No es *usted* argentino? = ¿*Usted* no es argentino?

B. Es muy común añadir (*to add*) una pregunta a un enunciado (*statement*) para confirmar o asegurar la idea del enunciado. En inglés estas preguntas se llaman *tag questions*. Son ¿verdad?, ¿no es verdad?, ¿cierto?, ¿no es cierto?, ¿no?

> EJ: María habla francés, ¿*verdad*?

C. Usamos la **pregunta específica** para pedir información sobre el lugar, el modo, el tiempo, etc. Estas preguntas se formulan usando las siguientes palabras.

¿Adónde? *Where to?*	¿Cuánto(a)? *How much?*	¿Por qué? *Why?*
¿Cómo? *How?*	¿Cuántos(as)? *How many?*	¿Qué? *What?*
¿Cuál (¿cuáles)?	¿De quién? *Whose?*	¿Quién(es)? *Who?*
(*Which one[s]*)?	¿Dónde? *Where?*	
¿Cuándo? *When?*	¿Para qué? *What for?*	

1. ¿*Adónde?* se puede escribir en una o dos palabras (*adónde o a dónde*). Sin embargo, la primera forma es preferida por la Real Academia Española.

2. Delante de un nombre se puede usar *qué* y *cuál*: en España se usa *qué* mientras que en América se usan los dos.

> EJ: ¿*Qué* libro prefieres? = ¿*Cuál* libro prefieres?

3. No confunda *por qué* (why) con *porque* (because).

4. Recuerde que en español se colocan los signos de interrogación al principio (¿) y al final (?) de la pregunta.

5. Las palabras interrogativas siempre llevan acento escrito, sin importar si es **pregunta directa** (con los signos de interrogación) o **pregunta indirecta** con verbos como **saber, decir, preguntar, y comprender.**

EJ: **Quiero saber** *cómo* **está tu familia.** (*I want to know how your family is.*)

RESPUESTAS p. 74

D. Complete las oraciones usando el equivalente en español de las palabras sugeridas en inglés. No se olvide de los acentos.

1. Elena está a dieta, ¿ _____? (*right*)
2. ¿ _____ camareros trabajan en este restaurante? (*how many*)
3. ¿ _____ crema usas en el café? (*how much*)
4. ¿ _____ estudia Pepe? (*where*)
5. El policía pregunta _____ ocurrió el accidente. (*where*)
6. ¿ _____ se dice *napkin* en español? (*how*)
7. ¿ _____ viajan ellos a Colombia? (*when*)
8. ¿ _____ es el autor de *Don Quijote de la Mancha?* (*who*)
9. Isabel va a decir _____ es el mejor plato de este restaurante. (*which one*)
10. ¿ _____ clase de vino desean tomar? (*what*)
11. ¿De _____ son ustedes, de Barcelona o Madrid? (*where*)
12. La raíz de los verbos regulares no cambia, ¿__________? (*isn't that right*)
13. ¿ _____ es el carro verde? (*whose*)
14. ¿ _____ compras mantequilla en vez de margarina? (*why*)
15. ¿ _____ van los trabajadores después del trabajo? (*where*)

4

Mi restaurante favorito
(My Favorite Restaurant)

el aceite	oil	el hablante	speaker (*person*)
la aceituna	olive	la hamburguesa	hamburger
el ajo	garlic	llorar	to cry, weep
al ajillo	with a garlic sauce	el marisco	seafood
		moverse (ue)	to move
a la plancha[1]	on the grill	la oliva[3]	olive
almorzar (ue)	to eat lunch	el olivo	olive tree
el almuerzo	lunch	el oyente	listener
añadir	to add	prever[4]	to foresee
el caldo	broth	el punto de vista	point of view
el camarón (*América*)	shrimp (*America*)	la res	Beef
		la carne de res	
la carne	meat	saber	to know
la cebolla	onion	salir	to go out, leave
la cocina	kitchen, cuisine	sobresalir	to stand out, excel
cocinar	to cook	la vaca	cow
equivaler	to be equal to	valer	to be worth
la especia[2]	spice	venir[5]	to come
la gamba (*España*)	shrimp (*Spain*)		

NOTAS

1. *Plancha* significa varias cosas: *plate* (of metal), *iron* (the appliance), *grill*. En sentido figurado **una plancha** es *a blunder*. La expresión *a la plancha* significa *on the grill*.

2. La palabra '*especia*' significa spice y se usa tanto en España como en Hispanoamérica. '*Especie*' significa species o kind, y no debe confundirse con '*especia*'.

3. Observe que *olivo* es el árbol y *oliva* la fruta. Este proceso es bastante común en español; lo mismo sucede con **manzano** (*apple tree*) y **manzana** (*apple*), **naranjo** (*orange tree*) y **naranja** (*orange*), **ciruelo** (*plum tree*) y **ciruela** (*plum*), y muchos más. Sin embargo, la palabra *aceituna* es más común que *oliva* para *olive*.

4. No confunda los verbos **prever** y **proveer**. **Prever** (*to foresee*) es un verbo compuesto en base al verbo **ver**, pero necesita acento en **tú prevés**, **él prevé**, **ellos prevén**. **Proveer** significa *to provide* y el presente es **proveo, provees, provee, proveemos, proveen**.

5. *Venir* significa *to come,* pero recuerde que *to come* también traducirse con formas de *ir*. En español *venir* hace referencia estrictamente a la acción de moverse hacia el hablante, mientras que *ir* significa alejarse del hablante. En cambio, en inglés *to come* hace referencia a la acción de moverse en las dos direcciones. Por ejemplo, la mamá le dice a su hijo, «*Come here!* (¡Ven aquí!)» El niño responde, «*I'm coming, mom!* (¡Ya voy, mamá!)»

PRACTIQUE LAS PALABRAS NUEVAS

RESPUESTAS P. 74

A. Identifique el género de las siguientes palabras, y escriba el artículo que corresponda.

1. _____ pan	7. _____ énfasis	13. _____ vista
2. _____ hablante	8. _____ arroz	14. _____ aceite
3. _____ consomé	9. _____ oliva	15. _____ esquema
4. _____ camarón	10. _____ carne	16. _____ oyente
5. _____ sal	11. _____ hamburguesa	17. _____ mensaje
6. _____ raíz	12. _____ res	18. _____ leche

RESPUESTAS p. 74

B. Relacione las dos columnas identificando la palabra que completa la frase o corresponde a la definición de la segunda columna.

1. _____ aceite	A. sopa ligera, consomé
2. _____ camarones	B. La langosta y el camarón son . . .
3. _____ almuerzo	C. La . . . hace llorar cuando se corta.
4. _____ carne	D. ver de antemano
5. _____ cebolla	E. . . . de oliva
6. _____ caldo	F. . . . de vaca, de puerco, de pollo, de res
7. _____ mariscos	G. Los. . . se llaman gambas en España.

8. _____ ajo	H. La comida de mediodía se llama...
9. _____ cocinar	I. sal, pimienta, ajo son tipos de...
10. _____ prever	J. comida preparada con carne de res, muy popular en Estados Unidos
11. _____ especias	K. En Italia se come pasta con aceite y...
12. _____ hamburguesa	L. preparar los alimentos
13. _____ olivo	M. Un dólar... a dieciocho pesos mexicanos
14. _____ equivale	N. El fruto del... es la aceituna.

RESPUESTAS p. 74

C. Escriba verdadero o falso (V / F).

1. _____ La langosta y la res son mariscos muy caros.
2. _____ Si Ud. tiene siete pies de estatura (*height*) se puede decir que usted sobresale entre otras personas.
3. _____ En España e Italia se usa mucho el aceite de oliva para cocinar.
4. _____ Los italianos usan poca cebolla y ajo para cocinar.
5. _____ En Estados Unidos se comen muchas hamburguesas.
6. _____ Un buen periodista provee información imparcialmente.
7. _____ El filete y las gambas son especias muy sabrosas.
8. _____ Un caldo es una sopa con muchos vegetales.
9. _____ En España se preparan varios platos al ajillo.
10. _____ La aceituna es un producto de la res.

RESPUESTAS p. 74

D. Complete las oraciones con una palabra del vocabulario o de las notas.

1. Un litro _________________ a 2,2 pintas.
2. Cuando corto cebollas no puedo evitar de _________________.
3. La langosta y el camarón son _________________ muy caros.
4. El autobús _________________ para Nueva York a las dos en punto.
5. ¿Sabe usted _________________ (*to cook*) hamburguesas?
6. Antes de invertir en la bolsa es bueno _________________ el comportamiento de la economía.
7. Cenamos por la noche y _________________ al mediodía.
8. El _________________ se usa para freír alimentos.
9. Los ranchos tienen muchas _________________.
10. Generalmente las hamburguesas se cocinan _________________.
11. En España se usa mucho la cebolla y el _________________ para cocinar.
12. Un plato típico de España es _________________ a la plancha.
13. Mi hermano no es muy buen estudiante, pero _________________ en los deportes.
14. Me gusta más la _________________ de vaca que la de cerdo.
15. Las personas no suelen hablar solas; un hablante siempre necesita un _________________.

GRAMÁTICA   Verbos irregulares en presente de indicativo

A. Observe la conjugación de los verbos **tener** *(to have)*, **poner** *(to put)*, **venir** *(to come)* y **salir** *(to leave)*.

Sujeto	ten *er*	*pon er*	*ven ir*	*sal ir*
yo	teng o	pong o	veng o	salg o
tú	tien es	pon es	vien es	sal es
él/ella/Ud.	tien e	pon e	vien e	sal e
nosotros(as)	ten emos	pon emos	ven imos	sal imos
vosotros (as)	ten éis	pon éis	ven ís	sal ís
ellos/ellas/Uds.	tien en	pon en	vien en	sal en

1. Todos estos verbos tienen una *g* en la raíz para el sujeto **yo: veng-, teng-, salg-, pong-**.

2. *Tener* tiene tres raíces en el presente: **teng-, ten-, tien-**; *venir* también tiene tres raíces: **veng-, ven-, vien-**.

B. Aprenda ahora la conjugación de los verbos **hacer** *(to do)*, **decir** *(to say, tell)*, **saber** *(to know)*, **ver** *(to see)* y **valer** *(to be worth)*.

Sujeto	*hac er*	*dec ir*	*sab er*	*v er*	*val er*
yo	hag o	dig o	s é	ve o	valg o
tú	hac es	dic es	sab es	v es	val es
él/ella/Ud.	hac e	dic e	sab e	v e	val e
nosotros(as)	hac emos	dec irnos	sab emos	v emos	val emos
vosotros(as)	hac éis	dec ís	sab éis	v éis	val éis
ellos/ellas/Uds.	hac en	dic en	sab en	v en	val en

1. *Hacer* es irregular en el presente porque la raíz cambia de *hac-* a *hag-* para la primera persona singular.

2. Decir tiene tres raíces: **dig-, dic-, dec-**.

3. *Saber* tiene una conjugación muy irregular para la primera persona singular: **sé**.

4. *Ver* es irregular en la primera persona singular: la raíz es **ve-** en lugar de **v-**. *Prever* es un compuesto de *ver* y sigue el mismo patrón de conjugación, pero necesita acento escrito en **prevés, prevé, prevén**.

5. *Valer* y *equivaler* tienen una *g* en la raíz para la primera persona, como en **vengo, tengo, salgo, hago, digo**.

C. **Verbos compuestos.** Varios de los verbos anteriores tienen formas derivadas (la **derivación** es la creación de una palabra nueva mediante la adición de un prefijo o sufijo a una palabra base). Estas sufren los mismos cambios irregulares que los verbos simples. Observe que muchos de estos verbos tienen una forma «cognada» en inglés.

Tener:
abstener to abstain
contener to contain
detener to stop, detain
entretener to entertain
mantener to maintain
obtener to obtain
retener to retain
sostener to sustain

Poner:
componer to compose, fix
descomponer to break, decompose
exponer to expose
imponer to impose
oponer to oppose
proponer to propose
suponer to suppose

Venir:
convenir to agree, be convenient
intervenir to intervene
prevenir to prevent
provenir to originate

Salir:
sobresalir to stand out

Hacer:
deshacer to undo, melt
rehacer to redo
satisfacer to satisfy

Decir:
bendecir to bless
contradecir to contradict
maldecir to curse

Ver:
prever to foresee

Valer:
equivaler to be equal to

PRACTIQUE LA GRAMÁTICA

RESPUESTAS p. 74

1. *Tengo, salgo, pongo, valgo,* son formas irregulares porque llevan __________ en la raíz.
2. *Vienes* es irregular porque la raíz del infinitivo cambia de **ven-** a __________.
3. *Tener* tiene tres raíces en el presente: __________, __________ y __________.
4. Las formas **hacemos / decimos,** ¿son regulares o irregulares? __________.
5. No se dice yo **sabo** sino **yo** __________ (*I know*).
6. *Hag-* es la raíz irregular del verbo __________, y **dig-** es la raíz irregular del verbo __________.
7. El verbo **ver** tiene dos raíces en el presente: __________ y __________.
8. El verbo **prever** (*to foresee*) es un compuesto de **ver.** ¿Cómo se traduce *They foresee. . .?* __________.

9. *Satisfacer* se deriva de **hacer**. ¿Cómo se traduce *I satisfy?* __________.

10. De **salir** se deriva **sobresalir**. ¿Cómo se traduce *I stand out?* __________.

11. Si **maldecir** se deriva de **decir**, ¿cómo se traduce *I curse?* __________.

12. Proveer (*to provide*) no se deriva de **ver**. ¿Cómo se traduce We *provide?* __________.

13. De **tener** resulta **obtener**. ¿Cómo se traduce *I obtain. . .?* __________.

14. De **poner** resulta **componer** (*compose, fix*). ¿Cómo se dice *I fix. . .?* __________.

15. De **venir** resulta **prevenir**. ¿Cómo se traduce *I prevent. . .?* __________.

EJERCICIOS

**RESPUESTAS
p. 75**

A. Complete las oraciones con las formas correctas del presente de los verbos entre paréntesis.

1. Mi hijo ______________ dos idiomas, pero yo sólo ______________ uno. (*to know*)

2. Mi esposa le ______________ aceite y vinagre a la ensalada. (*to put*)

3. Yo ______________ que los camarones son buenos aquí. (*to suppose*)

4. Este cocinero siempre ______________ un caldo estupendo. (*to make*)

5. Los analistas políticos ______________ una derrota de la oposición en las elecciones. (*to foresee*)

6. El agua contaminada ______________ bacterias malas. (*to contain*)

7. Mi casa ______________ en todo el barrio. (*to stand out*)

8. Carmina, ¿cuándo ______________ a almorzar a mi casa? (*to come*)

9. Carmina contesta: « ______________ el sábado próximo». (*to go*)

10. Desde mi casa (yo) ______________ las montañas nevadas. (*to see*)

11. Los policías ______________ a los criminales. (*to detain*)

12. Un buen padre ______________ a toda su familia. (*to maintain*)

13. La nieve (*snow*) se ______________ con el calor. (*to melt*)

14. Los mariscos ______________ mucho. (*to be worth*)

15. Cuando las cosas no van bien, ______________ mi suerte. (*to curse*)

16. La palabra *hacer* ______________ del latín *facere*. (*to come from*)

17. Tú siempre ______________ a tus amigos. (*to entertain*)

18. Yo ______________ de mi casa a las siete todos los días. (*to leave*)

**RESPUESTAS
p. 75**

B. Complete las oraciones con uno de los siguientes verbos compuestos.

bendecir	equivaler	prever	sobresalir
contradecir	maldecir	proveer	ver

1. Los padres ______________ de comida y educación a sus hijos.

2. El dólar ______________ a siete pesos mexicanos.

3. El papa ______________ con la mano derecha a los visitantes del Vaticano.
4. Tú nunca estás de acuerdo con los demás; siempre ______________ a todo el mundo.
5. Mi tía no ______________ bien con el ojo derecho, pero yo sí ______________ bien.
6. La torre (*tower*) de la iglesia ______________ por encima de las casas del pueblo.
7. Un buen líder ______________ los problemas antes de que surjan.

RESPUESTAS p. 75

C. Complete las oraciones con uno de los verbos siguientes.

| convenir | prevenir | rehacer |
| deshacer | provenir | satisfacer |

1. Si tengo mucha hambre, ______________ mi apetito con un helado.
2. La nieve se ______________ con el calor.
3. Debo ______________ mi composición porque tiene muchos errores.
4. La vaca y el caballo no ______________ de América sino de Europa.
5. Te ______________ este banco porque está cerca de tu casa.
6. El doctor ______________ la gripe con la vacuna.

RESPUESTAS p. 75

D. Complete las oraciones con uno de los verbos siguientes.

| contener | mantener | retener |
| detener | obtener | sostener |

1. Carlos ______________ que Texas es más grande que California.
2. El gobierno ______________ las carreteras (*roads*) en buenas condiciones.
3. Si yo ______________ una *A* en esta clase, voy a estar muy contento.
4. Si el criminal se escapa, la policía lo ______________.
5. Este vaso no ______________ vino sino cerveza.
6. Yo ______________ la respiración cuando hay mucho humo.

RESPUESTAS p. 75

E. Complete las oraciones con uno de los siguientes verbos compuestos derivados de *poner*.

| componer | disponer | imponer | proponer |
| descomponer | exponer | oponer | suponer |

1. ¿Quién te ______________ el carro cuando el motor no funciona?
2. El congresista ______________ leyes (*laws*) para que sean discutidas en el Parlamento.
3. México y Venezuela ______________ de mucho petróleo.
4. El gobierno ______________ muchos impuestos (*taxes*) a los ciudadanos.
5. El profesor de gramática ______________ el verbo en raíz y terminación.

6. Muchas personas se ________________ a las armas nucleares.

7. El orador ________________ sus ideas a la audiencia.

8. No sé nada de química. (Yo) ________________ que Ud. tiene razón cuando habla de vitaminas y calorías.

¡ATENCIÓN!   Nota sobre el género de los nombres

A. Por muchos años las mujeres estuvieron excluidas de varias profesiones: medicina, ingeniería, física, derecho (*law*). Hoy día la mujer ha podido incursionar en casi todos los campos y carreras. El vocabulario relativo a las profesiones y a las personas que las ejercen ha cambiado como consecuencia de dicho proceso, y actualmente se distinguen las profesiones u ocupaciones según el género. Dado que no podemos dar reglas absolutas sobre este tema, vamos a dar una lista de palabras que ya se usan en algunas regiones o países, pero que otros países todavía no adoptan.

el presidente/la presidenta	el abogado/la abogada
el médico/la médica	el jefe/la jefa
el diputado/la diputada	el cliente/la clienta
el decano/la decana (*dean*)	el alcalde/la alcaldesa (*mayor*)
el juez/la jueza (*judge*)	el dependiente / la dependienta
el cirujano/la cirujana	el capitán/la capitana
el general/la generala	el bombero/la bombera (*firefighter*)
el cantinero/la cantinera (*bartender*)	el ministro/la ministra

Sin embargo, muchos nombres de profesiones y ocupaciones, así como otras palabras usadas para ambos géneros, no han cambiado, al menos no todavía.

el estudiante/la estudiante	el amante/la amante
el cartero/la cartera*	el protestante/la protestante
el chofer/la chofer	el culpable/la culpable
el paciente/la paciente	el comandante/la comandante
el soldado/la soldado	

* *la cartera* significa *postwoman, wallet o purse* en inglés

Finalmente, las palabras usadas para ambos géneros que terminan en *a* probablemente nunca van a cambiar.

el turista/la turista	el policía/la policía
el novelista/la novelista	

B. Hay unos pocos nombres de cosas que son masculinos en unos países y femeninos en otros.

el azúcar/la azúcar   el sartén/la sartén (*frying pan*)
el mar/la mar   el calor/la calor
el radio / la radio

RESPUESTAS p. 75

F. Complete las oraciones con la palabra sugerida en inglés.

1. La doctora Martínez es la _____ de Filosofía y Letras. (*dean*)
2. Mi amigo es _____ y su esposa es _____. (*a lawyer/a doctor*)
3. En esta tienda tenemos más _____ que _____
   (*female customers/male customers*)
4. No creo que la acusada sea _____. (*guilty*)
5. Mi tía Luisa es _____ en Los Ángeles. (*judge*)
6. Mi amiga es _____ de limosina. (*driver*)
7. Violeta Chamorro fue elegida _____ por el pueblo de
   Nicaragua. (*president*)
8. La _____ de la ciudad tiene buenos proyectos. (*mayor*)
9. Isabel Allende es una de las mejores _____ de Chile. (*novelist*)
10–11. En Estados Unidos hay muchas mujeres que son _____ y también hay
   muchas _____ (*firefighters/policewomen*)
12. Para preparar huevos fritos se necesita _____. (*a frying pan*)

5 Vegetales y frutas
(Vegetables and Fruits)

agrio(a)	sour	la legumbre[2]	vegetable
el ají, el chile[1]	pepper	el limón	lemon
amarillo(a)	yellow	la limonada	lemonade
el champú	shampoo	la manzana	apple
el ciprés	cypress	merendar (ie)	to eat a snack
el colibrí	hummingbird	ir de merienda	to go on a picnic
la cucharada	tablespoon	al campo	
la cucharadita	teaspoon	morado(a)	purple
el dios	god	la naranja	orange
la diosa	goddess	el pavo[3]	turkey
dulce	sweet	la pera	pear
enlatar	to can	el pimiento[1]	green pepper
freír (i)	to fry	el plátano,	banana
la fresa	strawberry	la banana[5]	
fresco(a)	fresh, cool	el tocadiscos	record player
el frijol	bean	verde	green
jamás	never	la verdura[2]	vegetables, greens
el jugo (*América*)	juice (*America*)	el zumo (*España*)	juice (*Spain*)
la lata	can		
dar la lata	to bother, pester		

NOTAS

1. *Ají* es la palabra que se usa en el Caribe y algunos países de Sudamérica para
   green pepper. En España y otros países se llama *pimiento*. En México se usa
   chile. En este país existe una variedad enorme de chiles, como el jalapeño, el

poblano, el habanero, el cachucho, y casi todos son muy picantes (*hot, spicy*). Los platos mexicanos son picantes en general.

2. **Legumbre** se usa en España para *dry vegetables,* por ejemplo, *beans, garbanzos (chickpeas), lentils.* En la mayoría de los países de América se usa **legumbre** para *vegetables, greens,* mientras que en España y Perú se usa **verduras** para *vegetables.*

3. **Pavo** significa *turkey* y es la palabra más común para esta ave. En México se usa **guajolote** y también **cócono;** en Centroamérica se usa **chompipe** y en el Caribe, **guanajo.**

4. Un error frecuente de muchos norteamericanos es pensar que toda la comida de los países hispanohablantes es picante *(hot)* porque la única comida que conocen es la mexicana, que ciertamente es muy picante. En algunos países de Sudamérica y en España la comida no es predominantemente picante.

5. Hay bastante variación y posible confusión en la palabra **banana** y sus traducciones por el mundo hispanohablante. Por ejemplo, la palabra **banano** también existe en Colombia y unos países centroamericanos, aunque se traduce típicamente como *banana tree.* La palabra **plátano** se predomina en España y México (aunque se traduce como *plantain* en unos países, como Ecuador), mientras **banana** es común en muchos otros países por América Latina. Sin embargo, en países como Ecuador, algunos países centroamericanos, Venezuela, Cuba, la República Dominicana y la isla de Puerto Rico, se usa **guineo** para esta fruta.

PRACTIQUE EL VOCABULARIO

A. Seleccione la palabra que completa la oración y subráyela.

1. Por la mañana tomo jugo de (frijoles, naranja, leche, carne).
2. Una comida pequeña por la tarde es la (lata, pera, merienda, cucharada).
3. Me gusta comer verduras (frescas, dulces, azules, picantes).
4. En Florida y California se cultivan (manzanas, peras, latas, naranjas).
5. ¡Camarero!, quiero un sándwich de (frijoles, fresas, pavo, chile).
6. Una clase de fruta es (la cucharada, la merienda, el jugo, la pera).
7. Marta le pone un / una (cucharadita, frijol, verdura, zumo) de azúcar al café.
8. El mango y el / la (plátano, ají, fresa, frijol) son frutas tropicales.
9. Las frutas se conservan en (legumbre, lata, agrio, limonada).
10. En México se comen muchos/muchas (legumbres, jugos, frijoles, colibrís).

RESPUESTAS p. 75

B. Relacione las palabras de la primera columna con su correspondiente definición en la otra columna.

1. _______ naranja   **A.** frijoles o garbanzos
2. _______ pavo   **B.** bebida hecha de frutas
3. _______ lata   **C.** comida ligera
4. _______ jugo   **D.** tiene vitamina C como el limón.
5. _______ manzana   **E.** cocinar con aceite
6. _______ legumbres   **F.** ave que se come en la fiesta de Acción de Gracias
7. _______ merienda   **G.** recipiente de metal
8. _______ freír   **H.** fruta roja, amarilla o verde
9. _______ tocadiscos   **I.** Se usa para poner música.

RESPUESTAS p. 75

C. Complete las oraciones con una palabra del vocabulario o las notas de esta lección.

1. El limón es una fruta que tiene sabor ________________.
2. Todas las mañanas bebo un vaso de ________________ de naranja.
3. La lechuga no es roja sino ________________ o blanca.
4. Los romanos y los griegos adoraban a muchos ________________.
5. La violeta es una flor de color ________________.
6. Yo sólo le pongo una ________________. de azúcar a mi café.
7. El es un árbol alto, recto, siempre verde.
8. Para lavarnos el cabello usamos ________________.
9. Me gustan los vegetales frescos, no los que están en ________________.
10. En México se llama *chile*; en el Caribe se llama ________________, y en España se llama ________________.
11. Necesitamos un ________________ para poner música.
12. Mi madre sabe ________________ muy bien los huevos rancheros.
13. En México se llama *guajolote*; en otros países se llama ________________.

RESPUESTAS p. 75

D. Conteste verdadero o falso (V / F).

1. _______ La fresa es una fruta dulce de color amarillo.
2. _______ Cuando uno va de merienda al campo, come en un restaurante.
3. _______ Jesús es el dios de los cristianos.
4. _______ Las legumbres enlatadas están siempre muy frescas.
5. _______ El pavo es un ave que no se puede comer.
6. _______ El colibrí es un pájaro que vuela muy lento.
7. _______ Las peras son de color verde, pardo o amarillo.
8. _______ Si Ud. está a dieta no debe comer muchos dulces.
9. _______ Una cucharada es más pequeña que una cucharadita.

GRAMÁTICA   El plural de nombres y adjetivos • Las negaciones

I. Plural de sustantivos y adjetivos. *Plural* quiere decir dos o más personas, animales o cosas mientras *singular* se refiere a una sola persona, animal o cosa. Los sustantivos y adjetivos siguen las mismas reglas de formación del plural:

    A. Si la palabra termina en vocal, se añade *-s*: pavo / pavos, bueno / buenos.

    B. Si la palabra termina en consonante, se añade *-es:* frijol / frijoles, pan / panes.

    C. Si la palabra termina en *z,* se añade *-es,* pero cambiamos la *z* por *c:* feliz / felices, vez / veces, luz / luces.

    D. Si un nombre termina en s en singular, hay dos reglas:

        1. Se añade *-es* si la última sílaba es tónica *(stressed)*: francés / franceses, dios / dioses, mes / meses, compás / compases.

        2. No cambia la palabra si la última sílaba es átona *(unstressed):* lunes / lunes, crisis / crisis, tocadiscos / tocadiscos.

    E. El plural de las palabras que terminan en *i* o *ú* puede formarse de dos maneras:

        1. Añadiendo *-es (clásico y formal)*: colibrí / colibríes, hindú / hindúes, ají / ajíes.

        2. Añadiendo -s, *(moderno y coloquial):* champú / champús, esquí / esquís, ají / ajís.

    F. Los apellidos *(last names, surnames)* de personas no tienen plural en español (a diferencia del inglés, en que se añade *-s*).

        EJ: los García = *the Garcías*

II. La negación. Para construir una oración negativa, colocamos la palabra *no* delante del verbo.

    EJS: Juan estudia. / Juan *no* estudia.   Juan está bien. / Juan *no* está bien.
        Juan es médico. / Juan *no* es médico.

    A. Repase los siguientes antónimos:

algo *(something)* / **nada** *(nothing)*	**siempre** *(always)* / **jamás** *(never)*
alguien *(someone, somebody)* / **nadie** *(no one, nobody)*	**siempre** *(always)* / **nunca** *(never)*
alguno, algún *(some)* / **ninguno, ningún** *(none)*	**también** / **tampoco**
con *(with)* / **sin** *(without)*	**. . .y** (o)**. . .y** (o)**. . .** *(both. . .and; (either. . .or)* / **ni. . . ni. . .** *(neither. . .nor. . .)*

B. Las palabras negativas se utilizan para complementar una oración negativa, y van después del verbo. Sin embargo, también pueden ir delante del verbo, pero en este caso se omite *no*.

EJS: Juan no estudia nunca. / Juan nunca estudia. / Juan tampoco estudia.

C. *Ni* es la negación de las conjunciones *o* e *y*. Para usar *ni* se necesitan dos negaciones de la misma clase: dos nombres, dos verbos, dos adjetivos. Observe en el ejemplo siguiente que hay dos alternativas: *no. . . ni. . . ni*, o también *no. . . ni*.

EJS: Ella es alta y rubia.
Ella *no* es *ni* alta *ni* rubia. = Ella *no* es alta *ni* rubia.
Juan y José estudian mucho.
Ni Juan *ni* José estudian mucho.

D. *Jamás* y *nunca* significan *never*; la palabra *jamás* es más enfático que *nunca*. Las dos negaciones se pueden usar juntas (*nunca jamás*) para dar aún más énfasis a la negación:

EJ: No quiero verte *nunca jamás*.

E. **Doble y triple negación.** En español es posible y frecuente la doble negación, y en algunos casos la triple negación. Una palabra siempre va delante del verbo, la otra va (o las otras van) detrás.

EJS: Juan *no* estudia *nada*. = *Nada* estudia Juan.
Juan *no* estudia *tampoco*. = Juan *tampoco* estudia.
Juan *no* estudia *nada nunca*. = Juan *nunca* estudia *nada*.

F. *Ninguno* y *alguno* cambian a *ningún* y *algún* delante del nombre masculino. *Ninguno* no se usa en plural.

EJ: ¿Llegó *algún* paquete para mí? —No, no llegó *ninguno*.

G. Lo contrario de *no* es *sí* (<u>con acento</u>), para responder a una pregunta general. Pero *sí* también se puede usar en una afirmación para enfatizar. En este caso significa *indeed, for sure, really*.

EJ: Elena sí sabe japonés. (Helen really knows Japanese.)

PRACTIQUE LA GRAMÁTICA

1. Las reglas del plural para los nombres son las mismas para los
______________.

2. Cuando un nombre termina en vocal, se forma el plural con una
______________.

3. Cuando un nombre termina en consonante, se forma el plural con
    _________________.

4. Si un nombre o adjetivo termina en *z,* se cambia la *z* por *c* y se añade
    _________________ para el plural; por ejemplo, el plural
    de *feliz* es _________________.

5. El plural de *lunes* no es *lúneses* sino _________________, pero el plural
    de *mes* es _________________ La razón es que la *e* de *mes* tiene acento
    fonético, es tónica. ¿Cuál es la sílaba tónica de *lunes?* _________________.

6. *Dios* tiene el acento fonético en la *o.* ¿Cuál es el plural?
    _________________.

7. *Rubí* tiene dos plurales correctos: a) _________________ es la forma
    clásica, b) _________________ es el plural moderno y coloquial.

8. El plural de *automóvil* no es *automóvils* sino _________________.

9. ¿Cómo se traduce en español la expresión del inglés *the Garcías?*
    _________________.

10. Lo contrario de *alguna vez* es _________________.

11. ¿Cuál es más enfática, *nunca* o *jamás?* _________________. ¿En qué orden
    se usan cuando van juntas? _________________.

12. Lo contrario de *también* es _________________, y lo contrario de *con* es
    _________________.

13. Lo contrario de *nada* es_________________.

14. ¿Es correcto o incorrecto usar doble negación en español?
    _________________.

15. Las negaciones *no, nunca,* etc., ¿van delante o detrás de los verbos
    ser, estar y *haber?* _________________ Por eso, *I am not a teacher* es
    _________________ *maestro.*

16. ¿Cuál es más enfático, *Él nunca va* o *Él no va nunca?* _________________.

17. *Yo no digo algo* es incorrecto. Debe ser *Yo no* _________________.

EJERCICIOS

RESPUESTAS p. 76

A. Escriba el plural de estas expresiones.

1. el lápiz rojo ____
2. Feliz Navidad ____
3. el reloj inglés ____
4. la pared azul ____
5. el jueves próximo ____
6. el ají verde ____
7. el champú rosado ____
8. el compás musical ____

RESPUESTAS
p. 76

B. Complete las oraciones siguientes.

1. Lo contrario de *nadie* es ________________.
2. Lo contrario de *tampoco* es ________________.
3. El plural de *abrelatas* es ________________.
4. En inglés el plural de *corral* es *corrals*. En español el plural de *corral* es

    ________________.

5. La negación de **Quiero leche y jugo** es **No quiero** ________________.
6. El plural de **hindú** puede ser ________________. o ________________.
7. ¿Cómo se dice en español *I see nothing?* ________________.
8. ¿Cómo se dice en español *I see nobody?* ________________.
9. ¿Qué es lo contrario de **con chiles?** ________________.
10. ¿Cuál es más enfático, **Jamás como pavo** o **Nunca como pavo?**

    ________________.

11. ¿Cómo se dice en inglés **José sí toma leche?** ________________.
12. No es correcto decir **No veo los libros también.** Debe ser **No veo los**

    libros ________________.

RESPUESTAS
p. 76

C. Escriba la forma singular de las siguientes expresiones.

1. los bambús japoneses ________________________________
2. las paredes azules ________________________________
3. los otros lápices amarillos ________________________________
4. los limones agrios ________________________________
5. los tocadiscos modernos ________________________________
6. dos panes franceses ________________________________
7. los lunes próximos ________________________________
8. dos esquís franceses ________________________________
9. dos rubís muy caros ________________________________
10. dos relojes ingleses ________________________________

¡ATENCIÓN!   Formas especiales del plural

1. Cuando hablamos de *Estados Unidos* como país, el nombre es singular y hoy
día es común que no lleva artículo:

EJ: **Estados Unidos *es* un país grande.**

Sin embargo, podemos considerar el nombre *Estados Unidos* como una suma de
cincuenta estados; en este caso es plural y lleva el artículo *los.* Aun en este caso el
verbo se puede poner en singular para concordar con el nombre que sigue.

EJ: **Los Estados Unidos *son (es)* un país grande.**

2. Algunos nombres se usaban antes en plural solamente. Ahora se usan más en singular que en plural.

alicates / **alicate** *(pliers)*   **enaguas** / **enagua** *(slip)*
calzones / **calzón** *(shorts, briefs)*   **pantalones** / **pantalón** *(pants, trousers)*
calzoncillos / **calzoncillo** *(underwear)*   **tijeras** / **tijera** *(scissors)*

3. Algunos nombres cambian un poco de significado al pasar del singular al plural. En singular son nombres «no contables», mientras que en plural son «contables».

agua *(water)* / **aguas** *(stream)*   **corte** *(court)* / **Cortes** *(Parliament)*
aire *(air)* / **aires** *(airs)*   **pan** *(bread)* / **panes** *(loaves)*
amor *(love)* / **amores** *(love affairs)*   **polvo** *(dust)* / **polvos** *(powder)*
celo *(zeal)* / **celos** *(jealousy)*   **vidrio** *(glass)* / **vidrios** *(windowpanes)*

4. Algunos nombres se usan en plural, aunque el concepto sea singular. Es el caso de la palabra *bodas,* que se usa en lugar de *boda (wedding).*

EJ: **viaje de bodas** *(honeymoon trip)*

Se dice también *vacaciones* en lugar de *vacación,* aunque sea un solo día.

EJ: **Ayer tuvimos *vacaciones*.**

5. Algunas formas compuestas, de nombres y pronombres, tienen el plural al medio de la palabra.

cualquiera / **cualesquiera** *(anyone)*
coche cama / **coches camas** *(sleeping car)*
coche comedor / **coches comedores** *(dining car)*
coche correo / **coches correo** *(mail car)*

NOTA

Como en el caso de **Estados Unidos,** el artículo definido está desapareciendo paulatinamente delante de los nombres de países. Cada día se oye menos y se ve menos en periódicos y revistas. Los países que tradicionalmente tenían artículo y lo han perdido son los siguientes: la Argentina, el Brasil, el Perú, la China, el Japón, los Estados Unidos, el Ecuador. El único país que sí conserva el artículo es El Salvador.

D. Complete las oraciones siguientes.

1. ¿Necesita *Estados Unidos* el artículo *los* siempre? _______________.
   Cuando se usa sin artículo se considera _______________, y el verbo va también en singular.

2. Decir *Necesito las tijeras* puede ser confuso porque puede hacer referencia a un par de tijeras, o a varios pares. Por eso en español moderno se usa más _______________ para indicar un solo par.

3. El plural de *cualquiera* es ________________, aunque se usa poco.

4. *Pan* significa *bread;* en cambio *panes* significa ________________.

5. *Amor* significa *love;* en cambio *amores* significa ________________.

6. *Polvo* significa *dust;* en cambio *polvos* significa ________________.

7. No es lo mismo **tener celo** que **tener celos**. Esta última expresión significa *to be* ________________.

8. Cuando decimos **el agua del río** es posible que esa agua se mueva o no; pero si decimos **las aguas del río** esas aguas sí se ________________, pues estamos hablando de una corriente.

9. ¿Cómo se dice en inglés *los vidrios de la ventana?* ________________.

10. ¿Cuál se usa más hoy día, *pantalón* o *pantalones?* ________________.

11. ¿Qué se usa más hoy día, *Argentina* o *la Argentina?* ________________.

12. **Bodas de sangre** es un drama de Federico García Lorca, y se traduce *Blood Wedding.* ¿Cuántos matrimonios cree usted que se celebran en ese drama? ________________.

La paella: una buena receta
(Paella: A Good Recipe)

la almeja	clam	el huevo	egg
anaranjado	orange-colored	huevos duros	hard-boiled eggs
el apio	celery	huevos pasados por agua	soft-boiled eggs
asar	to roast	huevos revueltos	scrambled eggs
el azafrán	saffron	la oveja	sheep
blando(a)	soft	la paella[2]	paella
el cangrejo	crab	la pata[3]	paw, foot, leg (animal)
el champiñón, la seta	mushroom	meter la pata	to put one's foot in it
la chuleta	chop, steak	estirar la pata	to kick the bucket
cocinado	cooked	el pepino	cucumber
bien cocinado	well-done	el pescado[4]	fish
poco cocinado	rare	la pierna	leg (of a person)
la col	cabbage	pierna de cordero	leg of lamb
la coliflor	cauliflower	el queso	cheese
el cordero	lamb	tierno(a)	tender, soft
duro(a)	hard, tough	el vinagre	vinegar
el frijol verde[1]	green bean	la zanahoria	carrot
la habichuela[1]	green bean		
hervido(a)	boiled		
hervir (ie)	to boil		

NOTAS

1. *Frijol verde* se dice *ejote* en México y *habichuela* en España. En Argentina y Chile se llama *poroto verde* y también *perona*. En el Caribe, *habichuela* significa *black bean*

2. *Paella* es originalmente una palabra catalana y significa *olla (pot)*. Es un plato de la costa del Mediterráneo, de pescadores *(fishermen)* que mezclaban «cielo (pollo), mar (mariscos) y tierra (puerco)». Hay muchas variedades de paella y no todas llevan los tres ingredientes anteriores, pero los mariscos son siempre el ingrediente principal.

3. *Pata* significa *paw, leg* de un animal; las personas tienen **piernas,** pero en las expresiones idiomáticas negativas, se usa la palabra *patas* para las personas, por ejemplo: **estirar la pata** *(to die),* **meter la pata** *(to stick your foot in it, embarras yourself),* **tener mala pata** *(to have bad luck).* En cambio, *las patas* del cerdo o del cordero se convierten en **piernas** cuando se cocinan.

4. En español distinguimos entre **pescado,** que es *fish* fuera del agua, y *pez,* que es *fish* dentro del agua del mar, río o lago. Por ejemplo, el salmón es *un pez* mientras está en el río, pero es *un pescado* en el supermercado.

PRACTIQUE LAS PALABRAS NUEVAS

RESPUESTAS p. 76 **A.** Relacione las palabras de la segunda columna con las frases de la primera.

1. _____ un plato español con muchos mariscos, pollo y arroz	A. _____ champiñones
2. _____ No me gusta la carne dura sino . . .	B. _____ pierna
3. _____ vegetal largo, de color anaranjado	C. _____ mete la pata
4. _____ vegetales de color verde	D. _____ paella
5. _____ Los frijoles verdes también se llaman. . .	E. _____ oveja
6. _____ En España se llaman setas; en Hispanoamérica. . .	F. _____ blanda
7. _____ dos clases de mariscos	G. _____ chuleta
8. _____ Un cordero tiene cuatro patas, pero cocinamos una . . . de cordero.	H. _____ zanahoria
9. _____ La madre del cordero es la. . .	I. _____ habichuelas
10. _____ Generalmente decimos filete de vaca y. . . de puerco.	J. _____ apio, pepino
11. _____ un producto derivado del vino	K. _____ vinagre
12. _____ Cuando Ud. comete un error. . .	L. _____ almeja, cangrejo

RESPUESTAS p. 76 **B.** Escriba *el* o *la,* según corresponda, delante de los nombres siguientes.

1. _____ frijol	6. _____ champú	11. _____ merienda
2. _____ col	7. _____ dios	12. _____ chile
3. _____ coliflor	8. _____ limón	13. _____ champiñón
4. _____ vinagre	9. _____ filete	14. _____ legumbre
5. _____ ciprés	10. _____ ají	15. _____ tocadiscos

RESPUESTAS
p. 76

C. Complete con una palabra del vocabulario o de las notas de esta lección.

1. Me gustan las chuletas de cordero tiernas y bien _______________.
2. El _______________ es un producto derivado de la leche.
3. Me gusta la ensalada de lechuga y tomate con aceite de oliva y
4. Una manera idiomática de decir *morir* es _______________
5. La pimienta es negra; en cambio el _______________ es rojo o verde.
6. Los huevos hervidos también se llaman _______________.
7. No se dice *huevos blandos* sino _______________.
8. La almeja y el _______________ son mariscos.
9. No cocinamos una pata de cordero sino una _______________.
10. Cuando Ud. comete un error decimos que _______________

RESPUESTAS
p. 77

D. *¿Quiere cocinar una buena paella?* **Aquí tiene una receta *(recipe)* muy simple de preparar.**

PAELLA
Ingredientes:

Medio pollo, cortado en pedazos pequeños	Un pimiento
Una libra de puerco, cortado en pedazos pequeños	3–4 dientes de ajo
6–8 almejas o mejillones *(mussels)*	Un tomate grande
3–4 patas de cangrejo	Una libra de frijoles verdes, cortados
Una libra de camarones	3 tazas de arroz
Una cebolla mediana	Sal y pimienta al gusto
	Unas hebras de azafrán *(A few threads of saffron)*

Preparación:

1. Dore *(brown)* bien el _______________ *(chicken)* con aceite de oliva, con fuego *(heat)* mediano. Póngalo aparte.
2. Dore bien el _______________ *(pork)* en el mismo aceite de oliva. Póngalo aparte.
3. Dore la cebolla, el _______________ *(pepper)* y el ajo en el mismo aceite.
4. Hierva *(boil)* las almejas, el _______________ *(crab)* y los camarones. Guarde *(save)* el agua para cocinar el arroz.
5. Añada *(add)* el tomate, cortado en pedazos, y la libra de _______________ *(green beans)* a la mezcla de cebolla, azafrán, ajo y pimiento.
6. Puede añadir otros _______________ *(vegetables)* como guisantes *(peas)*.
7. Mezcle todo lo anterior: pollo, puerco, mariscos y vegetales. Añada seis _______________ *(cups)* del líquido de los mariscos y más agua si fuera necesario. Muy importante: siempre use doble cantidad de líquido que de arroz.

8. Ponga a fuego alto para que hierva. Cuando esté hirviendo, eche las tres tazas de _________________ *(rice)*. Baje *(lower)* bien el fuego. Mezcle todo bien.

9. En treinta y cinco minutos la paella está lista, para diez personas muy hambrientas *(hungry)*. Puede servirla con vino _________________ *(rosé)* o blanco, según su gusto.

NOTA

Una especia importante en la paella es el azafrán *(saffron)*, pero es muy caro y difícil de encontrar. También se pueden añadir aceitunas cortadas. La paella siempre necesita algún marisco, pero no es necesario usar todos los ingredientes mencionados en la receta anterior.

GRAMÁTICA   Cambios en la raíz en el presente de indicativo

En la lista de vocabulario que aparece al principio de cada capítulo, hay verbos que tienen algunas combinaciones de letras entre paréntesis: (ie), (ue) e (i). Estas letras indican el cambio que ocurre en la raíz *(root)* de ese verbo. He aquí en esta tabla unos ejemplos de verbos con cambios en la raíz:

Sujeto	*pens ar* (e→ie) (to think)	*volv er* (o→ue) (to return)	*ped ir* (e→i) (to ask for)
yo	piens o	vuelv o	pid o
tú	piens as	vuelv es	pid es
él/ella/Ud.	piens a	vuelv e	pid e
nosotros(as)	pens amos	volv emos	ped irnos
vosotros(as)	pens áis	volv éis	ped ís
ellos/ellas/Uds.	piens an	vuelv en	pid en

1. La raíz *pens-* de *pensar* cambia a *piens-* en todas las personas excepto en **pensamos**. Este cambio de *e* a *ie* se llama diptongación y ocurre cuando la *e* de la raíz es tónica. Un **diptongo** es la combinación de la vocal [i] o [u] con una de las otras vocales [a], [e], u [o]

2. La raíz *volv-* del verbo *volver* cambia a *vuelv-*, es decir, la *o* se diptonga en *ue* cuando la *o* es tónica. Para *jugar* la *u* se diptonga en *ue* cuando la *u* es tónica. *Jugar* es el único verbo que tiene una *u* con este cambio en la raíz.

   • Esta diptongación de *e* en *ie* y de o en *ue* ocurre también con adjetivos y nombres, por ejemplo:

      siete v. setenta

      nueve v. noventa

ciento v. centenar (*approximately a hundred*)

nuevo v. renovar; novedad (*novelty*)

3. La *e* de *pedir* se transforma en *i* cuando la *e* es tónica: pido, pides, pide, piden; sin embargo, *pedimos* y *pedís* no cambian.

4. No todos los verbos que tienen *e/o* en la raíz diptongan o cambian esas vocales. Por ejemplo, **comer** no diptonga (no se dice **yo cuemo**). Ud. tiene que aprender uno por uno los verbos que diptongan. En los vocabularios de cada lección se indica este cambio entre paréntesis (**ie**), (**ue**), o (**i**).

Aquí tiene una lista parcial de los verbos más comunes que tienen estos cambios en la raíz.

a)   Diptongación de [e] en [ie]

atender to help, assist	**nevar** to snow
comenzar to start	**perder** to lose
consentir to consent, spoil	**preferir** to prefer
convertir to convert	**presentir** to foresee
defender to defend	**querer** to wish, want, love
despertar to awaken	**referir** to refer, tell
despertarse to wake up	**sentar** to seat
divertirse to enjoy	**sentarse** to sit, sit down
empezar to start	**sentir** to feel, be sorry
entender to understand	**sentirse** to feel, be
extender to extend	**sugerir** to suggest
mentir to lie	**tender** to extend, spread out

b)   Diptongación de [o] en [ue]

acordar to agree	**llover** to rain
acordarse to remember	**morder** to bite
cocer to cook, boil	**morir** to die
contar to count, tell	**mostrar** to show
demostrar to demonstrate	**oler** to smell
descontar to discount	**poder** to be able to, can
devolver to give back, return	**recordar** to remember
doler to hurt	**soler** to be used to, be accustomed to
dormir to sleep	**volar** to fly
encontrar to find	**volver** to return
envolver to wrap	**llover** to rain

c)   Cambio de [e] en [i]

conseguir to get	**proseguir** to continue
despedir to dismiss	**reír** to laugh
despedirse to say good-bye	**repetir** to repeat
freír to fry	**seguir** to follow
impedir to prevent	**servir** to serve
medir to measure	**sonreír** to smile
pedir to ask for	**vestir** to dress
perseguir to pursue	

NOTAS

1. **Atender** no es *to attend* sino *to assist, pay attention to.*

2. **Querer** es *to want, wish*, con cosas y *to love* con personas: **Quiero a mi tía.**

3. **Acordar** es *to agree*, y el reflexivo **acordarse** es *to remember.*

4. **Oler** toma una h delante del diptongo **ue: huelo, hueles, huele**, pero **olemos, oléis.**

5. **Despedir** es *to dismiss, fire someone*, pero el reflexivo **despedirse** es *to say good-bye.*

6. **Jugar** es *to play*, pero *to play music* es **tocar.** *To gamble* es **jugar dinero.**

PRACTIQUE LA GRAMÁTICA

1. La palabra **comienza** (de *comenzar*) es irregular porque la ________________ de la raíz diptonga en ________________. Esto ocurre porque la vocal es tónica.

2. *Duermen* (dormir) es irregular porque la ________________ de la raíz diptonga en ________________.

3. En la forma **pensamos** (de *pensar*) la *e* no diptonga en *ie* porque no es ________________.

4. El único verbo en que la *u* diptonga en *ue* es *jugar.* ¿Cómo se dice en español *The boys are playing? Los niños* ________________.

5. En español no jugamos la guitarra, sino que ________________ la guitarra.

6. De *vestir* decimos **yo me** ________________, pero *nosotros nos* ________________.

7. Casi no existen en español palabras que empiezan con *ue.* No escribimos **yo uelo** sino **yo** ________________, pero **nosotros** ________________ no tiene *h.*

8. *Sentarse (to sit)* y *sentirse (to feel)* son verbos de distintas clases verbales. Los dos tienen la diptongación de *e* en *ie,* pero sus terminaciones son diferentes. ¿Cómo se traduce *they sit?* _________________ ¿Cómo se traduce *they feel?* _________________ .

9. *Llover* y *nevar* sólo se conjugan en la tercera persona singular (*'it'*). ¿Cómo se traduce *'it rains'?* _________________ . ¿Cómo se traduce *'it snows'?* _________________ .

10. Lo que cae cuando nieva se llama *nieve,* pero no decimos *nievada (snowfall)* sino _________________, porque la vocal tónica de esta palabra derivada no es la *e* sino la *a.*

11. Del verbo *dormir* se deriva la palabra para *sleeping room.* ¿Cuál es la forma correcta, *duermitorio* o *dormitorio?* _________________.

12. *Acordar* significa *to agree.* ¿Cómo se dice *we agree?* _________________ . ¿Cómo se dice *they agree?* _________________ .

13. *Freímos (We fry)* las papas, el pollo, etc. ¿Cómo se dice *I fry?* _________________ ¿Se pronuncia igual que *frío* de *cold?* _________________.

14. El verbo *divertirse* es *to enjoy, to have fun.* ¿Cómo se traduce *I enjoy?* **Me** _________________. ¿Cómo se traduce *we enjoy?* **Nos** _________________.

15. *Servir,* y sus derivaciones *servicio* y *servilleta,* son palabras de la misma familia. ¿Cómo se dice *'you* (informal) *serve fish'?* _________________.

16. *Mentir* es *to lie* y *mentira* es *a lie.* ¿Cómo se traduce *they lie?*

17. *Ellos* _________________ . ¿Cómo se traduce *'we don't lie'?* **Nosotros no** _________________.

EJERCICIOS

RESPUESTAS p. 77 A. Complete cada oración con la forma correcta del presente de indicativo de los verbos que están en paréntesis.

1. Mi madre _________________ las chuletas de cerdo con pimientos. *(to serve)*

2. Creo que Carolina no se _________________ bien hoy. *(to feel)*

3. Ellos _________________ comer pavo en la fiesta de Acción de Gracias. *(to be used to)*

4. ¿A qué hora _________________ (tú) mañana? *(to return)*

5. Usted _________________ mucho a ajo y a cebolla. *(to smell)*

6. En las montañas de Colorado siempre _________________ mucho. *(to snow)*

7. En el desierto Mojave _________________ muy poco. *(to rain)*

8. Juan me _______________ que coma el puerco bien cocinado. *(to suggest)*

9. Cuando voy a Las Vegas sólo _______________ unos doscientos dólares. *(to gamble)*

10. Pepe y Antonia se _______________ mucho en sus vacaciones. *(to have fun)*

11. Carlitos _______________ mucho a su abuelita porque le da dulces. *(to love)*

12. Tú y yo no _______________ ir a la fiesta del martes. *(to be able to)*

13. Cuando como queso, siempre me _______________ el estómago. *(to hurt)*

14. Siempre me _______________ en la silla verde. *(to sit)*

15. Vamos al aeropuerto y nos _______________ de nuestro amigo. *(to say good-bye to)*

16. Julio toca la guitarra y _______________ béisbol. *(to play)*

17. Muchos políticos _______________ en la campaña electoral. *(to lie)*

18. Mi esposa _______________ las chuletas de puerco. *(to fry)*

19. Mi hijo _______________ ocho horas todas las noches. *(to sleep)*

20. ¿Por qué Ud. siempre _______________ a los clientes? *(to smile)*

21. La ensalada italiana se _______________ con aceite y vinagre. *(to serve)*

22. Carmen _______________ muy bien a los clientes del restaurante. *(to help)*

23. En este restaurante _______________ filetes de res muy tiernos. *(to serve)*

24. Joselito _______________ el champiñón, pero no lo come porque tiene mal sabor. *(to bite)*

25. Siempre te _______________ temprano y desayunas bien. *(to wake up)*

RESPUESTAS p. 77 **B.** Complete cada oración con la forma correcta del presente indicativo de los siguientes verbos.

conseguir	despertar	impedir	perder	reír
convertir	envolver	morir	perseguir	renovar
defender	extender	oler	preferir	volar

1. No me gusta el café; _______________ tomar té.

2. Mis padres _______________ de Chicago a Miami para visitarme.

3. Mi esposa _______________ bien los paquetes de Navidad, usando un papel especial.

4. California es un estado muy grande; se _______________ desde Oregon hasta México.

5. La policía _______________ al criminal por las calles hasta arrestarlo.

6. ¿A qué hora te _______________ los sábados?

7. Todo el mundo se _______________ cuando cuentas un chiste *(joke)*.

8. Ellos _______________ la cocina de la casa porque estaba *(was)* muy vieja.

9. Nunca tengo suerte; siempre _______________ en la lotería.

10. Los militares _______________ el país en caso de una invasión extranjera.

11. Las rosas de mi jardín _______________ muy bien.

12. Si tú _______________ los boletos para el concierto, yo te acompaño.

13. Muchos niños pobres se _______________ de hambre en el mundo.

14. La nieve se _______________ en agua con el calor del sol.

15. El paraguas _______________ que nos mojemos.

¡ATENCIÓN!   Siete verbos problemáticos

Es muy fácil confundir algunos verbos de esta lección, por eso vamos a repasar algunos verbos ya explicados, para luego practicar con ellos. Estudie con cuidado el significado de cada verbo antes de completar el ejercicio que sigue. Estos verbos suelen causar problemas porque tienen falsos cognados en inglés o porque forman parte de expresiones idiomáticas.

1. *Jugar* es solamente *to play games*, pero también se usa para *to gamble*, **jugar dinero**. **Tocar** es *to play music*, y además *to touch*.

2. **Pedir** significa *to ask for*. En cambio **preguntar** es *to ask (a question)*. **Pedir** es también la palabra para *to beg, panhandle*.

3. **Volver** significa *to return* y también *to turn a part of the body*. Además, **volver a** + infinitivo significa repetir una acción: *to do it again*. El reflexivo **volverse** significa *to turn around*.

4. *Oler* significa *to smell, to sniff out*. La expresión **No olerle bien a uno** significa *to smell fishy*.

   EJS: **Las rosas huelen bien.** *(Roses smell nice.)*
   El perro huele la carne. *(The dog sniffs out the meat.)*
   Ese asunto no me huele bien. *(That matter smells fishy to me.)*

5. *Atender* no es *to attend* sino *to assist, help, pay attention*. El inglés *to attend* se traduce como **asistir**, y *attendance* es **asistencia**.

   EJS: **El médico atiende al enfermo.** *(The doctor assists the sick man.)*
   Ella asiste a la universidad. *(She attends the university.)*

6. *Querer* significa *to want something, to will* o *to love a person.* Como sustantivo, **querido** y **querida** se usan como sinónimos de **amantes,** es decir *lovers.*

EJS: Yo quiero un filete de res bien cocinado. *(I want a well-done steak.)*
La madre quiere mucho a sus hijos. *(The mother loves the children very much.)*
Está casado, pero tiene una querida en secreto. *(He's a married man, but he has a lover in secret.)*

7. *Acordarse* de significa *to remember.* Cuando no es reflexivo *acordar* significa *to agree.*

EJS: No me acuerdo de tu número de teléfono. *(I don't remember your telephone number.)*
Los dos acuerdan verse otra vez. *(The two agree to see each other again.)*

RESPUESTAS p. 77

C. Complete las siguientes oraciones con uno de los verbos que acabamos de repasar.

1. Los argentinos y brasileños ______________ muy bien al fútbol *(soccer).*
2. Voy a ______________ al empleado nuevo dónde vive.
3. Carlitos ______________ a la escuela primaria desde los cinco años.
4. Cerca del restaurante siempre ______________ (to *smell*) a papas fritas.
5. El médico ______________ a los enfermos en el hospital.
6. Cuando llamo a mi perro, siempre ______________ la cabeza y escucha.
7. Mariana sabe ______________ la guitarra y el piano.
8. Los abuelos siempre ______________ mucho a sus nietos *(grandchildren).*
9. Mi novia siempre se ______________ de la fecha de mi cumpleaños.
10. Quiero más café. Voy a ______________ una taza más.
11. Ese negocio parece sucio; no me ______________ bien.
12. El director y los empleados van a ______________ un contrato nuevo.
13. Los perros ______________ las huellas *(traces)* de las personas.
14. Los estudiantes que quieren aprender ______________ a clase todos los días.
15. En muchos estados de Estados Unidos es legal ______________ dinero en la lotería.

7 Bebidas y refrescos
(Drinks and Refreshments)

el agua tónica	tonic water	emborracharse	to get drunk
el alcohol	alcohol	la gaseosa	soda
el antojito[1]	hors d'oeuvre	la ginebra	gin
la bandeja[2]	tray	el güisqui	whiskey, scotch
el bar	bar	el jerez[5]	sherry
la bebida	drink	el licor	liquor
el bocadillo	snack, sandwich	la licorería	liquor store
la bodega[3]	wine cellar, warehouse	el refresco	soft drink, refreshments (*Spain*)
borracho(a)	drunk		
el café con leche	hot milk with coffee	el ron	rum
		la sangría[6]	wine cooler
el/la cantinero(a)	bartender	seco(a)	dry
la carta	letter (*mail*)	las tapas	tapas (*a small snack, similar to an appetizer, in between meals; often shared*)
el/la cartero(a)	mail carrier		
el champán, el champaña	champagne		
el coctel[4]	cocktail		
el coñá, el coñac	cognac, brandy	el vermú	vermouth
la copa	goblet, drink	el vodka	vodka
copear	to have drinks		

NOTAS

1. *Antojito* y *botanas* se usan en México para *hors d'oeuvre*. En España se usan *tapas, pinchos, tentempié, bocadillos*. La palabra formal es *entremés*.

2. *Bandeja* es tray; en México se usa *charola*.

3. *Bodega* significa *wine cellar, winery*. En muchos países de Hispanoamérica y comunidades hispanohablantes en EEUU, *bodega* es también una tienda pequeña que tiene un poco de todo, incluyendo comida.

4. *Cóctel* se usa en Hispanoamérica y *cóctel* en España.

5. *Jerez* es una mezcla de muchos vinos y tiene alrededor de veinte grados de alcohol. Recibe ese nombre por ser originario de la ciudad de Jerez en el sur de España. La palabra inglesa *sherry* proviene de *jerez* cuando se escribía **Xérez**.

6. *Sangría* es parecida a un *wine cooler*. La sangría se prepara mezclando vino tinto (*rojo*) con pedazos de frutas como naranja, manzana, limón y gaseosa (*soda*). Se sirve bien fría, con hielo y en una jarra (*pitcher*) de barro (*clay*), de porcelana o de vidrio.

7. La bebida nacional de España es el **vino**, especialmente el tinto. En las fiestas se toma **coñac** después de la comida, y el champán también es popular. En México se toma mucha **cerveza** y poco vino. También es popular el **tequila**, la bebida fuerte de México. Se fabrica del jugo del agave, una clase de cacto. En Perú la bebida nacional es el **pisco**, que resulta de la fermentación de la uva. En Colombia y Venezuela se toma **aguardiente** y cerveza. En todo el Caribe se bebe **ron**, fabricado de la caña de azúcar, y más cerveza que vino.

PRACTIQUE LAS PALABRAS NUEVAS

A. Complete las oraciones de la primera columna con la palabra apropiada de la segunda.

1. _____ El camarero lleva las bebidas en una. . .	**A.**	cócteles
2. _____ La señora que prepara las bebidas en un bar es la. . .	**B.**	alcohol
3. _____ La. . . es vino tinto con frutas, gaseosa y hielo.	**C.**	emborracha
4. _____ El vino puede ser dulce, semidulce y. . .	**D.**	bodega
5. _____ Un vino original de Francia es el. . .	**E.**	bandeja
6. _____ Un vino original de España es el. . .	**F.**	tapas
7. _____ El güisqui contiene más. . . que el vino y la cerveza.	**G.**	cantinera
8. _____ Los. . . no contienen alcohol.	**H.**	champán
9. _____ Los tragos preparados con varios licores se llaman. . .	**I.**	sangría
10. _____ Los antojitos de México se llaman. . . en España.	**J.**	refrescos
11. _____ El lugar donde se hace y se conserva el vino es la. . .	**K.**	seco
12. _____ Si Ud. bebe demasiado licor se. . .	**L.**	jerez

RESPUESTAS
p. 77

B. Conteste verdadero o falso (V / F).

   1. _____ El vodka es la bebida nacional de Rusia.
   2. _____ El ron es una bebida tropical que se hace de la caña de azúcar.
   3. _____ Una tapa es un bocadillo grande.
   4. _____ El qüisqui es una bebida muy dulce.
   5. _____ La sangría se prepara con vino, gaseosa, frutas y se sirve bien fría.
   6. _____ El Año Nuevo se celebra tomando coñá (*coñac*).
   7. _____ Tomamos el café en una taza, y el champán en una copa.
   8. _____ El _____ ron tiene más alcohol que el jerez y el vermú.
   9. _____ Es _____ peligroso manejar si hemos tomado alcohol.
   10. _____ El _____ cartero prepara los cocteles en un bar o cantina.
   11. _____ El _____ español tomó la palabra *cóctel* del inglés, y el _____ inglés tomó la palabra *sherry* del español.
   12. _____ La sangría se prepara con ron, vermú y vino dulce.

RESPUESTAS
p. 77

C. Como se ha mencionado anteriormente, la *derivación* es un proceso muy importante en el aprendizaje de vocabulario. De la palabra *carta* se deriva *cartero* y de *cantina, cantinero*. Escriba la palabra de la cual se deriva cada oficio.

   1. relojero (*watchmaker*) _______________________________
   2. panadero (*baker*) _______________________________
   3. cocinero (*cook*) _______________________________
   4. vinatero (*vintner, wine merchant*) _______________________________
   5. arquero (*archer, goalie*) _______________________________
   6. mesero (*waiter*) _______________________________
   7. vocero (*spokesperson*) _______________________________
   8. vaquero (*cowboy*) _______________________________
   9. enfermero (*nurse*) _______________________________
   10. portero (*doorman*) _______________________________

RESPUESTAS
p. 78

D. *En una cantina mexicana.* Complete el diálogo entre el cantinero y un cliente habitual.

DON PACO: Buenas tardes, compadre.

CANTINERO: Buenas, don Paco, ¡Qué temprano llega esta tarde! ¿Qué le
_______________ hoy?
(1. *serve*)

DON PACO: Lo de siempre. Mi _______________ favorita.
(2. *beer*)

CANTINERO: ¿Por qué no prueba otras _______________?
(3. *drinks*)

DON PACO: _______________ Bueno; ¿y qué me _______________
(4. *suggest*)
Ud., compadre?

CANTINERO: Un buen _______________ de la casa Peligro.
(5. *wine*)

Don Paco: No, no; la casa de ese señor no me gusta.

Cantinero: Peligro tiene _________________ famosas en España y
en México.   (6. *wineries*)

Don Paco: ¿No tiene algo más exótico? ¿Eso que los ingleses llaman
_________________ o algo así?
(7. *whiskey*)

Cantinero: Bueno, aquí tiene una _________________ del mejor güisqui
para probar.   (8. *a little glass*)

Don Paco: (*Lo prueba.*) No, compadre; esto es demasiado _________________.
(9. *strong*)

Cantinero: ¿Le _________________ una margarita?
(10. *make*)

Don Paco: No, no me menciones a ninguna muchacha, que me
_________________ mala suerte.
(11. *bring*)

Cantinero: ¿No quiere algo dulce, como un _________________?
(12. *sherry*)

Don Paco:-   Eso sí. Será bueno para mi estómago, pero lo quiero bien
_________________.
(13. *cold*)

Cantinero: Aquí tiene una copita del _________________ jerez de Peligro!
.(14. *best*)

Don Paco: ¿Otra vez ese señor? No, no; ¡mejor me da mi cervecita
de siempre!

GRAMÁTICA   Más verbos irregulares en el presente de indicativo

Sujeto	o *ir* (*to hear, listen*)	tra *er* (*to bring*)	conoc *er* (*to know*)	hu *ir* (*to flee, escape*)
yo	oigo	traig o	conozc o	huy o
tú	oy es	tra es	conoc es	huy es
él/ella/Ud.	oy e	tra e	conoc e	huy e
nosotros(as)	o ímos	tra emos	conoc emos	hu imos
ellos/ellas/Uds.	oy en	tra en	conoc en	huy en

A. Note lo siguiente respecto de los verbos anteriores.

1. El verbo *oír* tiene tres raíces: *oig-*, *oy-*, *o-*. Observe que la raíz regular de *oír* es o- y la única persona que la tiene es *oímos*. (El acento es para romper el diptongo con la o, es decir, separar en dos sílabas la *o* y la *i*.)

2. *Traer* sólo es irregular en la primera persona, cambiando de *tra-* a *traig-*. Para las demás personas la raíz es regular. El verbo *caer* (*to fall*) sigue el mismo patrón de *traer*.

3. *Conocer* sólo es irregular en la primera persona: para esta raíz se añade el sonido [k], que se escribe *c*. El cambio a *z* de la *c* con sonido de [s] es una regla de ortografía.

4. *Huir* es irregular porque se añade una *y* en todas las personas excepto en **huimos**.

B. La lista de verbos irregulares que siguen el patrón de los cuatro del cuadro anterior es considerable, especialmente los verbos terminados en *-cer, -cir*.

1. Verbos terminados en *-cer, -cir*

aducir to adduce	**desaparecer** to disappear	**ofrecer** to offer
amanecer to dawn	**desconocer** to not know	**parecerse** to resemble
anochecer to grow *or* get dark	**envejecer** to grow old	**producir** to produce
aparecer to appear	**establecer** to establish	**reconocer** to recognize
atardecer to grow dark, draw towards evening	**introducir** to introduce	**reducir** to reduce
conducir to drive	**lucir** to shine, dress up	**renacer** to be born again
deducir to deduce, deduct	**nacer** to be born	**reproducir** to reproduce
	obedecer to obey	**seducir** to seduce
		traducir to translate

2. Verbos terminados en *-uir*

concluir to conclude	**diluir** to dilute	**influir** to influence
construir to build	**huir** to flee, escape	**instruir** to instruct
destruir to destroy	**incluir** to include	**recluir** to imprison

C. Los verbos *saber* y *conocer* significan *to know*, pero se usan en maneras muy distintas:

1. *Conocer* es to *know a person/people.*

   EJ: Conozco a tu hermana.

2. *Conocer* también es *to know/to be familiar with places, cities, countries.*

   EJ: Conozco bien Cuba. (Con países y ciudades se suele omitir la preposición a.)

3. *Conocer* también se usa para indicar *to know a little bit, but not by heart.*

   EJ: Conozco esa música, pero no me la sé.

4. *Saber* es *to know facts or information*

   EJ: ¿No sabes que hoy es lunes? Yo sé tu número de teléfono.

5. *Saber* es *to know how (to do something)*, pero no se traduce la palabra *how.*

   EJ: ¿Sabes esquiar?

6. *Saber, saberse* es *to know well, to know by heart.*

   EJ: Yo sé ese poema de memoria.

NOTAS

1. Del verbo *traer* se derivan tres verbos compuestos: **distraer** (*to distract*), **atraer** (*to attract*) y **contraer** (*to contract*).

2. Del verbo *caer* se derivan dos verbos compuestos: **decaer** (*to decay*) y **recaer** (*to fall again*).

   Cocer es irregular en España con cambio de *o* en *ue*: **cuezo, cueces, cuece, cuecen.** En Hispanoamérica es regular por influencia del verbo *coser* (*to sew*), que se pronuncia igual: **Cozo/coso** (*I cook/I sew*).

3. Algunos verbos terminados en *-cer, -cir,* son regulares:

   esparcir (*to scatter*): esparzo, esparces, esparce, esparcimos, esparcen
   mecer: mezo, meces, mece, mecemos, mecen (De este verbo se deriva la palabra *mecedora, rocking chair.*)
   vencer: venzo, vences, vence, vencemos, vencen

PRACTIQUE LA GRAMÁTICA

REPUESTAS p.78

1. El verbo *oír* tiene varias raíces: la raíz de *oímos* es *o-*; en cambio la raíz de *oigo* es ____________. La raíz de *oyes* es ____________.

2. La palabra *oímos* tiene acento escrito y sirve para romper el diptongo *o-í* como en *mío, día.* ¿Necesita acento la palabra *oigo?* ____________.

3. *Conozco* es irregular porque añade el sonido [k] que corresponde a la letra ____________.

4. Si de *conocer* decimos *conozco,* de *obedecer* (*obey*) decimos (*yo*)

5. *To drive* es *conducir* en España; en América es *manejar.* ¿Cómo se dice en España *I am driving?* ____________.

6. La raíz de *huir* es *hu-,* pero la raíz de *huyen* es: ____________.

7. Todos los verbos terminados en *-uir* se conjugan añadiendo una *y* a la raíz. ¿Cómo se traduce la frase *they conclude?* ____________.

8. *Construir* significa *to build.* ¿Cómo se dice *you build?* ____________.

9. *Caer* y *traer* siguen el mismo patrón (*pattern*). ¿Cómo se traduce *I am falling/I fall?* ____________.

10. *Distraer es* un verbo compuesto derivado de *traer.* Completa la siguiente frase: 'Your loud music is distracting me! *Tu música tan alta me* ____________.

11. *Producir* significa *to produce* y es irregular como *conocer.* ¿Cómo se traduce *I produce?* ____________.

12. *Saber* y *conocer* significan *to know.* ¿Cuál de los dos usamos para *to know people?* ____________. ¿Y para *to know facts?* ____________.

13. Dé la forma correcta de *saber* o *conocer* en las siguientes oraciones:
    ¿____________ Ud. mi número de teléfono? Yo ____________ Miami bien.

14. La *o* de *cocer* diptonga en *ue* en España. ¿Cómo se dice *I am cooking the potatoes* en España?: **Yo** _____________ **las patatas.** En Hispanoamérica se dice **Yo** _____________ **las papas.**

15. *Contraer matrimonio* es la expresión formal para *casarse.* ¿Cómo se traduce *They get married next Sunday?* _____________ **matrimonio el domingo próximo.**

EJERCICIOS

REPUESTAS
p. 78

A. Complete las oraciones con la forma correcta del presente de indicativo de los verbos entre paréntesis.

1. El camarero me _____________ una copa de jerez. (*to bring*)
2. (Yo) no _____________ la bebida llamada margarita. (*to know*)
3. Algunas mujeres _____________ con la mirada. (*to seduce*)
4. Rusia _____________ mucho vodka y mucho petróleo. (*to produce*)
5. El criminal _____________ de la policía. (*to flee, run away*)
6. Marta y yo _____________ las noticias por la tarde. (*to listen*)
7. La guerra siempre _____________ vidas inocentes. (*to destroy*)
8. ¿ _____________ Ud. la ciudad de Chicago? (*to know*)
9. ¿ _____________ Ud. que el ron es una bebida tropical? (*to know*)
10. La contaminación del aire _____________ en nuestra salud. (*to influence*)
11. Si Ud. es buen cantinero, yo le _____________ buen salario. (*to offer*)
12. El taxista _____________ la velocidad antes de la señal de parar. (*to reduce*)
13. José _____________ preparar una bebida que se llama sangría. (*to know*)
14. California _____________ toda clase de vinos excelentes. (*to produce*)
15. (Yo) nunca _____________ del inglés al español. (*to translate*)
16. Jorge, ¿por qué _____________ en lo mejor de la fiesta? (*to disappear*)
17. Todos _____________ que tienes razón. (*to recognize*)
18. El vino blanco _____________ bien con el pescado. (*to fall, go well*)
19. Las caras bonitas _____________ la atención de las personas. (*to attract*)
20. El cantinero _____________ las leyes (*laws*) del estado. (*to obey*)
21. La cocinera _____________ / _____________ las legumbres. (*to boil*)
22. Hábleme en voz alta, por favor; no _____________ bien. (*to hear*)

REPUESTAS
p. 78

B. Complete con la forma apropiada de los verbos *saber* o *conocer* en presente.

1. (Yo) no _____________ a tu padre, pero sí a tu hermana.
2. ¿ _____________ usted la ciudad de Buenos Aires?
3. Mi amiga _____________ mi número de teléfono.
4. Carlitos ya _____________ leer en español y en inglés.
5. José y su hermana _____________ seis idiomas diferentes.
6. Sí, todos _____________ que ese restaurante es caro.

REPUESTAS p. 78

C. Complete las oraciones con uno de los siguientes verbos en presente.

cocer	construir	decaer	desconocer	Establecer	mecer
conducir	coser	deducir	distraer	Instruir	nacer

1. Todos los días _____________ alrededor de seiscientos bebés en Estados Unidos.
2. Los americanos manejan carros; los españoles _____________ coches.
3. Mi esposa _____________ las papas y los huevos.
4. Esa música tan alta me _____________ cuando estudio.
5. Si me dices que tienes mucha gripe, (yo) _____________ que no vendrás a clase.
6. Mis tíos _____________ una casa en el rancho que compraron.
7. Cuando el niño llora (*cries*), la mamá lo _____________
8. Los García _____________ un negocio nuevo cada año.
9. Las abuelas _____________ la ropa mejor que sus nietas (*granddaughters*).
10. La maestra _____________ muy bien a los alumnos.
11. Las casas de playa _____________ mucho si no se cuidan.
12. Nunca he viajado a Colombia; _____________ ese país por completo.

¡ATENCIÓN! Verbos y preposiciones

A. Existen bastantes verbos en español que se usan con una preposición única, mientras sus correspondientes en inglés no llevan preposición o requieren una preposición muy diferente a la del español. He aquí una lista de verbos según la preposición que lo sigue:

a

asistir a	to attend
	Jaime asiste a clase cada día.
	(Jaime is attending class every day.)
entrar a (**América**)	to enter
	Las chicas entran a la sala.
	(The girls enter the room.)
volver a	to do. . .again
	Vuelvo a escribir el mensaje.
	(I am writing the message again.)

con

casarse con	to get married to
	José se casa con María el sábado.
	(José is getting married to Maria on Saturday.)

soñar con	to dream about
	Los chicos sueñan con ser médicos.
	(The boys dream about being doctors.)

de

acabar de	to have just. . .
	Acabo de terminar el examen.
	(I have just finished the exam.)
acordarse de	to remember
	¿Te acuerdas de las citas fácilmente?
	(Do you remember appointments easily?)
darse cuenta de	to realize
depender de	to depend on
enamorarse de	to fall in love with
olvidarse de	to forget
tratar de	to try to

en

entrar en (España)	to enter into
pensar en	to think about

B. Hay otro grupo de verbos que no lleva preposiciones en español, mientras los verbos correspondientes del inglés sí la llevan:

buscar	*to look for*
escuchar	*to listen to*
esperar	*to wait for*
mirar	*to look at*
pagar	*to pay for*
pedir	*to ask for*

REPUESTAS p. 78

D. Complete las oraciones en presente.

1. Cuando voy en mi coche _____________ la radio. (*to listen to*)
2. Toda nuestra familia _____________ mi padre. (*to depend on*)
3. ¿Ud. _____________ la universidad del estado? (*to attend*)
4. El tren _____________ llegar a la estación. (*to have just. . .*)
5. María Dolores _____________ sus errores. (*to realize*)
6. Mi abuelita siempre se _____________ mí. (*to remember*)
7. ¿Qué va a _____________ usted de postre? (*to ask for, order*)
8. El cantinero _____________ hacer bien su trabajo. (*to try to*)
9. Juanito se _____________ todas las muchachas, (*to fall in love with*)
10. Lilian se _____________ Pedro el domingo. (*to marry*)
11. Elena siempre _____________ clase antes de la hora. (*to enter*)
12. Voy a _____________ escribir la composición. (*to write again*)

13. Mario _______________ pronto noticias buenas de su familia. (*to wait for*)
14. ¿Por qué Ud. se _______________ los verbos irregulares? (*to forget*)
15. Los Ponce _______________ una casa más grande. (*to look for*)
16. Los novios siempre _______________ el uno _______________ el otro. (*to think of*)

EXAMEN 1   LECCIONES 1–7

Parte I.   Practique el vocabulario (36 puntos)

A. Relacione las dos columnas.

1. _____ La carne de. . . es más cara que la de pollo.	A. chuleta
2. _____ El símbolo de EU no es el dólar sino el. . .	B. copa
3. _____ La paella se hace con pollo, cerdo, arroz y. . .	C. especias
4. _____ La lechuga, el tomate y el. . . se usan para ensalada.	D. pollo
5. _____ La. . . es un vegetal blanco y redondo (*round*).	E. res
6. _____ Generalmente decimos filete de vaca y. . . de cordero.	F. piernas
7. _____ Los italianos y españoles cocinan mucho con cebolla y. . .	G. águila
8. _____ Bebemos el café en una taza, y el champán en una. . .	H. mantequilla
9. _____ La sal y la pimienta son dos. . . universales.	I. coliflor
10. _____ La mesa tiene cuatro patas; el hombre tiene dos. . .	J. pera
11. _____ Por la mañana tomamos. . . de naranja o de tomate.	K. queso
12. _____ Es tradicional comer pan tostado con. . . o mermelada.	L. mariscos
13. _____ La primera comida del día no es la cena sino el. . .	M. ajo
14. _____ La comida del mediodía se llama el. . .	N. flan
15. _____ Un plato hispano tradicional es el arroz con. . .	O. pepino
16. _____ Un postre hispano típico es el. . .	P. almuerzo
17. _____ Un producto derivado de la leche es el. . .	Q. desayuno
18. _____ La banana, la manzana y la. . . son frutas comunes.	R. jugo

B. Complete con una palabra correcta usando una palabra del banco de palabras.

tierno	camarones	pescado	papa	lata
oyente	fresa	hecho	pavo	zanahoria

19. Los mariscos y el ____________ son productos del mar.
20. La ____________ es una verdura o legumbre de color anaranjado. (*carrot*)
21. En España se llaman **gambas**; en Latinoamérica se llaman ____________
22. No quiero mi filete «duro» sino ____________
23. En EU comemos ____________ en las fiestas de Acción de Gracias.
24. El limón, la manzana, el mango, la pera y la ____________ son frutas.
25. El opuesto de *mentira* es ____________
26. Las legumbres y verduras se venden frescas y también en ____________
27. Uno no habla solo. Un diálogo ocurre entre un hablante y un ____________

C. Complete las oraciones con una de las expresiones siguientes sin repetirlas. Si la expresión incluye un verbo, use el presente de indicativo.

al ajillo	dar la lata	estirar la pata
a la plancha	el punto de vista	huevos pasados por agua
a mediodía	estar a dieta	ir de merienda
bien cocido	estar enamorado	meter la pata

28. Esta semana no puedo comer helado porque ____________.
29. No me gustan los huevos fritos ni los huevos duros; prefiero los ____________.
30. El bebé duerme bien por el día, pero por la noche nos ____________.
31. Creo que Carmen se va a casar pronto porque ella ____________ de Luis.
32. No quiero los camarones al ajillo; prefiero los camarones ____________.
33. Ese muchacho dice cosas tontas en clase. Cuando el profesor le pregunta algo, él siempre ____________.
34. Los días calurosos mi familia y yo ____________ al parque o a la playa.
35. Tú piensas que el español es fácil, pero ____________ del profesor es diferente.
36. Cuando una persona muere, decimos idiomáticamente que ____________.

Parte II.   Practique la gramática (68 puntos)

A. Subraye (*underline*) la respuesta correcta.

1. Veinte menos cuatro son (diez y seis, dieziséis, deciséis, dieciséis).
2. Hay (*el, la, un, una*) caracol (*snail*) en esa lechuga.
3. La forma plural de *compás* es (compás, compases, compaces, compazes).
4. ¿Cómo se dice en español *It's 1:30 P.M.?* (Es la una y media de la mañana, Son la una y media de la tarde, Es la una y treinta de la tarde, Son la una y treinta de la mañana.)

5. Yo creo que esos perritos (son, estan, eres, están) bastante enfermos.

6. (La, El, Al, Un) vejez (*old age*) no es triste sino feliz.

7. El plural de **sacapuntas** (*pencil sharpener*) es (sacapuntase, sacapuntas, sacaspuntas, sacapuntases).

8. El plural de **codorniz** (*quail*) es (codornices, codornizes, codorniz, codornises).

9. Para el plural de **colibrí** (*hummingbird*) hay dos: (colibrís, colibrises, colibríes, colibrices).

10. ¿Cómo decimos en español *It's 2:45 A.M.?* (Son las tres menos cuarto de la noche, Son las dos menos cuarto de la mañana, Son las tres menos quince de la mañana, Son las dos menos quince de la noche.)

11. María usa el carro de su amigo porque el carro (de la, de él, del, de ella) es más económico en gasolina.

12. Treinta menos siete son (veinte y tres, ventitrés, veintitrés, vintitrés).

13. **José no viene nunca** quiere decir que José no viene (alguna vez, jamás, tampoco, siempre).

14. Siempre que tú no dices la verdad, tú (mientas, mentiras, mentes, mientes).

15. Antes de llegar al **STOP** yo siempre (reduzo, reduzco, reduso, reduczo) la velocidad.

16. Cuando yo (compono, compueno, compuesto, compongo) música, no quiero ninguna distracción.

17. Ustedes (concluyen, conclúen, concluyan, concluen) que los verbos son fáciles.

18. Los políticos no (preveen, preven, prevén, prevéen) que vamos a tener inflación.

19. El número **110** se escribe (cien y diez, ciento y diez, cien diez, ciento diez).

20. En las montañas de Colorado (nieva, nevada, nieve, neva) mucho en invierno.

21. Lo contrario de **"come y bebe"** es doble: (ni come ni bebe, no come y bebe, no come ni bebe, no come no bebe).

22. Yo siempre me (detieno, detengo, deteno, detiengo) en el STOP.

23. ¿Cómo se dice en español *two million dollars?* (Dos millón de dólares, Dos millón dólares, Dos millones dólares, Dos millones de dólares.)

24. Todas las flores del jardín (olen, huelen, uelen, holen) muy bien.

25. Cuando vamos a una fiesta, nos (divertemos, divertimos, diviertimos, diviertemos).

26. Yo no (sabo, conosco, conozco, sé) hablar ni italiano ni francés.

27. José va por la derecha y su esposa (sige, segue, sigue, sege) por la izquierda.

28. Todas las guerras (destrúen, destruyan, destruyen, destrúan) vidas inocentes.

29. Para no ponerme gordo, yo no (satisfazco, satisfazo, satisfaco, satisfago) siempre mis deseos de comer.

30. El profesor no sabe (porque, por qué, porqué, por que) los estudiantes no estudian.

31. El origen (del, de él, de la, dela) alfalfa no es chino sino árabe.

32. Mi esposa siempre (cose, coce, cuece, cuese) las papas. (¡Hay dos respuestas posibles!)

33. Las cuatro oraciones siguientes son correctas, pero ¿cuál es la más enfática? (Nunca bebe, Jamás bebe, No bebe nunca, No bebe jamás)

34. El camarero (serva, sirva, sirve, sierve) el filete bien cocinado y caliente.

35. Los empleados (obediecen, obediesen, obedesen, obedecen) las órdenes del jefe.

RESPUESTAS p. 79

B. Escriba el artículo *el* o *la*, según corresponda, delante de los sustantivos siguientes.

36. _____ ron   40. _____ arroz   44. _____ tocadiscos
37. _____ azúcar   41. _____ ciprés   45. _____ árbol
38. _____ crema   42. _____ pared   46. _____ lección
39. _____ esquema   43. _____ vez   47. _____ mensaje

RESPUESTAS p. 79

C. Complete las oraciones con uno de los verbos indicados en el presente.

componer   convenir   entretener   prevenir
contener   deshacer   equivaler   sobresalir

48. Pienso que esta clase es buena y te ____________ para tu futuro trabajo.

49. Un dólar ____________ casi a veintiún pesos mexicanos.

50. Juana es muy alta; siempre ____________ entre sus amigas.

51. Esta copa no ____________ jerez sino champán.

52. Mi padre ____________ el carro cuando se descompone (*breaks down*).

53. La medicina moderna ____________ muchas enfermedades.

54. La nieve de las montañas se ____________ con el calor.

55. Los Martínez ____________ a mucha gente en las fiestas de Navidad.

RESPUESTAS p. 79

D. Escriba los siguientes números con palabras y traduzca también los nombres que están con los números.

56. *738 spoons* ____________________________________

57. *2,001 cups* _____________________________________

58. *21 percent of the forest* __________________________

59. *561 students* ___________________________________

60. *52 weeks* _______________________________________

RESPUESTAS p. 79

E. Complete las oraciones con los verbos que se sugieren entre paréntesis. Use el presente de indicativo. No olvide las preposiciones necesarias.

61. Mi hermanito ____________ la escuela primaria. (*attend*)
62. ¿Sabes que Julita se ____________ Luis? (*marry*)
63. Este muchacho siempre ____________ cosas tontas. (*ask*)
64. Ya sé que es un error; ahora me ____________ eso. (*realize*)
65. ¿Por qué ____________ usted otra cerveza? (*ask for*)
66. Mi mamá nunca se ____________ mi cumpleaños. (*forget*)
67. Ese estudiante ____________ aprender francés. (*try to*)
68. El médico ____________ muy bien a los enfermos. (*assist*)
69. Mario siempre se ____________ todas las chicas. (*fall in love*)
70. No te creo cuando dices que siempre te ____________ mí. (*remember*)
(La escala de notas está en la página 78.)

RESPUESTAS   LECCIONES 1–7 Y EXAMEN 1

Lección 1

Practique el vocabulario

A.
1. pantalla	4. programa	7. merienda	10. reloj de pulsera
2. jugar	5. enlace	8. lámpara	11. teclado
3. fecha	6. cuaderno	9. silla	

B. 1. D 2. C 3. H 4. I 5. G 6. F 7. A 8. J 9. E 10. B

C. 1. F 2. F 3. V 4. F 5. F 6. V 7. F 8. V 9. F 10. V 11. V

D.
1. escritorio	3. lámpara	5. parlantes	7. bebidas
2. silla	4. librero	6. pantalla	8. meriendas

Practique la gramática

1. un/una/unos/unas; a/an.
2. el/la/los/las; the.
3. masculino; femenino
4. el/la; un/una
5. la médica, la jueza
6. L.O.N.E.R.S; D.IÓN.Z.A
7. masculino, femenino
8. masculinos, femeninas
9. al, del; de él
10. tónica; el hambre
11. la americana; tónica
12. del agua
13. del; de él

Ejercicios

A. 1. una 3. un 5. una 7. una 9. una
2. un 4. un 6. un 8. un 10. un/una

B. 1. las 3. del 5. el 7. la 9. la 11. el 13. al
2. el 4. el 6. del 8. el 10. al 12. la 14. del

C. 1. el 4. el 7. la 10. el 13. el 16. el 19. el
2. el 5. el 8. el 11. la 14. el 17. la 20. el
3. la 6. el 9. el 12. el 15. la 18. el 21. el

D. 1. el lema 10. la llama 18. un idioma
2. el drama 11. el tema 19. la forma
3. la cama 12. el programa 20. el diploma
4. *o*; poemas 13. *a*; asma 21. el esquema
5. los síntomas 14. un dilema 22. los teoremas
6. *a*; crema 15. el alma 23. carisma
7. un fonema 16. una buena ama 24. la cima
8. el panorama 17. una broma 25. un telegrama
9. el problema

Lección 2

Practique el vocabulario

A. 1. la 3. el 5. la 7. la 9. la 11. la 13. el 15. la
2. el 4. la 6. el 8. el 10. el o la 12. el 14. el 16. el

B. 1. cubiertos 4. cuchara 7. frutas 10. cortar 13. por ciento
2. empleada 5. tenedor 8. última 11. en punto 14. cerdo
3. país 6. mar 9. caro 12. medianoche 15. lechuga

C. 1. F, no usamos el tenedor 5. F, el lechón no es del mar 9. V
2. F 6. F 10. V
3. V 7. F 11. V
4. V 8. F

D. 1. los platos   3. en punto   5. madre   7. caros   9. fruta
   2. cuchillo   4. país   6. el último   8. porcentaje 10. helado

Practique la gramática

1. de la mañana
2. de la tarde, de la noche
3. la una
4. cuarto, quince
5. media, treinta
6. en punto
7. 24, autobuses
8. treinta minutos
9. cien, ciento
10. ciento, ciento seis
11. una: dieciséis
12. tres/cuarenta y una casas
13. quinientas
14. *'one'*, dos mil libros
15. *'thousands of dollars'*
16. no, falta la preposición **'de'**: dos millones de dólares
17. mil millones

Ejercicios

A. 1. Son las tres y diez de la tarde.
   2. Son las dos y cuarto (quince) de la mañana.
   3. Es la una y veintidós de la tarde.
   4. Son las diez y cuarenta y cinco de la mañana/son las once menos cuarto (quince) de la mañana.
   5. Son las ocho y cincuenta y cuatro de la noche/Son las nueve menos seis de la noche.
   6. Son las seis menos veinte/Son las cinco y cuarenta/Son veinte para las seis.
   7. A las siete en punto
   8. A la una en punto
   9. A medianoche
   10. A mediodía

B. 1. Son las ocho horas.
   2. Son las veinte horas.
   3. Son las quince horas y treinta y seis minutos.
   4. Son las dieciocho horas y cuarenta y cinco minutos.
   5. Son las cero horas y quince minutos.
   6. Son las diecinueve horas y dieciocho minutos.

C. 1. doscientas cucharas
   2. trescientos tenedores
   3. cien por ciento/ciento por ciento
   4. quinientos
   5. dos millones de dólares
   6. dos mil millones de dólares
   7. veintiún libros
   8. veintitrés casas
   9. ciento diez chicos

D. (Respuestas individuales)

E. 1. dieciocho
    2. por ciento
    3. 5.000
    4. 1.000.000
    5. mil millones
    6. doscientos
    7. ochenta y una fichas
    8. mil dólares
    9. miles de libros
    10. cincuentón
    11. cuarentona

F. 1. veintiún
    2. mil cuatrocientos setenta y dos
    3. dos mil veintitrés, quinientos cincuenta y nueve
    4. veintitrés millones treinta y cinco mil ciento noventa y ocho

Lección 3

Practique el vocabulario

A. 1. copa
    2. rosado
    3. tarjeta
    4. pan
    5. vaso
    6. taza
    7. pimienta
    8. papas
    9. minuta
    10. margarina
    11. pollo
    12. tinto
    13. raíces
    14. desayuno
    15. brazo
    16. costumbre
    17. aceptan
    18. litros

B. 1. F 2. V 3. V 4. V 5. F 6. V 7. V 8. F 9. F 10. V 11. V 12. V

C. 1. cocina
    2. platos
    3. servilletas
    4. tazas
    5. huevos
    6. papas
    7. mantequilla
    8. pimienta
    9. café
    10. copas
    11. vasos
    12. platos

Practique la gramática

1. -ar, -er, -ir
2. raíz
3. habl-, com-, estudi-
4. yo (el sujeto 'I')
5. nosotros
6. ellos, ellas, Uds.
7. raíz
8. oy, irregulares
9. v-
10. estás, está, están
11. sílaba
12. terminación
13. vosotros, Uds.
14. vos
15. enfático
16. Ud.,Vd.
17. ella

Ejercicios

A. 1. estoy
    2. bebe
    3. usas
    4. pedimos
    5. necesitan
    6. son
    7. tomo
    8. van
    9. desea
    10. come
    11. cambia
    12. eres
    13. corro
    14. preparamos
    15. corta
    16. paga
    17. da
    18. aceptan
    19. es
    20. cenamos

B. 1. tú   4. tú   7. ellos/-as/Uds.   10. ellos/-as/Uds.
   2. nosotros/-as 5. ellos/-as/Uds. 8. yo   11. tú
   3. él/ella/Ud.   6. yo   9. él/ella/Ud.   12. yo

C. 1. corr-   3. dese-   5. le-   7. copi-   9. cre-
   2. estudi-   4. v-   6. satisfac- 8. cri-   10. 0 (nada)

D. 1. verdad   4. dónde   7. cuándo   10. qué/cuál   13. de quién
   2. cuántos   5. dónde   8. quién   11. dónde   14. por qué
   3. cuánta   6. cómo   9. cuál   12. verdad   15. adónde/a dónde

Lección 4

Practique el vocabulario

A. 1. el   3. el   5. la   7. el   9. la   11. la   13. la   15. el   17. el
   2. el/la   4. el   6. la   8. el   10. la 12. la   14. el   16. el/la   18. la

B. 1. E   3. H   5. C   7. B   9. L   11. I   13. N
   2. G   4. F   6. A   8. K   10. D   12. J   14. M

C. 1. F   2. V   3. V   4. F   5. V   6. V   7. F   8. F   9. V   10. F

D. 1. equivale   5. cocinar/preparar   9. reses/vacas   13. sobresale
   2. llorar   6. prever   10. a la plancha   14. carne
   3. mariscos   7. almorzamos   11. ajo   15. oyente
   4. sale   8. aceite   12. gambas

Practique la gramática

1. g   5. sé   9. satisfago   13. obtengo
2. vien-   6. hacer/decir 10. sobresalgo   14. compongo
3. ten-/tien-/teng- 7. ve-/v-   11. maldigo   15. prevengo
4. regulares   8. prevén   12. proveemos

Ejercicios

A. 1. sabe; sé
   2. pone
   3. supongo
   4. hace (prepara)
   5. prevén
   6. contiene
   7. sobresale
   8. vienes
   9. voy
   10. veo
   11. detienen
   12. mantiene
   13. deshace
   14. valen
   15. maldigo
   16. proviene
   17. entretienes
   18. salgo

B. 1. proveen
   2. equivale
   3. bendice
   4. contradices
   5. ve; veo
   6. sobresale
   7. prevé

C. 1. satisfago
   2. deshace
   3. rehacer
   4. provienen
   5. conviene
   6. previene

D. 1. sostiene
   2. mantiene
   3. obtengo
   4. detiene
   5. contiene
   6. retengo

E. 1. compone
   2. propone
   3. disponen
   4. impone
   5. descompone
   6. oponen
   7. expone
   8. supongo

F. 1. decana
   2. abogado/médica
   3. clientas/clientes
   4. culpable
   5. juez (jueza)
   6. chofer (chófer)
   7. presidenta
   8. alcaldesa
   9. novelistas
   10. bomberas
   11. policías
   12. un/una sartén

Lección 5

Practique el vocabulario

A. 1. naranja
   2. merienda
   3. frescas
   4. naranjas
   5. pavo
   6. la pera
   7. cucharadita
   8. el plátano
   9. lata
   10. frijoles

B. 1. D 2. F 3. G 4. B 5. H 6. A 7. C 8. E 9. I

C. 1. agrio
   2. jugo
   3. verde
   4. dioses
   5. morado
   6. cucharadita
   7. ciprés
   8. champú
   9. lata
   10. ají/pimiento
   11. tocadiscos
   12. freír
   13. pavo

D. 1. F 2. F 3. V 4. F 5. F 6. F 7. V 8. V 9. F

Practique la gramática

1. adjetivos
2. s
3. es
4. es/felices
5. lunes/meses/lu
6. dioses
7. rubíes/rubís
8. automóviles
9. los García
10. nunca/jamás
11. jamás/nunca jamás
12. tampoco/sin
13. algo
14. correcto
15. delante/no soy
16. no va nunca
17. digo nada

Ejercicios

A.
1. los lápices rojos
2. Felices Navidades
3. los relojes ingleses
4. las paredes azules
5. los jueves próximos
6. los ajís (ajíes) verdes
7. los champús rosados
8. los compases musicales

B.
1. alguien
2. también
3. abrelatas
4. corrales
5. ni leche ni jugo
6. hindús/hindúes
7. no veo nada
8. no veo a nadie
9. sin chiles
10. jamás como pavo
11. José drinks milk indeed
12. tampoco

C.
1. el bambú japonés
2. la pared azul
3. el otro lápiz amarillo
4. el limón agrio
5. el tocadiscos moderno
6. un pan francés
7. el lunes próximo
8. un esquí francés
9. un rubí caro
10. un reloj inglés

D.
1. no/singular
2. la tijera
3. cualesquiera
4. loaves
5. love affairs
6. powder
7. jealous
8. mueven
9. windowpanes
10. pantalón
11. Argentina
12. uno

Lección 6

Practique el vocabulario

A. 1. D 2. F 3. H 4. J 5. 1 6. A 7. L 8. B 9. E 10. G 11. K 12. C

B. 1. el 2. la 3. la 4. el 5. el 6. el 7. el 8. el 9. el 10. el 11. la 12. el 13. el 14. la 15. el/los

C.
1. cocinadas
2. queso
3. vinagre
4. estirar la pata
5. pimiento
6. huevos duros
7. pasados por agua
8. cangrejo
9. pierna de cordero
10. mete la pata

D. 1. pollo   4. cangrejo   7. tazas
    2. puerco (cerdo)   5. frijoles verdes   8. arroz
    3. pimiento   6. vegetales (verduras)   9. rosado

Practique la gramática

1. e; ie   7. huelo; olemos   13. frío; sí
2. o; ue   8. se sientan; se sienten   14. divierto; divertimos
3. tónica   9. llueve; nieva   15. sirves pescado
4. juegan   10. nevada   16. mienten
5. tocamos   11. dormitorio   17. mienten, mentimos
6. visto; vestimos   12. acordamos; acuerdan

Ejercicios

A. 1. sirve   6. nieva   11. quiere   16. juega   21. sirve
    2. siente   7. llueve   12. podemos   17. mienten   22. atiende
    3. suelen   8. sugiere   13. duele   18. fríe   23. sirven
    4. vuelves   9. juego   14. siento   19. duerme   24. muerde
    5. huele   10. divierten   15. despedimos   20. sonríe   25. despiertas

B. 1. prefiero   4. extiende   7. ríe   10. defienden   13. mueren
    2. vuelan   5. persigue   8. renuevan   11. huelen   14. convierte
    3. envuelve   6. despiertas   9. pierdo   12. consigues   15. impide

C. 1. juegan   4. huele   7. tocar   10. pedir   13. huelen
    2. preguntar   5. atiende   8. quieren   11. huele   14. asisten
    3. asiste   6. vuelve   9. acuerda   12. acordar   15. jugar

Lección 7

Practique el vocabulario

A. 1. E 2. G 3. I 4. K 5. H 6. L 7. B 8. J 9. A 10. F 11. D 12. C

B. 1. V 2. V 3. F 4. F 5. V 6. F 7. V 8. V 9. V 10. F 11. V 12. F

C. 1. reloj   3. cocina   5. arco   7. voz   9. enfermo
    2. pan   4. vino   6. mesa   8. vaca   10. puerta

D. 1. sirvo   3. bebidas 5. vino   7. güisqui 9. fuerte 11. trae 13. frío
2. cerveza 4. sugiere 6. bodegas 8. copita 10. hago 12. jerez 14. mejor

Practique la gramática

1. oig; oy
2. no
3. c
4. obedezco
5. conduzco
6. huy-
7. concluyen
8. (Ud.) construye/(tú) construyes
9. caigo
10. distrae
11. produzco
12. conocer; saber
13. sabe; conozco
14. cuezo; cozo
15. contraen

Ejercicios

A. 1. trae
2. conozco
3. seducen
4. produce
5. huye
6. oímos
7. destruye
8. conoce
9. sabe
10. influye
11. ofrezco
12. reduce
13. sabe
14. produce
15. traduzco
16. desapareces
17. reconocemos
18. cae (sienta)
19. atraen
20. obedece
21. cuece/coce
22. oigo

B. 1. conozco 2. conoce 3. sabe 4. sabe 5. saben 6. sabemos

C. 1. nacen
2. conducen
3. cuece/coce
4. distrae
5. deduzco
6. construyen
7. mece
8. establecen
9. cosen
10. instruye
11. decaen
12. desconozco

D. 1. escucho
2. depende de
3. asiste a
4. acaba de
5. se da cuenta de
6. acuerda de
7. pedir
8. trata de
9. enamora de
10. casa con
11. entra a/en
12. volver a
13. espera
14. olvida de
15. buscan
16. piensan/en

Examen 1

Practique el vocabulario

A. 1. E 3. L 5. I 7. M 9. C 11. R 13. Q 15. D 17. K
2. G 4. O 6. A 8. B 10. F 12. H 14. P 16. N 18. J

B. 19. pescado
20. zanahoria
21. camarones
22. blando (tierno)
23. pavo
24. fresa
25. *powder*
26. lata
27. oyente

C. 28. estoy a dieta
29. huevos pasados por agua
30. da la lata
31. está enamorada
32. a la plancha
33. mete la pata
34. vamos de merienda
35. el punto de vista
36. estira la pata

Practique la gramática

A. 1. dieciséis
2. un
3. compases
4. es la una y treinta de la tarde
5. están
6. la
7. sacapuntas
8. codornices
9. colibrís/ colibríes
10. son las tres menos quince
11. de él
12. veintitrés
13. jamás
14. mientes
15. reduzco
16. compongo
17. concluyen
18. prevén
19. ciento diez
20. nieva
21. ni come ni bebe/ no come ni bebe
22. detengo
23. dos millones de dólares
24. huelen
25. divertimos
26. sé
27. sigue
28. destruyen
29. satisfago
30. por qué
31. de la
32. coce/cuece
33. no bebe jamás
34. sirve
35. obedecen

B. 36. el
37. el/la
38. la
39. el
40. el
41. el
42. la
43. la
44. el/los
45. el
46. la
47. el

C. 48. conviene
49. equivale
50. sobresale
51. contiene
52. compone
53. previene
54. deshace
55. entretienen

D. 56. setecientas treinta y una cucharas.
57. dos mil unas tazas
58. el veintidós por ciento

E. 59. asiste a
60. casa con
61. pregunta
62. doy cuenta de
63. pide
64. olvida de
65. trata de
66. atiende
67. enamora de
68. acuerdas de

8 | Viajando
(Traveling)

la aduana	customs	incómodo(a)	uncomfortable
la agencia de viajes	travel agency	la luna de miel	honeymoon
el baúl[1]	trunk	el maletín	briefcase
bienvenido(a)	welcome	la moneda[5]	currency, coin
el billete[2] (*España*)	ticket (*Spain*)	el/la novio(a)	boyfriend, girlfriend, sweetheart, bridegroom (*bride*)
la boda	wedding		
el boleto[2] (*América*)	ticket (*America*)		
el cambio	change, exchange		
el cheque de viajero	traveler's check	pardo(a)	brown
cómodo(a)	comfortable	el pasaje[2]	ticket
la conferencia[3]	lecture	el/la pasajero(a)	passenger
en efectivo	cash	el pasaporte	passport
la entidad	entity	la película	movie, film
el equipaje	luggage	la reunión	meeting
el evento	event, happening	seguro(a)	safe, sure
extranjero(a)	foreign	viajar	to travel
el/la extranjero(a)	foreigner	el viaje	trip
la función[4]	show, function	el/la viajero(a)	traveler
funcionar[4]	to work (*a machine*)	el viento	wind
la hierba, la yerba	grass		

NOTAS

1. *Baúl* significa dos cosas diferentes: *trunk*, como **maleta grande** y *trunk of a car*, la parte del coche donde se ponen las maletas y baúles. Para *trunk of a car*

se usan también términos como *maletero* y *cajuela*. El *trunk* de un elefante es *trompa,* y el *trunk* de un árbol es *tronco.*

2. *Billete* se usa en España para *ticket,* pero también se usa en todo el mundo de habla hispana para *bill* de moneda. *Billetera* o *cartera* se usa para *wallet.* En América se usa *boleto* o *entrada* (en algunos países) para *ticket. Pasaje* se usa también a veces para *ticket,* pero en realidad significa *fare.*

3. *Conferencia* no es *conference* sino *lecture,* en cambio *lectura* significa *reading.* Sólo se usa *conferencia* como *conference* para «hablar por teléfono». *Congreso* significa *conference* cuando es una «reunión de mucha gente». El otro significado de *conference,* como en el caso en que un profesor se reúne con un alumno o con sus padres, es *reunión, junta.*

4. *Función* tiene doble significado: *function* en general, y *show* cuando se trata de cine y teatro. *Funcionar* es to *function* en general, pero cuando se trata de máquinas significa *to work.*

5. Observe el doble significado de *moneda, currency* y *coin,* como en el siguiente ejemplo: **la moneda** (*currency*) **de España es el euro;** la **moneda** (*coin*) **más pequeña es de un céntimo. La casa de la moneda** traduce *mint.*

PRACTIQUE LAS PALABRAS NUEVAS

RESPUESTAS p. 160 A. Complete las oraciones con una de las siguientes palabras o expresiones.

aduana	boleto	congreso	moneda	pasaporte
baúl	cómodo	equipaje	novios	película
boda	conferencia	luna de miel	pardo	reunión

1. En España es un «billete»; en América es un ________________.
2. Una maleta grande es un ________________.
3. Para viajar al extranjero se necesita un documento importante: el ________________.
4. El «dinero» de un país se llama ________________.
5. La palabra para maletas, maletines, baúles y paquetes es ________________.
6. La ceremonia del matrimonio se llama ________________.
7. Cuando se viaja al extranjero, hay que pasar el equipaje por la ________________.
8. Después de la boda los recién casados van de ________________.
9. La hierba es verde; el café es ________________.
10. *Lecture* no significa **lectura** sino ________________.
11. Vamos al cine para ver una ________________.
12. Es más ________________ viajar con poco equipaje que con mucho.

13. Los profesores de español tuvieron el _________________ anual en Madrid.

14. El maestro tuvo una _________________ con los padres de Carlitos para discutir el problema de sus malas notas.

15. Parece que van a casarse pronto; hace cuatro años que son ____________.

RESPUESTAS p. 160

B. Conteste verdadero o falso (V / F).

1. _____ Cuando queremos comprar un boleto de avión generalmente vamos a una agencia de viajes.

2. _____ Los carros tienen baúl; los elefantes tienen trompa; los árboles tienen tronco.

3. _____ La aduana es una agencia internacional de contrabando.

4. _____ Es más seguro viajar con dinero en efectivo que con cheques de viajero.

5. _____ Cuando llega un viajero, le decimos «¡Bienvenido!»

6. _____ La boda es un evento crucial para los novios.

7. _____ El viento y la película son partes importantes del equipaje en un viaje largo.

8. _____ Una maleta es más grande que un baúl.

9. _____ *Pasaje* es otra palabra para decir **boleto**.

10. _____ En la aduana los oficiales inspeccionan sólo el equipaje de los extranjeros.

11. _____ Es costumbre pasar la luna de miel en una conferencia.

12. _____ Una boda es un evento y una iglesia es un edificio.

RESPUESTAS p. 160

C. Complete cada una de las siguientes oraciones con una palabra adecuada.

1. Cuando Ud. viaja a otro país debe llevar el _________________ para identificarse.

2. Después que los novios se casan, se van de _________________.

3. Los baúles y maletas son parte del _________________.

4. En un viaje al extranjero es mejor llevar cheques de viajero que dinero en _________________.

5. Buffalo es la ciudad del frío y la nieve, y Chicago es la ciudad del _________________.

6. Un relojero hace relojes; un panadero hace _________________.

7. La _________________ se hace de papel o de metal: plata, cobre, níquel.

8. Podemos comprar los pasajes en una _________________ de viajes.

9. En los viajes largos las aerolíneas sirven comida y ponen una _________________ para entretener a los pasajeros.

10. Cuando Ud. va al cine, ¿prefiere la _________________ de la tarde o la de la noche?

GRAMÁTICA   Los verbos *ser, estar, hacer, tener, haber*

Los verbos ser, estar, hacer, tener y haber (*hay*) son algunas de las palabras más comunes e importantes en el idioma español. La información siguiente habla de los usos más comunes de estos verbos.

I.   Los verbos *ser/estar:*

A.   ¿Cuándo usamos ser? El verbo *ser* se usa muchas veces para hablar de las **cualidades** y **características inherentes** y más o menos permanentes de una persona u objeto (frecuentemente palabras descriptivas, o adjetivos). Sin embargo, también, usamos *ser* para hablar de la **nacionalidad**, la **fecha** y la **hora**, las **profesiones**, y la **ubicación de eventos**:

    a.   Mi amiga **es** simpática. *My friend is nice.*

    b.   Hoy **es** miércoles y **son** las ocho y media. Today is Wednesday and *it's 8:30.*

    c.   Tú **eres** de México y tus hijos son mexicanos. *You are from Mexico and your children are Mexican.*

    d.   Sus padres **son** médicos.

    e.   El examen **es** en nuestra aula. *Our exam is in our classroom.*

- La siguiente es una lista parcial de **eventos** con los que se emplea el verbo **ser**:

accidente *accident*	**concierto** *concert*	**graduación** *graduation*
boda *wedding*	**conferencia** *lecture*	**juicio** *trial*
clase *class* (as a meeting)	**fiesta** *party*	**reunión** *meeting*
comida *meal*	**función** *show*	**sinfonía** *symphony*

B.   ¿Cuándo usamos estar? El verbo *estar* frecuentemente indica una condición o estado físico de una cosa o una condición emocional de una persona. También puede indicar la **ubicación** de una **persona** u **objeto** o cambios **inesperados** en el aspecto físico de una persona/cosa:

    a.   El libro **está** en el estante. *The book is on the shelf.*

    b.   ¡**Estoy** muy feliz hoy! *I am very happy today.*

    c.   El café **está** frío. *The coffee is cold (and it shouldn't be).*

C. **Adjetivos que cambian de significado** con el uso de **ser** o **estar**. Hay muchas palabras que cambian su significado basado en el uso de **ser** o **estar**, por ejemplo:

	ser	estar
aburrido	*boring*	*bored*
bueno	*good*	*tasty*
cansado	*tiresome, annoying*	*tired*
listo	*clever*	*ready*
loco	*crazy, insane*	*silly*
malo	*bad*	*sick, ill*
rico	*rich*	*tasty, rich*
verde	*green (in color)*	*unripe*
vivo	*sharp, alert, lively*	*alive*

D. **¿Característica o cambio?** Para decidir si el verbo apropiado es **ser** o **estar**, es necesario considerar si el adjetivo describe una **cualidad inherente** del nombre/sustantivo o un **cambio** en su estado natural. Por ejemplo:

1. Si la cualidad es una característica o norma del nombre, se usa **ser**: **La hierba es verde.** *(The grass is green.)*

2. Si la cualidad indica un cambio o resultado de una acción, se usa **estar**: **La hierba está parda.** *(The grass is brown (after a dry spell, for example.)*

E. También se puede usar **estar** para enfatizar una característica (como si fuera una característica inesperada) indicando con el verbo *estar* que hay algún cambio. Por ejemplo:

- Jaime, ¡qué alto **estás**! (said to someone you may not have seen in a while and has significantly grown since you saw them last)

- Anita, ¡qué hermosa **estás** en ese vestido! (said to someone who looks particularly nice in their outfit in this moment)

F. **¿Eventos o entidades?** Como se ha mencionado en las secciones A y B de esta sección, usamos **ser** cuando indicamos la ubicación de un **evento** (como *reunión*, *boda*) y **estar** con la ubicación de **entidades u objetos** (como *niño*, *libro*, *mesa*):

EJS: **La boda *es* en la iglesia de Santa Ana.** *(The wedding [event] is in Saint Anne's church.)*

La novia *está* en la iglesia de Santa Ana. *(The bride [entity] is in Saint Anne's church.)*

G. Usamos *ser* con la forma de la voz pasiva, y *estar* con la forma progresiva
    que estudiaremos con más detalle (*detail*) en la lección 21.

    EJS: El toro *es matado* por al torero. (*The bull is killed by the bullfighter.*)
          El torero *está matando* al toro. (*The bullfighter is killing the bull.*)

II. El verbo *hacer*

A. ¿Calor o frío? Usamos *hacer* en muchas frases para hablar sobre el tiempo
    atmosférico, por ejemplo, con las palabras **frío, calor, viento, sol**. Repase
    las siguientes expresiones.

Hace buen tiempo. (*It's nice.*)	**Hace frío.** (*It's cold.*)
Hace bueno. (*It's nice.*)	**Hace mal tiempo.** (*It's bad weather.*)
Hace calor. (*It's hot.*)	**Hace sol.** (*It's sunny.*)
Hace fresco. (*It's cool.*)	**Hace viento.** (*It's windy.*)

También se puede usar el verbo *haber* (**hay**—*there is/are*) para hablar
sobre el tiempo atmosférico, por ejemplo:

En Miami siempre *hay* mucho sol. (*It's always very sunny in Miami.*)
Hoy no *hay* viento. (*Today it's not windy.*)

B. En las expresiones anteriores, ***sol, calor, viento***, son sustantivos. En
    cambio, las expresiones equivalentes en inglés emplean adjetivos. Por eso
    no traducimos *very cold* por **muy frío** sino **mucho frío**. Para traducir *a
    little* usamos **un poco de**.

    EJS: Hace *mucho* viento. (*It's very windy.*)
          En Hawaii siempre hay *mucho* sol. (*In Hawaii it's always <u>very</u> sunny.*)

C. Hablaremos pronto de este concepto en más detalle, pero para reemplazar
    los nombres *sol, frío, viento* en una frase, se utiliza el pronombre
    masculino de objeto directo *lo*.

    EJ: ¿Hace (hay) *frío* esta mañana en Chicago? —Sí, *lo* hace (hay).

III. El verbo *tener*

A. Usamos *tener* con un nombre para hablar de ciertas sensaciones y
    emociones. Repase la siguiente lista:

tener. . . años to be... years old	**tener prisa** to be in a hurry
tener calor to be hot	**tener razón** to be right
tener cuidado to be careful	**no tener razón** to be wrong
tener frío to be cold	**tener sed** to be thirsty
tener ganas de to feel like	**tener sueño** to be sleepy
tener hambre to be hungry	**tener suerte** to be lucky
tener miedo de to be afraid of	

B. En las expresiones anteriores las palabras *frío, calor, años, prisa, suerte,* son sustantivos; en inglés se utilizan adjetivos (*cold, hot, lucky*). Por ello, para traducir la idea de *very lucky* no usamos *muy* sino *mucha*: tener **mucha suerte.**

EJS: **Tengo mucha hambre.** (*I am very hungry.*)
Mi tío tiene muchos años. (*My uncle is very old.*)

Como en el ejemplo anterior podemos usar pronombres de objeto indirecto para reemplazar los sustantivos *frío, calor, suerte* y *sed*—se pueden convertir en los pronombres de objeto directo (**lo**, para sustantivos masculinos y **la**, para sustantivos femeninos; **los** y **las** se usan para reemplazar formas plurales).

EJS: ¿Tienes *mucha* sed? —Sí, *la* tengo.
¿Tiene *muchos años* tu abuelo? —Sí, *los* tiene.

PRACTIQUE LA GRAMÁTICA

1. Un adjetivo describe una cualidad de un ________________. Esta cualidad puede ser una característica o ________________ del nombre. Por ejemplo, *La nieve es blanca.*

2. Una cualidad puede también ser un ________________ o resultado de una acción; por ejemplo, si Ud. pinta una pared, esa pared *está pintada.*

3. Para indicar una cualidad que es una norma del nombre usamos el verbo ________________. Si esa misma cualidad es un ________________, usamos *estar.*

4. Si Ud. vive en el desierto y un día viaja a una zona muy verde, probablemente Ud. va a indicar su sorpresa diciendo: *¡Aquí todo ________________ verde!*

5. No es correcto decir *La reunión está aquí.* Debemos decir *La reunión ________________ aquí,* porque *reunión* no es una entidad/objeto sino un ________________.

6. *Comida* significa dos cosas: **a)** *meal* (the event), y **b)** *food* (what we eat). Si queremos hablar de la reunión de familia para comer, decimos *La comida ________________ en el comedor.* Si hablamos de la pizza o el pollo que vamos a comer, decimos *La comida ________________ en la cocina.*

7. Usamos *ser* para indicar cuándo ocurre un evento, por ejemplo, *La boda ________________ el sábado que viene.*

8. En la expresión *hace frío,* no se usa un adjetivo como en la expresión equivalente en inglés sino un ________________. ¿Cómo se traduce la expresión *It's very cold.?* ________________.

9. El verbo *haber* también se usa con *frío, calor, viento,* etc., para hablar sobre el tiempo. ¿Cómo se dice *It's very windy.* ________________.

10. Una persona «siente» calor, frío, hambre. Para hablar sobre estas sensaciones podemos usar el verbo *sentir* (*to feel*), pero es más común usar el verbo ________________.

11. En expresiones como *tener suerte,* la palabra *suerte* no significa *lucky* sino *luck.* Esto quiere decir que *suerte* es un nombre/sustantivo. ¿Cómo se dice *I am very lucky!* ________________.

12. Si alguien le pregunta *¿Hace frío en Alaska?,* usted puede contestar: *Sí,* ________________, sin necesidad de repetir la palabra *frío* y usando el pronombre directo masculino.

13. ¿Qué significa la expresión *No tener razón?* ________________.

14. Si alguien le pregunta *¿Tiene Ud. mucha suerte?,* usted puede contestar sin repetir *suerte: Sí,* ________________.

EJERCICIOS

RESPUESTAS p. 160

A. Complete las oraciones de la primera columna con una palabra o expresión de la segunda columna.

1. ______ Generalmente en la primavera. . .		A. tienen hambre
2. ______ Hoy es un día fatal porque. . .		B. están
3. ______ En verano generalmente. . .		C. son
4. ______ Las montañas de Colorado. . . altas		D. tienen prisa
5. ______ La conferencia. . . en el auditorio.		E. hay viento
6. ______ Los árboles se mueven mucho porque. . .		F. hace fresco
7. ______ La iglesia. . . lejos de mi casa.		G. tienen cuidado
8. ______ Ellos van a comer porque. . .		H. hace mal tiempo
9. ______ En Colorado. . . muchas montañas altas.		I. tiene suerte
10. ______ Los novios todavía no. . . en la iglesia.		J. tienen sed
11. ______ Ellas están corriendo porque. . .		K. está
12. ______ Ustedes. . . porque no duermen lo suficiente.		L. hay
13. ______ Mi amigo ganó la lotería porque. . .		M. tienen sueño
14. ______ Ellos van a tomar algo porque. . .		N. es
15. ______ Uds. van a tener un accidente porque no. . .		O. hace calor

RESPUESTAS p. 160

B. Complete las oraciones con el presente de indicativo de *tener, haber, hacer, ser, estar.* (Recuerde que en algunos casos se pueden usar *hace* y *hay*.)

1. En Alaska _______________ más frío que en California.

2. Vamos a ir a la playa esta tarde porque _______________ mucho sol.

3. Este baúl es muy viejo; creo que _______________ cien años
    por lo menos.

4. Mi madre _______________ furiosa hoy, no sé por qué.

5. Una maleta _______________ más grande que un maletín.

6. La conferencia sobre Picasso no _______________ hoy sino mañana.

7. Esta hierba _______________ muy verde porque la regamos bastante.

8. La gente dice que en Chicago siempre _______________ viento.

9. La Navidad siempre _______________ el veinticinco de diciembre.

10. Siempre que yo juego la lotería, _______________ mucha suerte.

11. Esa niña está llorando (*is crying*) porque _______________
    mucha hambre.

12. Quiero saber cómo _______________ tus padres hoy.

13. Los pingüinos del zoológico _______________ mucho calor.

14. La boda de mi amiga Lucía _______________ en Las Vegas.

15. No quiero este café porque _______________ frío.

16. Mi cuenta del banco _______________ casi vacía porque he pagado
    todas mis deudas.

17. Mi equipaje _______________ en buenas condiciones.

18. Voy a viajar a la montaña porque allí _______________ fresco.

19. Esta casa _______________ muy vieja.

20. Voy a dormir porque _______________ sueño.

21. *Billete* _______________ lo mismo que *boleto*, pero en España.

22. La reunión familiar _______________ en la sala grande de la casa.

23. En Palm Springs _______________ calor todo el año, excepto
    por la noche.

24. Estos cheques de viajero _______________ falsos.

RESPUESTAS p. 160

C. Complete las oraciones con el verbo *tener* y una sensación (*frío, calor, miedo,* etc.).

1. No hay ninguna bebida fría en la casa y yo _______________ mucha

2. ¿Cuál es la capital de Argentina, Carlitos? —Santiago. —No, Carlitos;
    no _______________ .

3. Juanita, ¿Cuál es la capital de Argentina? —Buenos Aires. —Muy bien,
    Juanita; _______________ .

4. Mi abuelo es muy viejo; _______________ ochenta y cinco _______________ .

5. Voy a ponerme el abrigo y los guantes (*gloves*) porque _______________ .

6. Hace dos días que no duermo bien; _______________ mucho _______________.

7. José siempre _______________ porque se levanta tarde.

8. Las amigas se van a la playa porque _______________.

9. Ese bebé hace un día que no come nada; _______________ mucha
   _______________.

10. Los estudiantes _______________ porque una serpiente ¡acaba de entrar
    a la clase!

11. No me gusta comprar billetes de lotería porque siempre
    _______________ mala _______________.

12. Lolita maneja bien; ella siempre _______________ mucho _______________.

¡ATENCIÓN! Algunas notas sobre los adjetivos descriptivos

¿Dónde pongo el adjetivo, delante o detrás del nombre?

En inglés el adjetivo siempre va delante del nombre; en español puede ir delante
y detrás, pero ello implica a veces un cambio en el significado. No olvidemos que
un adjetivo describe una cualidad del nombre.

1. **Regla general.** La mayoría de los adjetivos van detrás del nombre.

   a) El adjetivo **detrás** del nombre indica una **clasificación** o **diferenciación** de ese
      nombre. Ello quiere decir que hay otros sujetos que no tienen esa cualidad.

      EJS: **La pared *blanca*.** (Hay paredes de otros colores.)
            La joven *americana*. (Hay jóvenes que no son americanas.)

   b) El adjetivo **delante** del nombre no compara ese nombre con otros, no lo
      clasifica ni lo diferencia. Ese adjetivo es **enfático**, pues se usa para resaltar la
      característica de ese nombre. En muchos casos estos adjetivos connotan un
      sentido figurado o **metafórico**.

      EJS: la *blanca* pared (*the white wall*)
            la *pobre* tortuga (*the unfortunate turtle*)

2. Algunos adjetivos cambian radicalmente de significado al cambiar de posición,
   delante o detrás del nombre. Observe que cuando el adjetivo está detrás tiene
   el significado denotativo. En cambio, cuando está delante del nombre tiene un
   significado especial, figurado, metafórico.

un gran libro (a great book)	**un libro grande** (a big book)
un nuevo carro (another car)	**un carro nuevo** (a brand new car)
una pobre muchacha (a pitiful girl)	**una muchacha** pobre (a poor girl)
Es pura agua. (It's only water.)	**Es agua pura.** (It's pure water.)
un simple soldado (just a soldier)	**un soldado simple** (a simple soldier)
un *viejo* amigo (*a longtime friend*)	**un amigo *viejo*** (*an old friend*)

**RESPUESTAS
p. 160**

D. Complete las oraciones siguientes.

1. El aire de este pueblo no está contaminado; es ________________ (*pure air*).

2. Me gusta tomar ________________. (*good coffee*)

3. Prefiero el ________________ al rojo. (*blue car*)

4. Don Tomás tiene una sola hija; su ________________ estudia en la Universidad de Michigan. (*beautiful daughter*)

5. Un viejo amigo no es lo mismo que un amigo viejo. ¿Cuál de las dos expresiones significa que son amigos por muchos años?

6. Un gran libro no es necesariamente un libro grande. ¿Cuál de las dos expresiones refleja la idea de *a great book?* ________________.

7. Jorge tiene un ________________, pero ya está usado. (*another car*)

8. ¿Vas a comprar un ________________ o uno extranjero? (*American car*)

9. ¿Cuál te gusta más, la ________________ o la pequeña? (*big suitcase*)

10. Me gusta contemplar las ________________. (*high mountains*)

11. Todos los muchachos se burlaban de María; la ________________ lloraba y lloraba (*was crying and crying*). (*unfortunate girl*)

12. Un poeta pobre merece compasión porque no tiene dinero; pero un pobre poeta es peor porque no tiene ________________. (*good poetry*)

En el aeropuerto
(At the Airport)

abordar	to board	marearse	to get dizzy / sick
abrocharse	to fasten	el mareo	dizziness
la aerolínea[1]	airline	el mozo,	porter (*luggage*)
el / la aeromozo(a)[2]	steward	el maletero	
	(*stewardess*)	el pájaro	bird
el asiento	seat	la pastilla	pill
el aterrizaje	landing	la puerta[4]	gate, door
aterrizar	to land	la salida[4]	departure, exit,
el / la auxiliar de	flight attendant		gate
vuelo[2]		la seguridad	safety
el avión	airplane	suave	smooth, soft
el cinto	belt	la tarjeta de	boarding pass
el cinturón	safety belt	embarque	
despegar	to take off	la tripulación	the crew
el despegue	takeoff	la turbulencia	turbulence
fumar[3]	to smoke	la ventanilla	small window
hacer escala en	to stop over	volar (ue)	to fly
la llegada[4]	arrival	el vuelo	flight

NOTAS

1. Hay dos maneras para decir *airline,* **aerolínea** y **línea aérea**.

2. *Aeromozo(a)* se usa en algunos países para *steward / stewardess*. En muchos países se usaba *azafata* para *stewardess,* pero desde que los hombres entraron en esta ocupación se usa **el / la auxiliar de vuelo** para los dos sexos. En algunos

países de Sudamérica se *usa camarero(a)*. En México y en España se usa actualmente *el / la sobrecargo*.

3. *Salida* tiene varios significados. Si hablamos de aviones, trenes y autobuses significa *departure,* lo opuesto a *llegada.* La salida en los edificios significa *exit,* y también se usa para decir *gate,* en lugar de *puerta.*

PRACTIQUE LAS PALABRAS NUEVAS

A. Subraye la palabra o expresión que completa la oración.

1. ¡Atención, señoras y señores! Abróchense los (mareos, asientos, cinturones, despegues).
2. Si no quiere marearse en el avión, tome una (ventanilla, pastilla, tarjeta, salida).
3. Me gusta viajar en el asiento al lado de la (ventanilla, aeromoza, tripulación, auxiliar de vuelo).
4. Para abordar el avión es necesario presentar (el vuelo, el pájaro, la tarjeta de embarque, el boleto).
5. Ya están anunciando la salida del (asiento, mareo, puerta, vuelo) número 77.
6. Es necesario reservar (una azafata, una seguridad, un asiento, una llegada) en el avión.
7. Ese vuelo (llega, sale, despega, aterriza) de Chicago a las cuatro y veinte de la tarde.
8. Vamos a (despegar, aterrizar, fumar, abordar) en Los Ángeles en diez minutos.
9. Los aviones y los pájaros tienen la facultad de (abordar, volar, marearse, asegurarse).
10. Este vuelo termina en Nueva York, pero (se abrocha, hace escala, aterriza, despega) en Denver, Colorado.
11. Me gustan los vuelos (peligrosos, suaves, con mareos, con turbulencias).
12. Sólo se permite llevar un maletín dentro (del vuelo, del asiento, del avión, de la aerolínea).

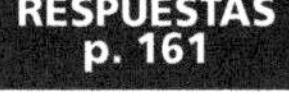

B. Complete cada oración con una palabra o expresión de la lista siguiente. Haga cambios si son necesarios.

aeromoza	cinturón	marearse	tarjeta de embarque
asiento	despegue	pájaro	tripulación
aterrizaje	hacer escala	suave	volar

1. El avión vuela como si fuera un _______________ enorme.
2. El piloto y los sobrecargos constituyen la _______________ del avión.

3. Si Ud. sube un maletín al avión, debe ponerlo debajo del
   _________________ a la hora del despegue y del aterrizaje.
4. Un vuelo _________________ es un vuelo sin turbulencias.
5. El avión _________________ sobre las nubes (*clouds*).
6. La _________________ sirve la comida en el avión.
7. El piloto dice que debemos abrocharnos los _________________ porque
   hay turbulencia.
8. El auxiliar de vuelo pide la _________________ antes de abordar el avión.
9. Este vuelo no es directo. _________________ en Acapulco.
10. Los aviones grandes necesitan una pista (*runway*) de _________________
    muy larga.
11. Si Ud. toma esta pastilla no va a _________________ en el avión.
12. Los dos momentos más peligrosos del vuelo son el aterrizaje y el
    _________________.

RESPUESTAS p. 161

C. Conteste verdadero o falso (V / F).

1. _____ Los cinturones de seguridad se deben usar sólo en caso de
   accidente.
2. _____ Los auxiliares de vuelo usan uniformes que cambian de una
   aerolínea a otra.
3. _____ La tarjeta de embarque normalmente indica la puerta para
   tomar el avión.
4. _____ Las ventanillas de un avión son más grandes que las de un carro.
5. _____ Los sobrecargos llevan las maletas y baúles de los pasajeros.
6. _____ Los aeropuertos generalmente tienen maleteros para llevar el
   equipaje de los pasajeros.
7. _____ Los pasajes de la sección económica son más caros que los de
   primera clase.
8. _____ En los vuelos internacionales se sirve comida a los pasajeros, pero
   no en los vuelos nacionales.
9. _____ Antes del despegue, un auxiliar de vuelo explica las medidas de
   seguridad del avión.

GRAMÁTICA   Pronombres de objeto directo (OD) y reflexivos

I.   El objeto directo (OD)

A.   El objeto directo es el sustantivo o pronombre a que se dirige la acción del verbo transitivo. Por ejemplo:

- Yo compro **una casa**. (La acción de *comprar* se dirige a **casa** por eso es el objeto directo.)

- Ellos leen **los libros** (La acción de *leer* se dirige a **libros** y 'libros' es el objeto directo.)

- ¿Tienes tú **un bolígrafo**? (La acción de **tener** se dirige a **bolígrafo**; 'bolígrafo' es el objeto directo.)

B.   Cuando el objeto directo es un ser humano, usamos la *a personal*. Antes de animales y cosas no se usa esta *a personal*. Por ejemplo:

Vemos *a* una chica.

Vemos un perro.

Vemos una casa.

II.   Pronombres de objeto directo

Sujeto	Pron. de objeto directo	
yo	me	me
tú	te	you
él / Ud.	lo (le)	him / you
ella / Ud.	la	her / you
nosotros(as)	nos	us
vosotros(as)	os	you
ellos / Uds.	los (les)	them / you
ellas / Uds.	las	them / you

A.   En España se usa *le / les* cuando el objeto directo es una persona y *lo / la / los / las* cuando es un animal o una cosa. En Hispanoamérica se usa *lo / la / los / las* para personas, animales y cosas.

EJS: ¿Ves al muchacho?   —Sí, *le* veo. (*España*)
　　　　　　　　　　　　　 —Sí, *lo* veo. (*Hispanoamérica*)
　　　¿Ves el libro rojo?   —Sí, *lo* veo. (*España e Hispanoamérica*)

B.   Los pronombres **vosotros(as)** se usan sólo en España como plural de *tú*, y su objeto directo y reflexivo es *os*. En Argentina y Uruguay se usa *vos* en lugar de *tú*. El objeto directo y el reflexivo de *vos* es *te*.

C. Los pronombres de objeto directo se ponen antes del verbo conjugado, pero con el infinitivo (por ejemplo, *hablar*) y el participio progresivo (por ejemplo, *hablando*) se puede poner el pronombre después de estas formas, creando una sola palabra o antes del verbo conjugado Por ejemplo:

1. ¿Vas a comprar la casa?

   - —Sí, voy a **comprarla** / **la** voy a comprar.

2. ¿Tenemos que leer este libro?

   - —No, no tenemos que **leerlo** / no **lo** tenemos que leer.

III. **Los pronombres reflexivos y la construcción reflexiva**

Sujeto	Los pronombres reflexivos	
yo	me	myself
tú	te	yourself
él / Ud.	se	himself (yourself)
ella / Ud.	se	herself (yourself)
nosotros(as)	nos	ourselves
vosotros(as)	os	yourselves
ellos / Uds.	se	themselves / yourselves
ellas / Uds.	se	themselves / yourselves

A. Un verbo *reflexivo* indica que la acción del verbo se dirige al sujeto mismo. Hay varias construcciones reflexivas; es posible formar un verbo reflexivo de casi todos los verbos en español. Aquí presento cada categoría de verbo reflexivo:

1. **Reflexivo verdadero.** La acción vuelve al sujeto en vez de pasar a otro sustantivo (o un objeto directo). Por ejemplo:

   María <u>se lava</u>. *(María washes herself.)* La acción se dirige al sujeto de la frase.

   María lava *su carro*. *(María washes her car.)* Aquí, la palabra **carro** funciona como un objeto directo.

   Las acciones personales (e.g., *lavarse*, *bañarse*, *vestirse*) son reflexivas. Por lo tanto, generalmente no se hacen a otras personas. Aquí hay una lista de más verbos reflexivos de este tipo:

afeitarse to shave	**pintarse los labios** to put on lipstick
despertarse to wake up	**ponerse** to put on
lavarse to wash	**quitarse** to take off
levantarse to get up	**secarse** to dry
llamarse to be called	**sentarse** to sit down
maquillarse to put on makeup	**sentirse** to feel
pararse to stand up	**vestirse** to get dressed
peinarse to comb one's hair	

2. **Reflexivo inherente.** Unos pocos verbos siempre son reflexivos, aunque la acción no vuelve al sujeto. En este caso el pronombre reflexivo es simplemente parte del verbo. Verbos de este tipo son:

arrepentirse to repent   **jactarse** to boast
atreverse to dare   **quejarse** to complain

3. **Reflexivo enfático.** Los verbos intransitivos (o sea los verbos que **no** pueden tener un objeto directo) como **ir, salir, venir, llegar,** etc., pueden usarse con pronombres reflexivos. También los verbos transitivos como **beber** o **comer** pueden tomar un reflexivo. En estos casos el reflexivo simplemente repite el sujeto de la oración y parece enfatizar la acción por parte del sujeto.

EJS: Carlos *va* a casa. / Carlos *se va* a casa.
Carlos *come* el postre. / Carlos *se come* el postre.

En Hispanoamérica se usa más este reflexivo enfático que en España.

B. Unos pocos verbos cambian de significado cuando van acompañados por el pronombre reflexivo.

aburrir to bore	**aburrirse** to get bored
acordar to agree	**acordarse** to remember
despedir to dismiss, fire	**despedirse** to say good-bye
dormir to sleep	**dormirse** to fall asleep
marchar to depart, leave; to march	**marcharse** to go away
parecer to seem	**parecerse** to resemble
referir to tell (*a story*)	**referirse a** to refer to

PRACTIQUE LA GRAMÁTICA

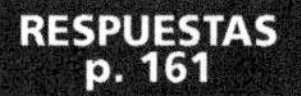

1. Un verbo transitivo necesita el objeto ________________ , por ejemplo la palabra 'carro' en la frase Yo compro un carro.

2. Decir **Conozco esa señora** no es correcto porque *señora* es un ser humano. La oración correcta es **Conozco** ________________.

3. La palabra *nadie* es la negación de *alguien*. Por eso, no es correcto decir **Yo no veo nadie.** Debe ser **Yo no veo** ________________.

4. Hay cuatro pronombres de objeto directo de tercera persona que se usan en Hispanoamérica: ________________, ________________, ________________ y ________________.

5. En España, la frase Voy a **ver a Juan** es Voy a **verle,** pero en Hispanoamérica, la frase es Voy a ________________. En todo el mundo de habla hispana, decir la frase Voy a **ver el avión** usando un pronombre de objeto directo es Voy a ________________.

6. En inglés *me* es el objeto directo y *myself* es el reflexivo para la primera persona. En español el pronombre de objeto directo y el pronombre reflexivo para la primera persona es el mismo pronombre: ________________.

7. El pronombre reflexivo siempre coincida con el ________________ de la oración, por ejemplo, *te* coincida con el pronombre ________________.

8. Sólo hay un pronombre reflexivo para la tercera persona singular y plural: ________________.

9. En España la gente dice **Vamos a visitarles** (*a los amigos*); en Hispanoamérica la gente dice **Vamos a** ________________.

10. En España el plural de *tú* es *vosotros*; en América el plural de *tú* es ________________. Esto quiere decir que en plural no hay diferencia entre el pronombre familiar y formal de la tercera persona plural en el español de las Américas.

11. *Me voy a casa* es más ________________ que *Voy a casa*.

12. En la frase **Yo baño todos los días** (*I bathe everyday*) hay algo que falta (*missing*). Se necesita el pronombre reflexivo ________________ antes de **baño**.

13. *Quejar* (*to complain*) es un reflexivo inherente.¿Cómo traduce Ud. la expresión *I complain*? ________________.

14. *Acordar* significa *to agree*, en cambio **acordarse** es ________________.

15. *Parecer* significa *to seem*, en cambio **parecerse** significa ________________.

EJERCICIOS

RESPUESTAS p. 161

A. *La rutina de las mañanas.* Complete las oraciones con los verbos que están en paréntesis, conjugándolos en el presente de indicativo según el sujeto.

Todos los días (yo) ________________ a las siete en punto y ________________ .
       (1. levantarse)   (2. ducharse)

Mis hijos son mayores así que (*so*) ellos ________________ sin ayuda.
         (3. arreglarse)

Ariana tiene pelo largo; ella ________________ el pelo con champú y
        (4. lavarse)

________________ con una toalla. Después de arreglarse, mi hijo, Luís, pone
(5. secarse)

la cafetera, y él ________________. una taza de café sin crema y sin azúcar.
        (6. prepararse)

Luego, nosotros ________________ a la mesa como una familia para comer
        (7. sentarse)

un desayuno breve antes de comenzar el día. Después, Ariana vuelve al baño

y ________________ un poco a la vez que escucha música. Antes de salir, ellos
   (8. maquillarse)

________________ de mí y entonces ellos ________________ a la universidad.
(9. despedirse)   (10. irse)

Yo ________________ en ropa profesional y salgo para mi trabajo y llego a
  (11. vestirse)

tiempo a la oficina.

RESPUESTAS
p. 161

B. Conteste cada pregunta sustituyendo el nombre por el pronombre para el objeto directo.

EJ: ¿Sabe usted español? —Sí, lo sé.

1. ¿Escuchas la radio todas las mañanas? —Sí, _______________.
2. ¿Conoces a mis tíos? —No, _______________.
3. ¿Haces tu tarea todos los días? —Sí, _______________.
4. ¿Quieres café? —Sí, _______________.
5. ¿Trae usted su maletín todos los días? —No, _______________.
6. ¿Habla usted japonés? —No, _______________.
7. ¿Quieres verme mañana? —Sí, _______________.
8. ¿Los puedo ayudar (a ustedes) con la tarea? —Sí, _______________.

RESPUESTAS
p. 161

C. Complete las oraciones con los verbos en presente de indicativo.

1. El carro _______________ si no tiene gasolina. (pararse)
2. Yo nunca _______________ de la fiesta sin decir adiós a todos. (irse)
3. Jorge siempre _______________ en la clase de matemáticas. (dormirse)
4. ¿Por qué (tú) no _______________ los vegetales? (comerse)
5. Muchos niños _______________ de hambre en todo el mundo. (morirse)
6. Ella nunca _______________ cuando viaja en avión. (marearse)
7. Yo no _______________ muy bien hoy. (sentirse)
8. Toda la familia _______________ a la mesa para comer. (sentarse)

RESPUESTAS
p. 161

D. Escriba oraciones con las palabras en cada ejercicio, sin alterar el orden en que están. Usted tiene que completar con artículos, preposiciones, o lo que se necesite. Use el presente de indicativo.

EJ: maestro / saludar / estudiantes / antes / clase
      El maestro saluda a los estudiantes antes de la clase.

1. mis padres / levantarse / tarde / todo / días

____

2. ¿qué hora / acostarse / tú / sábados?

____

3. nosotros / desear / irse / casa / después / clase

____

4. carro / Juan / romperse / todo / semanas

____

5. nuestro / hijos / desayunarse / antes / ir / escuela

____

¡ATENCIÓN!   Adjetivos *todo, cada, más, menos, medio, otro*

1. *Todo* significa totalidad (*totality, entirety*), igual que los artículos definidos, por eso se usa siempre con los artículos **el, la, los, las.**

   EJS: *todo el* día, *todas las* tardes

   El singular **todo** (**toda**) se usa sin artículo con nombres contables en singular para indicar individualidad (en inglés, *each and every*). Este uso es más literario que coloquial.

   EJ: **Todo hombre** es libre. (*Each and every man is free.*)

2. *Cada* sólo se usa en singular y significa *each, every. Cada* se usa también con números para indicar las veces que se repite una acción.

   EJS: *cada dos* días (*every other day*)
   cada cuatro meses (*every four months*)

3. Las palabras *más* y *menos* se usan después del sustantivo cuando hay un número antes. (Note que en inglés *more, less* y *fewer* siempre van antes del nombre.)

   EJ: Necesito *dos* libros *más*. (*I need two more books.*)

   • Recuerde que *more than* + (number) se traduce por **más de** + (*número*):

   EJ: Tengo *más* de dos cursos.

4. *Medio* y *media* son siempre adjetivos y se ponen antes del nombre si no hay otro número, pero se ponen después cuando hay otro número. Observe que el artículo *a* de inglés no se traduce al español. En México, así como en otros países de habla hispana, se usa el orden del inglés.

   EJS: Necesito *media* libra de carne. (*I need half a pound of meat.*)
   Compré dos libras y *media*. (*I bought two and a half pounds.*)
   Compré *dos* y *media* libras. (*I bought two and a half pounds.*)

   La mitad de significa *half of a (an), half of the* y es equivalente a la palabra *medio(a)*.

   EJ: Comí *la mitad de* la naranja. = Comí media naranja.

5. *Otro* y *otra* <u>nunca</u> se usan con el artículo indefinido **un / una** (compara con la palabra inglesa *another*, que es un compuesto de *an* + *other*). Si hay un número antes del nombre, *otro(a)* se usa antes del número, lo contrario del inglés.

   EJ: Necesito *otros dos libros*. (*I need another two books.*)

   Every other se traduce por *cada dos*.

   EJ: *cada dos* días (*every other day*)

RESPUESTAS p. 162

E. Traduzca al español las expresiones en paréntesis.

1. Queremos quedarnos en Cuba _______________. (*three more days*)
2. Alberto va a comprar _______________. (*one more pound*)
3. ¿Vas a la peluquería? _______________. (*every other week*)
4. Esa sandía pesa (*weighs*) 205 _______________lbs. (*pounds and a half*)
5. Marta no va en este vuelo sino en _______________. (*another one*)
6. Lolita trabaja _______________. (*every Saturday*)
7. Ya nos faltan _______________ para llegar. (*less than five miles*)
8. Otra manera de decir **todo hombre** es _______________. (*every man*)
9. Otra manera de decir **la mitad de una hora** es _______________.
   (*half an hour*)
10. Los mozos trabajan en el restaurante _______________. (*the whole day*)
11. Vamos a necesitar _______________. (*two more chairs*)
12. Solamente voy a comer _______________. (*half a sandwich*)
13. Prefiero volver _______________. (*another day*)

10 En el transporte público
(On Public Transportation)

el andén	platform	la línea	line
el autobús[1]	bus	el maletero[3]	porter, trunk *(car)*
el boleto de ida	one-way ticket	el metro[4]	subway
el boleto de ida	round-trip ticket	olvidar	to forget
y vuelta		el pelo	hair
con retraso	late	tomar el pelo	to pull one's leg
cruzar	to cross	la parada	bus stop
demorar	to delay	perder (ie)	to lose, miss
disponible	available	romper	to break, tear
entregar	to deliver	roto(a)	broken, torn
el ferrocarril	railroad	ruta	route
funcionar	to work (*a machine*)	sin falta	without fail
		sucio(a)	dirty
gratis	free (*of charge*)	la taquilla	ticket window
gratuito(a)	free (*of charge*)	el / la taquillero(a)[5]	ticket agent
hacer caso	to pay attention	el tren	train
el horario[2]	schedule	vacío(a)	empty
la letra	letter (*alphabet*)	el vagón,[6] el coche	wagon, car (*train*)
el letrero	sign		

NOTAS

1. *Autobús* es una de las muchas palabras para *bus*. En México se usa *camión*, que es la palabra para *truck* en todos los demás países. Otras palabras para *bus* son *ómnibus*, *colectivo* (en Argentina), *guagua* (en Canarias y en los países del Caribe), *autocar*, *coche de línea*.

2. El horario oficial en España y otros países de habla hispana está basado en el sistema de veinticuatro horas. En los noticieros (*newscasts*) de televisión y radio y en los horarios de trenes, autobuses y aviones no se usa *de la mañana, de la tarde, de la noche,* como en el habla coloquial. Por ejemplo, *a las dieciocho horas ocurrió un accidente. . .* es el equivalente en el habla coloquial de *a las seis de la tarde ocurrió un accidente. . .* En el horario oficial tampoco se usan *media* para *treinta minutos,* ni *cuarto* para *quince minutos,* sino que se usan los minutos.

    EJ: **A las dieciocho horas y treinta minutos ocurrió un accidente. . .**

3. *Maletero* tiene dos significados: cuando se aplica a personas significa *porter* (luggage), y cuando se aplica al coche significa *trunk.* En algunos países se usa **baúl** y en México **cajuela** para *trunk of a car.* Otras palabras para *porter* son **mozo** y **ayudante**.

4. *Metro* es la palabra común para referirse al *subway* en muchos países; sin embargo, en Argentina **subterráneo** o **subte** existe como palabra alternativa.

5. *Taquillero* como nombre significa *ticket agent,* y como adjetivo se usa para indicar que una película o una obra de teatro se «vende» mucho (*it's a hit*), es decir, que mucha gente va a la taquilla a comprar boletos.

6. *Vagón* se usaba antes para todas las unidades del tren, carga y pasajeros, pero actualmente se usa la palabra **vagón** para **carga** y **coche** para **pasajeros**. En España hay coches de fumar y no fumar, y también coche camas y coche comedores. La compañía de trenes se llama RENFE (Red Nacional de Ferrocarriles Españoles), y es el principal medio de transporte.

PRACTIQUE EL VOCABULARIO

A. Subraye la palabra o expresión correcta.

1. Todos los asientos están vendidos; no hay boletos (vacíos, sucios, disponibles, rotos).

2. El tren para Barcelona se toma en (el andén, el letrero, el talón, la letra) número 6.

3. Si Ud. piensa ir y volver a una ciudad, debe comprar un boleto (de ida, sin falta, de ida y vuelta, con retraso).

4. Este tren siempre llega (con retraso, hora, de espera, disponible) de media hora.

5. Para comprar los boletos vamos (a la litera, a la taquilla, al ferrocarril, al horario).

6. Si una película se «vende» mucho, decimos que es (sucia, gratuita, taquillera, rota).

7. Si Ud. tiene prisa, no debe (entregar, cruzar, olvidar, perder) tiempo.

8. Es lógico que los empleados de ferrocarril puedan viajar (gratis, disponible, vacío, roto) en tren.

9. Nuestro tren llega en media hora; vamos (a la taquilla, al andén vacío, a la sala de espera, al vagón).

10. Hay un letrero que dice NO FUMAR, pero mucha gente no le (toma una copa, hace caso, toma el pelo, llega sin falta).

11. Cuando cada persona paga su cuenta, decimos que van (con retraso, a la americana, sin falta, a la taquilla).

12. Creo que (tomas una copa, haces caso, me tomas el pelo estás en el andén) cuando dices que viste un marciano.

RESPUESTAS p. 162

B. Complete cada oración con una de las palabras o expresiones sin repetirlas. Haga los cambios necesarios.

andén	con retraso	horario	parada
boleto de ida	disponible	letrero	ruta
roto	gratis	metro	taquilla

1. Si Ud. no piensa volver pronto, debe comprar sólo un ____________.

2. En muchas ciudades grandes, la gente usa el ____________ para viajar por la ciudad; así se puede evitar el tráfico en las calles.

3. Las azafatas pueden viajar ____________ en su aerolínea.

4. La ____________ del autobús pasa por varias tiendas populares en la ciudad.

5. No hay boletos ____________ de segunda clase, pero sí de primera.

6. Es necesario estar en la ____________ a tiempo para no perder el autobús. Sale a las siete sin falta

7. Usted no debe fumar en esta sección porque así lo dice ese ____________.

8. Este tren nunca es puntual; siempre llega ____________.

9. No podemos usar este carro del metro porque las sillas están ____________: no se puede sentar.

10. El tren para Bogotá se toma en el ____________ número 4.

11. Según el ____________ de la estación, el tren expreso sale a las diez y media.

12. Para comprar los boletos vamos a la ____________.

RESPUESTAS p. 162

C. Complete las oraciones con la forma correcta del presente de indicativo de uno de los siguientes verbos, sin repetirlos.

cruzar	estar disponible	olvidar	ser gratuito
demorar	funcionar	perder	tomar el pelo
entregar	hacer caso	romper	vacío

1. El motor de mi carro está en buenas condiciones; ______________ muy bien.
2. No hay nadie en este tren; me gusta un carro que es ______________.
3. Mi amigo siempre llega con retraso a la estación, y por esta razón él ______________ el tren con frecuencia.
4. ¿Cuánto tiempo ______________ en llegar el próximo tren?
5. Eso que dices suena increíble; creo que me ______________.
6. Yo siempre ______________ la calle cuando no pasan coches.
7. Carlitos siempre se ______________ de la fecha de mi cumpleaños.
8. ¡Qué lata! (*What a nuisance!*) El carro siempre se me ______________ cuando más lo necesito.
9. Si Ud. trabaja para los autobuses, su viaje ______________.
10. Hay un letrero que dice NO FUMAR, pero muy pocos le ______________.
11. Todavía hay dos asientos en primera clase que ______________.
12. La taquillera te ______________ el boleto después que lo pagas.

GRAMÁTICA   Adjetivos y pronombres demostrativos y posesivos

I.   Adjetivos y pronombres demostrativos (*this / these, that / those*)

personas	*adverbio*	*masculino*	*femenino*	*neutro*	
hablante oyente lejos de los dos	aquí, acá ahí allí, allá	este / estos ese / esos aquel / aquellos	esta / estas esa / esas aquella / aquellas	esto eso aquello	this / these that / those that / those (over there)

A. 1. Cuando el hablante se refiere a personas o cosas que están cerca de él (*aquí*), usa los demostrativos: **este / esta** y en el plural, **estos / estas**.

   EJ: *Este* **libro es bueno.** (*This book is Good.*)

2. Cuando el hablante se refiere a personas o cosas que están cerca del oyente (*ahí*), usa los demostrativos: **ese / esa; esos / esas**.

   EJ: *Esos* **libros son buenos.** (*Those books are good.*)

3. Cuando el hablante se refiere a personas o cosas que están lejos del hablante y del oyente (*allí, allá*), usa **aquel / aquella, aquellos / aquellas**.

   EJ: *Aquel* **señor se llama José.**

   • Observe que el masculino es **este, ese**, con una *e* final, en lugar de una *o* como la mayoría de los adjetivos. Los neutros **esto / eso** llevan la *o*.

B. Los neutros **esto / eso / aquello** nunca se usan con nombres—son pronombres y reemplazan los sustantivos. Recuerde que en español hay nombres masculinos y femeninos, pero no sustantivos neutros. Usamos los pronombres neutros cuando nos referimos a un nombre que no conocemos:

EJ: ¿Qué es *eso* que tienes en la mano? —*Esto* es una pluma.

El pronombre neutro se usa también para hacer referencia a una idea o una oración completa:

EJ: **Los niños se llevan bien; eso me gusta** (*The kids are getting along; I like that (that referring to the idea/sentence that the kids are getting along.)*

C. Los demostrativos pueden usarse con el sustantivo y sin él. En este segundo caso se llaman pronombres. Ya no hay una distinción entre estas formas:

EJ: **Me gusta *esta* camisa más que *esa*.** (*I like this shirt better than that one.*)

D. Cuando usamos los demostrativos *ese / esa, esos / esas* después del sustantivo, sugiere un cambio negativo o despectivo en el significado:

EJ: **el hombre *ese*** (*that poor / despicable man*)

II. Adjetivos y pronombres posesivos

Persona	Formas cortas	Formas largas		(Inglés)
		Masculino	**Femenino**	
yo	mi / mis	mío / míos	mía / mías	my, mine
tú (vos)	tu / tus	tuyo / tuyos	tuya / tuyas	your, yours
él / Ud.	su / sus	suyo / suyos	suya / suyas	his, its
ella / Ud.	su / sus	suyo / suyos	suya / suyas	her, hers, its
nosotros(as)		nuestro(s)	nuestra(s)	our, ours
vosotros (as)		vuestro(s)	vuestra(s)	your, yours
ellos / ellas / Uds.	su / sus	suyo / suyos	suya / suyas	their, theirs

A. Las formas cortas siempre van antes del nombre y no tienen acento fonético, excepto cuando se enfatiza quién es el poseedor o dueño de algo. En cambio, en inglés *my, your, his,* etc., siempre tienen acento primario (*stress*).

B. Las formas largas se usan después del sustantivo, y también se usan solas, sin el sustantivo. Observe que existen formas masculinas y femeninas, singular y plural. Las formas largas necesitan siempre el artículo definido (**el / la, los / las**), excepto **después** del verbo ser, y aún con este verbo se puede usar para especificar un sustantivo particular.

EJS: El libro *tuyo* está aquí; *el mío* está en casa.
Este libro es *mío; el tuyo* es ése.

C. Las formas cortas y largas concuerdan (*agree*) con la cosa poseída, y no con el poseedor (*owner*) como en inglés. En inglés, el pronombre *her* concuerda con la poseedora, por ejemplo, en la frase *her blouse*. En español *su* concuerda con **blusa** en la frase **su blusa**; la forma plural es **sus blusas**. Esta concordancia es aún más evidente en las formas largas: **las blusas suyas** v. **el libro suyo**, donde se indica el número y género de la cosa poseída.

D. Para poner énfasis en la posesión generalmente usamos las formas largas porque las formas cortas son átonas (*unstressed*).

EJ: **Me gusta la casa *tuya* más que *la mía*.** (*I like <u>your</u> house more than mine.*)

E. La forma larga masculina singular también se usa con el artículo neutro **lo**, por ejemplo, **lo mío** que significa *my things, my stuff*.

EJ: **Esto es *lo mío*. ¿Dónde está *lo tuyo*?** (*This is my stuff. Where is yours?*)

F. Observe que **su / sus** significa muchas cosas y también **suyo / suya, suyos, suyas,** etc. (**his / her, its, their / your**). Por eso muchas veces usamos los pronombres personales con la preposición para evitar ambigüedad: **de él, de ella, de usted.**

EJ: **Los dos esposos tienen carro. El *de él* es rojo, el *de ella* es azul.**

PRACTIQUE LA GRAMÁTICA

**RESPUESTAS
p. 162**

1. Si hablo de las cosas que están cerca de mí, puedo escoger uno de cuatro demostrativos: ____________, ____________, ____________ y ____________.

2. Si hablo de las cosas que están cerca de ti, también puedo escoger uno de cuatro demostrativos: ____________, ____________, ____________ y ____________.

3. Cuando se habla de cosas que están lejos del hablante y del oyente, hay cuatro demostrativos posibles: ____________, ____________, ____________ y ____________.

4. Hay tres demostrativos neutros: ____________, ____________ y ____________.

5. ¿Cuál palabra no se traduce al español en la frase *this one?* ____________.

6. Los demostrativos: **ese / esa, esos / esas** tienen connotación despectiva cuando están ____________ del nombre.

7. ¿Necesitan acento los neutros **esto, eso, aquello?** ____________.

8. Las formas cortas del posesivo, ¿van antes o después del nombre?
   _____________. Entonces, ¿cómo se traduce *my book*? _____________.

9. Para poner énfasis en la posesión normalmente usamos las formas **largas /
   cortas** del posesivo.

10. No es correcto decir mi libros. Deber ser _____________.

11. *Su / suyo* significan muchas cosas en inglés: _____________.

12. Las formas largas del posesivo necesitan el artículo **definido / indefinido**
    cuando se usan como pronombres, excepto con el verbo **ser**.

13. La traducción de la frase *This book is mine?* es *Este libro* _____________.

14. ¿Qué falta (*is missing*) en la frase **Mi libro está aquí; tuyo está ahí?**
    _____________. ¿Cómo debe ser la frase? _____________.

15. La forma masculina singular se usa con el artículo neutro _____________, por
    ejemplo, la expresión *lo mío* equivale a la frase _____________ en inglés.

EJERCICIOS

**RESPUESTAS
p. 163**

A. Traduzca las palabras o expresiones que están en paréntesis.

1. ¿Conoces a _____________ (*that over there*) muchacha?

2. _____________ (*this*) café está frío; _____________ (*that one*)
   está caliente.

3. ¿Qué es _____________ (*that which, what*) que tienes en la mano?

4. _____________ (*our*) tren sale del andén número 9.

5. Yo le entrego _____________ (*my*) boleto. Tú le entregas
   _____________ (*yours*).

6. ¿Qué es _____________ (*that over there*) que se ve allá a lo lejos?

7. Creo que _____________ (*our*) autobús sale a las ocho y veinte.

8. Prefiero _____________ (*this*) aerolínea a _____________ (*that one*).

9. El maletero _____________ (*that awful. . .*) trata muy mal
   nuestro equipaje.

10. Mi mamá siempre se olvida de _____________ (*her*) pastillas
    para el mareo.

11. Mis padres tienen que darse prisa; _____________ (*their*) vuelo sale
    a las diez.

12. Este avión es grande; _____________ (*its*) tripulación (*crew*) es de
    veinte personas.

13. No es correcto decir *Ellos tienen sus casa en la montaña.* Debe decirse
    Ellos tienen _____________ *casa en la montaña.*

14. Esta maleta es mía; _____________ (*yours*, familiar) está en el carro.

15. El presidente dijo muchas cosas más; ______________ (*this*) es sólo un resumen.

16. No es correcto decir **su boletos**. Debe decirse ______________ **boletos**.

17. Ya no tengo más hambre; ¿quieres comerte ______________ (*my*) papas fritas?

18. ¿Cuál expresión es más enfática, **tu vuelo** o **el vuelo tuyo**? ______________.

19. No quiero ______________(*this*) camisa sino ______________ (*that one*).

20. No me gusta que la gente se meta en ______________ (*my stuff / my things*).

RESPUESTAS
p. 163

B. **En inglés, cuando hablamos de las partes del cuerpo o de la ropa se usa el posesivo. En español usamos el artículo definido cuando se trata de verbos reflexivos. Complete las oraciones con el verbo y el nombre que se sugiere en paréntesis.**

EJ: **Me lavo** <u>el pelo</u> por la mañana. (*wash your hair*)

1. Carlos siempre ______________ cuando maneja. (*fastens his seat belt:* abrocharse)

2. Tú siempre ______________ antes de comer. (*wash your hands:* lavarse)

3. Cuando llego a casa después del trabajo, yo ______________. (*take off my shoes:* quitarse)

4. ¿A qué hora ______________ usted todos los días? (*brush your teeth:* limpiarse)

5. Nosotras ______________ cuando nieva. (*put on our boots:* ponerse. . . botas)

6. El niño ______________ todas las mañanas. (*drinks his milk:* tomarse)

7. Yo siempre ______________ en el carro. (*forget my books:* olvidarse)

¡ATENCIÓN!   Los números ordinales

1. Los números ordinales indican orden númerico (por ejemplo *first, second, etc.*). Estos son los primeros diez números ordinales en español:

primero	tercero	quinto	séptimo (sétimo)	novena
(1º)	(3º)	(5º)	(7º)	(9º)
segundo	cuarto	sexto	octavo	décimo
(2º)	(4º)	(6º)	(8º)	(10º)

Si usamos un número cardinal como una abreviatura (como las letras *st* en '1ˢᵗ' en inglés, podemos usar una **o/a** volada o superíndice (*superscript*). Por arriba de diez se usan los números cardinales después de un sustantivo: **once, doce, trece, etc.** Las formas antiguas (**décimo primero, vigésimo segundo, etc.**) se usan cada vez menos.

EJ: el capítulo **veinte** (the twentieth chapter)

2. Los números ordinales son adjetivos de cuatro posibles terminaciones: masculino singular y plural; femenino singular y plural.

   EJS: la *primera* página; las *primeras* páginas: el **segundo** párrafo

3. *Primero* y *tercero* pierden la -o cuando están antes de nombres masculinos, pero la conservan si están después.

   EJ: el *primer* día / el día *primero*

4. La Real Academia Española acepta *séptimo* y *sétimo*.

5. Los números ordinales se pueden combinar con cardinales, y se puede cambiar el orden sin alterar el significado.

   EJ: *los primeros veinte* días = *los veinte primeros* días (*the first twenty days*)

6. Para indicar el orden de reyes (*kings*) o papas (*popes*), usamos los números ordinales, pero sin artículo (en inglés se usa el artículo *the*).

   EJS: **Enrique *Octavo*** (*Henry the Eighth*), **Felipe *Segundo*** (*Philip the Second*). Se escriben los números con esta función usando números romanos, por ejemplo: ***Enrique VIII, Felipe II.***

7. Cuando hablamos de la fecha, en algunas regiones usan *primero* para el día uno del mes; en España se usa *uno*. Para los otros días del mes se usan los números cardinales: **dos, tres,** etc.

   EJS: El *primero* de junio. El *veintidós* de diciembre.

8. En inglés se usa *one* después de cualquier adjetivo, incluyendo los ordinales, cuando se omite el nombre porque ya se mencionó anteriormente. En español, en cambio, no se usa nada.

   EJ: **Quiero el segundo carro, no el *primero*.** (*I want the second car, not the first one.*)

RESPUESTAS p. 163

C. Traduzca las palabras que están en paréntesis.

1. El ______________ tren para Madrid sale a las diez y media. (*first*)
2. Para mañana tenemos que leer las ______________ páginas. (*first two*)
3. El cumpleaños de Lola es el ______________/______________ de enero. (*first,* there are two answers)
4. Mi segundo examen es más difícil que el ______________. (*first one*)
5. En Nueva York es famosa la ______________. (*Fifth Avenue*)
6. Yo vivo en la ______________ casa de esta calle. (*seventh*)
7. El Rey Alfonso X ______________ es el autor de la ______________ gramática en español. (*the Tenth / the first*)
8. No quiero el ______________ vestido sino el ______________. (*third / fourth one*)

11 En la carretera
(On the Road)

la acera[1]	sidewalk	doblar	to turn
angosto(a)	narrow	la doble circulación	two-way street
aparcar	to park	la esquina	corner
la autopista	freeway, turnpike	estacionar	to park
la banqueta[1]	sidewalk	el ganado	cattle, stock
la bicicleta[3]	bicycle	la licencia[2]	license
el camión[2]	truck	manejar	to drive
la camioneta	pickup truck	(*América*)	(*America*)
el carné[4]	driver's license	la motocicleta[3]	motorcycle
la carretera	road, highway	la parada	stop
el carril	lane	parquear	to park
la carrilera	lane	el peatón	pedestrian
chocar	to crash	el puente	bridge
el chofer[5]	driver, chauffeur	el semáforo	traffic signal
conducir (*España*)	to drive (*Spain*)	la señal	the sign
el cruce	crossroads	el stop[6], el alto	stop sign
la curva peligrosa	dangerous curve	el transeúnte	pedestrian
despacio	slowly	el vehículo	vehicle
la desviación	detour	la velocidad	speed
la dirección	one-way street	veloz	fast
obligatoria		la zona escolar	school zone

NOTAS

1. *Acera* se usa en la mayoría de los países para *sidewalk;* sin embargo, en México se usa **banqueta,** y en Perú, **vereda.**

2. *Autobús* es otro ejemplo de una palabra con mucha variación por el mundo hispanoparlante. En México se usa *camión* para *bus,* que es la palabra para *truck* en todos los demás países. Otras palabras para *bus* son *ómnibus,* *colectivo* (en Argentina), *guagua* (en Canarias y en los países del Caribe), **combi** (en Perú), **micro** (en Bolivia), *autocar, coche de línea.*

3. La abreviatura de *motocicleta* es *moto* y la de *bicicleta* es *bici.* Cada vez se usan más las abreviaturas de ciertas palabras. Aquí hay una lista parcial.

la foto por **fotografía**	la moto por **motocicleta**
la disco por **discoteca**	la bici por **bicicleta**
el / la profe por **profesor(a)**	el cole por **colegio**
el boli por **bolígrafo**	la mili por **milicia** (*servicio militar*)
la tele por **televisión**	el auto por **automóvil**
el memo por **memorando**	el narco por **narcotraficante**

4. *Carné* se usa en España para *driver's license;* en otros países se usa *licencia* y en otros, *permiso de manejar.*

5. *Chofer* se dice en Hispanoamérica y *chófer* en España. Observe que no traduce *chauffeur* del inglés sino *driver.* La traducción de *chauffeur* es *chofer particular.*

6. *STOP* es la señal internacional para *parar* o *detenerse,* y casi todos los países de habla hispana la usan, pero en México se usa *ALTO,* y en Colombia se usa *¡PARE!*

PRACTIQUE EL VOCABULARIO

A. *¿Es usted un buen chofer?* Conteste verdadero o falso (V / F).

1. _______ Los peatones pueden cruzar la calle cuando el semáforo está en rojo para ellos.

2. _______ Una motocicleta es más rápida que una bicicleta.

3. _______ Ud. debe acelerar al llegar a una curva peligrosa o a un puente angosto.

4. _______ Muchos estados aplican un examen teórico y uno práctico para obtener el permiso de manejar.

5. _______ Una autopista tiene más carriles que una carretera.

6. _______ En una calle angosta Ud. puede estacionar el carro en la acera y en la calle.

7. _______ El semáforo rojo es para parar y el verde es para seguir.

8. _______ La velocidad máxima permitida en una zona escolar es cuarenta millas por hora.

9. _______ Ud. puede doblar a la derecha o a la izquierda cuando llega a una calle con dirección obligatoria.

10. _______ Manejar bajo la influencia del alcohol puede ocasionar un accidente.

RESPUESTAS
p. 163

B. Complete las oraciones con una de las palabras siguientes. Haga cambios si son necesarios.

acera	camioneta	desviación	parquear
alto	carril	doblar	puente
autopista	chocar	ganado	semáforo
camión	cruce	licencia	señal

1. Si Ud. _______________ el carro en la zona roja, es probable que reciba una multa (*fine*).

2. Para manejar un automóvil Ud. necesita tener una _______________.

3. Todas las carreteras de Europa tienen _______________ internacionales.

4. Para transportar vegetales se usan _______________ refrigerados.

5. Una _______________ es más pequeña que un camión.

6. Una _______________ es una carretera amplia y de mayor velocidad.

7. Las carreteras tienen _______________ para pasar sobre los ríos.

8. Los peatones deben caminar por _______________.

9. La señal para parar en México no es *STOP* sino _______________.

10. Ud. debe manejar con cuidado en los _______________ de calles o carreteras.

11. Si Ud. quiere _______________ a la izquierda o a la derecha, debe hacer la señal correspondiente.

12. Las carreteras tienen señales en los lugares donde cruza el _______________.

13. Esta carretera está en construcción; debemos tomar una _______________.

14. Debemos parar el carro cuando el _______________ está en rojo o amarillo.

15. Si Ud. no para cuando el semáforo está en rojo, puede _______________ con otro carro.

16. Si Ud. va a doblar a la derecha, debe tomar el _______________ de la derecha.

RESPUESTAS
p. 163

C. Subraye la palabra o expresión correcta.

1. Si Ud. llega a (una parada, un cruce, una autopista, un carril) sin señal de STOP, debe detenerse de todas maneras.

2. Si Ud. maneja despacio, debe tomar (el vehículo, el cruce, el carril, la desviación) de la derecha.

3. Los transeúntes deben caminar por (la parada, la curva, la acera, el ganado).

4. Si Ud. va a doblar en (una desviación, un alto, un puente, una esquina), debe detenerse primero.

5. Ud. puede (doblar, conducir, chocar, estacionar) el carro donde hay parquímetros.

6. La vaca y el toro son una clase de (ganado, vehículo, vegetal, puente).

7. Las curvas son (angostas, disponibles, peligrosas, sucias) porque el chofer no puede ver si hay tráfico adelante.

8. Cuando (un semáforo, una velocidad, un cruce, una desviación) no funciona, es necesario tener más cuidado.

9. (Una bicicleta, Un autobús, Una moto, Un camión) debe ir siempre por el carril de la derecha.

RESPUESTAS p. 163

D. Complete cada oración con una de las abreviaciones siguientes. Haga cambios si son necesarios.

> auto   boli   disco   moto   profe
> bici   cole   foto   narco   tele

1. Anoche fuimos a bailar a la ___________.

2. No conozco a Julio Iglesias en persona, sólo por la ___________.

3. Mi hermanito está en el ___________.

4. Siempre llevo en la cartera (*wallet, purse*) una ___________ de mi novio.

5–6. No tengo dinero para comprar un carro, por eso vengo a la universidad en la ___________ o en la ___________.

7. El ___________ de matemáticas es buena gente (*a nice guy*).

8. El carro tiene otros nombres: coche, ___________.

9. Los ___________ manejan muchos millones de dólares por las drogas.

GRAMÁTICA   Pretéritos regulares • Cambios ortográficos

El pretérito es uno de los tiempos que usamos para hablar de eventos en el pasado. Observe y estudie la table siguiente de las terminaciones.

A. Pretéritos regulares

Sujeto	*habl ar*	*com er*	*viv ir*
yo	habl é	com í	viv í
tú (vos)	habl aste	com iste	viv iste
él / ella / Ud.	habl ó	com ió	viv ió
nosotros(as)	habl amos	com imos	viv imos
vosotros(as)	habl astéis	com isteis	viv isteis
ellos / ellas / Uds.	habl aron	com ieron	viv ieron

1. Recuerde que hay dos partes en un verbo: la **raíz** (aquí habl-, com-, viv-) y la **terminación** (que indica el **tiempo** *(tense)* y la **persona**). Las raíces del pretérito son las mismas del presente en los verbos regulares: **hablar** → **habl-**, **comer** → **com-**, **vivir** → **viv**.

2. Los verbos que terminan en -ar e -ir tienen la misma forma para la primera persona en plural en el presente y en el pretérito. Es necesario un contexto (por ejemplo, un adverbio de tiempo) para saber si la acción es «ahora» (presente) o «antes» (pretérito):

   EJS: **Ayer *hablamos* con el profesor.** (*We spoke to the professor yesterday.*)
   Siempre *hablamos* español en la clase. (*We always speak Spanish in class.*)

3. Observe que *ver* es un verbo regular, pero no tiene acento escrito en *vi* y *vio* porque estas palabras tienen una sola sílaba: **vi, viste, vio, vimos, visteis, vieron.**

4. Usamos el pretérito para una acción completa en un tiempo pasado. Equivale a la idea del *simple past* del inglés, como *I talked, I ate*. En la lección 15 vemos el pretérito en contraste con el imperfecto (por ejemplo, *hablaba*) que es otro tiempo que usamos para una acción en el pasado.

B. Cambios ortográficos

NOTA: En las presentaciones donde es posible la confusión entre referencias a sonidos y letras, el autor sigue las normas lingüísticas para referirse a los símbolos en estos contextos. Cuando se refiere a **sonidos**, se escribe el sonido entre corchetes: [k]. Para hablar de **letras**, las escribimos entre *diples* o comillas angulares simples: *qu*. Con palabras o frases, se usan comillas simples: queso (aunque en este libro, muchas veces se escribe la palabra o frase en negritas *[bold]*.

1. Hay ciertas consonantes en español que cambian en la escritura según las vocales que las siguen. La pronunciación de esas consonantes, sin embargo, es la misma. Por ejemplo, *feliz* tiene z pero '*felices*' tiene c. Una regla muy simple es que nunca se escribe z antes de las vocales *e, i*.

2. El siguiente esquema indica cinco tipos de cambios ortográficos en el pretérito.

Sonido	Ortografía			
	Letras correspondientes	*Ejemplos*	*Letras correspondientes*	*Ejemplos*
[k]	*ca* *co* *cu*	sacar, buscar saco, busco delincuente, cuando	*que* *qui*	busqué delinquir
[g]	*ga* *go* *gu*	pagar, siga pago, sigo gustar	*gue* *gui*	pagué seguir, seguí
[gw]	*gua* *guo*	averiguar, agua averiguo, antiguo	*güe* *güi*	averigüé argüir, pingüino
[s]	*za* *zo* *zu*	empezar, empieza empiezo, empezó, convenzo azul, zurdo (*left-handed*)	*ce* *ci*	empecé, convencer conducir, convencí
[h]	*ja* *jo* *ju*	recoja (*pick up*) recojo jugar, juguete	*ge* *gi*	recoger recogí

a) Estos cambios ocurren con verbos, nombres y adjetivos:

feliz → feli<u>c</u>es; empiezo → empe<u>c</u>é; vez → ve<u>c</u>es; luz → lu<u>c</u>es.

b) Para el sonido [k] escribimos *ca, co, cu*, pero *que, qui*.

- *Para conocer más sobre los sonidos, puedes visitar los recursos online para más información.*

EJS: buscar, busco, busqué, busque
delinquir (*to break the law*), delinco, delinquí, delincuente

c) Para el sonido [g] escribimos *ga, go, gu*, pero *gue, gui*.

EJS: pagar, pago, pagué, pague
seguir, sigo, siga, sigue, seguí, siga

d) Para el sonido [s] escribimos *za, zo, zu*, pero *ce, ci*.

EJS: comenzar, comienzo, comencé
hacer, hice, hizo
convencer, convenzo, convencí

e) Para el sonido [h], usamos las letras **jota** *j* y *ge*: escribimos *ja, jo, ju,* pero *ge, gi.*

    EJS: **recoger, recoja, recojo, recogí, recogedor**

3. Otro cambio de escritura es cuando la *i* se transforma en *y*, cuando está entre dos vocales y no tiene acento. Por ejemplo, no escribimos *leió*, sino **leyó**:

    EJS: **caer**, él/ella/usted **cayó** (no *caió*); ellos/ellas/ustedes **cayeron** (no *caieron*); **cayendo**
    creer, él/ella/usted **creyó** (no *creió*), ellos/ellas/ustedes **creyeron** (no *creieron*)

PRACTIQUE LA GRAMÁTICA

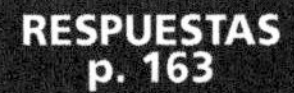

1. La palabra *hablamos* es tanto una forma del presente como del pretérito. Para interpretar el significado necesitamos un adverbio de tiempo o un contexto. Por otra parte, *comemos* sólo significa *we eat / are eating* en el presente. ¿Cómo se dice *we ate?* ____________.

2. *Vivir* tiene dos formas con acento escrito en el pretérito: **yo** ____________ y **él** ____________.

3. De *leer* tenemos en el pretérito **yo leí, tú leíste, él** ____________, con cambio de *i* en *y* para este último caso, lo mismo que en *ellos* ____________.

4. De *empezar* no escribimos **empezé** sino ____________. En español no escribimos una *z* delante de las vocales ____________, excepto en ciertas palabras como *zenit* que también se escribe *cenit*.

5. De *convencer* no decimos en el presente **yo convenco** sino ____________. ¿Cómo se dice en el pretérito *I convinced?* ____________.

6. La letra *h* no se pronuncia en español, pero no es la única, porque tampoco se pronuncia la ____________ de *seguir* y de *quien*. La *u* de *gu* no se pronuncia delante de las vocales ____________. ¿Cómo dice usted *I followed?* ____________.

7. De *practicar* no decimos yo *practicé* sino yo ____________.

8. De *llegar* decimos en el pretérito *él llegó*, pero yo ____________.

9. De *escoger* decimos en el presente *tú escoges*, pero yo ____________. ¿Cómo se traduce el pretérito *I chose?* ____________.

10. El signo «..» se llama *diéresis* y sólo se escribe arriba de la *u* cuando esta letra está después de una *g* y la *u* tiene el sonido de [**w**]. Por ejemplo, *averiguar* (*to find out*) tiene **averiguo** en el presente, pero yo ____________ en el pretérito.

11. *Creieron* del verbo *creer* está mal escrito. Debe escribirse ____________. *Sigió* del verbo *seguir* también está mal escrito. Debe escribirse ____________.

12. De la frase *tocar la guitarra* no escribimos **yo tocé la guitarra** sino yo ____________ la guitarra.

13. La forma **pensamos**, ¿es presente o pretérito? ____________.

EJERCICIOS

RESPUESTAS p. 164

A. *¡Qué vida más aburrida!* Complete la siguiente historia con el pretérito de los verbos indicados.

Como todos los días, hoy (yo) me ____________ a las seis y media
(1. levantar)
de la mañana. Luego me ____________ y me ____________ . Fui
(2. afeitar)   (3. bañar)
(I *went*) a la cocina, me ____________ café y me ____________ dos
(4. preparar)   (5. tomar)
tazas mientras escuchaba (*was listening*) el noticiero. Inmediatamente
____________ la mochila (*backpack*) con los libros y ____________ para
(6. coger)   (7. salir)
la universidad en mi carro. Me ____________ lo más cerca posible y
(8. estacionar)
____________ a mi primera clase. ____________ exactamente un
(9. caminar)   (10. llegar)
minuto antes de las ocho para la clase de Historia Universal. El profesor
____________ a hablar de los emperadores de China, y yo ____________
(11. empezar)   (12. empezar)
a aburrirme, ¡como todos los días!

RESPUESTAS p. 164

B. Complete las oraciones con las formas correctas del pretérito.

1. El tren ____________ con media hora de retraso, pero yo ____________ a tiempo a la estación. (**llegar**)

2. Mi tío sólo ____________ boleto de ida. (**comprar**)

3. Más de trescientos aviones ____________ ayer en el aeropuerto. (**aterrizar**)

4. El plato ____________ de la mesa durante el terremoto. (**caerse**)

5. Usted no ___________ el memo con atención. (**leer**)

6. El invierno pasado ___________ bastante por aquí. (**llover**)

7. Ayer por la tarde yo ___________ al fútbol. (**jugar**)

8. Yo te ___________ el boleto y tú lo ___________. (**entregar, perder**)

9. Yo te ___________ en el andén número 4, pero no te ___________. (**buscar, encontrar**)

10. La locomotora ___________ contra un autobús. ¡Qué desgracia! (**chocar**)

11. Mi amiga y yo ___________ el tren a las dos y cuarto. (**tomar**)

12. (Yo) ___________ mi billetera para comprar los billetes para el viaje. (**sacar**)

13. A las siete y media el tren ___________ a moverse, y yo ___________ a llorar (*to cry*) de emoción. (**comenzar**)

14. Cuando llegamos, todos los vagones ___________. (**pararse**)

15. ¿Por qué (tú) ___________ un carro tan caro? (**escoger**)

16. El mozo ___________ todo el equipaje y yo le ___________ una buena propina (*tip*). (**recoger, dar**)

RESPUESTAS p. 164 **C.** Conteste las preguntas usando el pretérito y los pronombres de objeto directo (*me, te, lo, la, nos, los, las*) en su respuesta.

EJ: ¿Vio Ud. a sus padres ayer? —Sí, los vi.

1. ¿Escribió Ud. la carta el domingo? —Sí, ___________________________.

2. ¿Compró Ud. el carro aquí? —No, ___________________________.

3. ¿Me viste ayer en la tele? —No, ___________________________.

4. ¿Saludaron Uds. a mi secretaria? —Sí, ___________________________.

5. ¿Ahorró Ud. todo su dinero? —Sí, ___________________________.

6. ¿Pediste dos tazas de café? —No, ___________________________.

7. Te llamé ayer por teléfono, ¿no? —Sí, ___________________________.

8. ¿Oyeron Uds. las noticias? —No, ___________________________.

9. ¿Bebió Ud. toda el agua? —Sí, ___________________________.

D. Construya oraciones en el pretérito, usando las palabras en el orden en que aparecen. Añada los artículos, preposiciones, etc., y haga los cambios que sean necesarios.

EJ: semana / pasado / tú / llamar / tu amiga / varias / veces
La semana pasada tú llamaste a tu amiga varias veces.

1. ¿Por qué / él / sentarse / silla / roto?

   ____.

2. su / hermanitos / saludar / a mí / cuando / ellos / entrar

   ____.

3. ¿dónde / conocer / usted / Carolina / primero / vez?

   ____.

4. ustedes / leer / todo / novela / semana / pasado

   ____.

5. domingo / pasado / yo / chocar / y / el carro / romperse

   ____.

¡ATENCIÓN!   Usos del infinitivo en español

1. En español el infinitivo de un verbo siempre funciona como *sustantivo masculino;* puede ser sujeto, objeto directo y objeto de preposición. Puede tomar el artículo masculino *el.*

   a) Sujeto

   EJS: *Nadar* es un buen ejercicio. (*Swimming is a good exercise.*)
   El correr es bueno para tu salud. (*Jogging is good for your health.*)

   b) Objeto directo

   EJ: Quiero *beber* algo. (*I want to drink something.*)

   c) Objeto de preposición

   EJ: Te veo *antes de comer.* (*I'll see you before eating.*)

2. En inglés nunca se usa el infinitivo después de una preposición, sino la forma del verbo que termina en *-ing.* En español, en cambio, <u>es obligatorio el infinitivo después del infinitivo</u>:

   EJ: No puedes ganar dinero sin trabajar. (*You can't earn money without working.*)

3. Los pronombres (como **me, te, se, lo,** etc.) se usan después del infinitivo y forman una sola palabra. Si hay un verbo conjugado en indicativo, se pueden usar los pronombres antes de ese verbo:

EJS: **Acabo de *comprarla*. = *La acabo* de comprar.**
Voy a *bañarme*. = *Me voy* a bañar.

4. La construcción **al + (*infinitivo*)** indica una acción que ocurre al mismo tiempo que la acción principal. No hay traducción literal en inglés de esta construcción, pero se puede utilizar frases que usan *when* o *upon*:

EJ: **Al llegar a casa me quito el sombrero.** (*Upon arriving home/When I arrive home, I take off my hat.*)

5. Recuerde que la palabra *to* del infinitivo en inglés no se traduce al español:
EJ: **Ella no quiere salir.** (*She doesn't want to go out.*)

6. La expresión de obligación *to have to* + (infinitive) se traduce por **tener que +** (***infinitivo***) cuando expresa una obligación personal. Para indicar obligación en general se usa **hay que + (*infinitivo*).**

EJS: ***Tenemos* que hacerlo.** (*We have to do it.*)
***Hay que* comprar leche.** (*One has to buy milk.*)

RESPUESTAS
p. 164

E. Traduzca las palabras y expresiones que están entre paréntesis. Preste atención a las preposiciones y otras palabras posibles en la traducción de estas frases.

1. Hace un tiempo ideal ______________. (*for swimming*)

2. Este es mi carro nuevo. Acabo ______________. (*I just bought it.*)

3. Debemos manejar con cuidado ______________ no ______________ un accidente. (*in order not to cause*)

4. Estamos muy interesados ______________ esta casa. (*in buying*)

5. ______________ es un buen ejercicio. (*jogging, running*)

6. Todos tenemos ______________ para ganarnos la vida. (*We all have to work.*)

7. Ayer vi a tu amiga ______________ de mi clase. (*upon arriving*)

8. ______________ para vivir. (*one has to eat*)

9. El semestre pasado saqué malas notas (*grades*) ______________ no ______________. (*for not studying*)

10. ¿Cuál es otra forma de decir **Voy a verte?** ______________.

11. Ud. debe parar su carro ______________ a la esquina. (*before arriving*)

12. La leche se cayó ______________ la puerta del refrigerador. (*upon opening*)

12 El automóvil[1]
(The Automobile)

el acelerador	accelerator	el gato	jack (*for a car*); cat
acelerar	to accelerate	el humo	smoke
el anticongelante	antifreeze	la llanta, la goma, el neumático	tire
arrancar	to start up, uproot		
la avería	damage, breakdown	la llanta de repuesto	spare tire
la batería, el acumulador[2]	battery	la llave	key
el baúl, el maletero[3]	trunk (*car*)	maldecir	to curse
		mentir (ie, i)	to lie
bendecir	to bless	nevar (ie)	to snow
la bocina, el claxon[4]	horn (*car*)	la nieve	snow
		el parabrisas	windshield
caber	to fit in	pedir (i, i)	to ask for
la chapa, la placa, la matrícula	license plate	pincharse, poncharse[4]	to have a flat tire
el depósito, el tanque	tank	rodar (ue)	to roll, run on wheels; to film
deshacer	to undo, melt, break	rodear	to surround
		la rueda	wheel
detener(se)	to stop, detain	tejer	to knit, weave
el espejo	mirror	los tejidos	textiles
el filtro de aceite	oil filter	el tubo de escape	exhaust pipe
frenar	to brake	el volante, el timón	steering wheel
el freno	the brake		

NOTAS

1. *Automóvil* es el término tradicional que se usa en todos los países de habla hispana; con frecuencia se usa la abreviatura *auto*. Algunos términos más coloquiales son *coche* en España y *carro* en Hispanoamérica.

2. *Acumulador* se usa en España; *batería* se usa en Hispanoamérica.

3. Hay mucha variación entre las palabras que se emplean para 'trunk' en los países hispanoparlantes.

4. *Bocina* se usa para *horn* del carro y también para *loudspeaker* de música. Para la bocina del carro también se usan **claxon** y *fotuto*.

5. En España las llantas **se pinchan**, en Hispanoamérica **se ponchan**. *Un pinchazo* es *flat tire,* y también es la palabra coloquial para *inyección* (*shot*). **Pinchar** es también *to give a shot,* por ejemplo, contra la gripe.

6. En los países de habla hispana los carros nuevos son bastante caros en general, especialmente en algunos países como Colombia. Por esta razón se ven carros muy viejos en las calles, y miles de talleres de mecánica. Si Ud. quiere alquilar un coche en un país hispanoamericano, debe asegurarse de recibir un coche en buenas condiciones y no **un cacharro** (*jalopy*) o **una carcacha**, como le dicen en otros países. La manera más práctica es planear de antemano (*in advance*) y alquilar el carro desde Estados Unidos a través de las grandes compañías, que tienen sucursales en casi todos los países de habla hispana.

PRACTIQUE EL VOCABULARIO

A. Complete cada oración con una de las palabras siguientes, sin repetirlas. Añada los artículos necesarios y ponga el verbo en la forma correcta, según el contexto.

arrancar	derretir	frenos	llave
avería	detenerse	gato	mentir
bocina	espejo	humo	poncharse
caber	frenar	llanta	volante

1. Podemos ver en el ______________ retrovisor el tráfico que está detrás del carro.

2. Ud. no dijo (*told*, pretérito) la verdad y ______________ al policía en la carretera.

3. Mi carro no ______________ ayer porque tiene mala la batería.

4. Para cambiar una llanta necesitamos el ______________.

5. Las reglas de tránsito dicen que es necesario ______________ al llegar a un semáforo en rojo.

6. El carro está lleno de ______________ porque todos están fumando.

7. Manejamos el carro con el _______________ o timón.

8. Llegué atrasado porque mi automóvil sufrió una _______________.

9. Para detenerse rápidamente, es importante que el carro tenga buenos _______________.

10. Para arrancar el motor usamos la _______________.

11. La nieve se _______________ con el sol y el calor.

12. Para _______________ el carro ponemos el pie en el pedal del freno.

13. En un Cadillac _______________ más personas que un Volkswagen.

14. Tocamos la _______________ cuando hay una emergencia o peligro.

15. Cuando se _______________ una llanta, hay que cambiarla.

16. Las ruedas son de metal; las _______________ son de goma.

RESPUESTAS p. 164

B. *¿Conoce usted su automóvil?* Conteste verdadero o falso (V / F).

1. _______ El radiador contiene agua o anticongelante contra el frío.

2. _______ Generalmente los carros modernos tienen un solo espejo.

3. _______ Llenamos el volante del carro con gasolina o con diesel.

4. _______ La llanta de repuesto está en el maletero del coche.

5. _______ Debemos tener el parabrisas sucio para ver bien la carretera.

6. _______ Para frenar el carro ponemos el pie en el pedal del acelerador.

7. _______ El humo y los gases del motor salen por el tubo de escape y contaminan el aire.

8. _______ Cuando se poncha una llanta usamos el gato para poner la llanta de repuesto.

9. _______ Cuando el acumulador está muy viejo, el carro arranca muy bien.

10. _______ Es necesario cambiar el filtro y el aceite para conservar bien el motor.

11. _______ La llave que abre el carro sirve también para arrancar el motor.

12. _______ Los carros antiguos (*old*) consumen menos gasolina que los modernos.

RESPUESTAS p. 164

C. Practique el vocabulario y la gramática. Complete las oraciones con uno de los verbos siguientes en el pretérito.

acelerar	cambiar	rodear	ponchar	tejer
arrancar	frenar	nevar	probar	rodar

1. Las montañas están blancas porque ayer ________________ toda la tarde.

2. Mi abuela ________________ un suéter de lana (*wool*) el invierno pasado.

3. La semana pasada se me ________________ la llanta posterior izquierda.

4. Los policías ________________ la casa donde estaba escondido (*hidden*) el criminal.

5. José me ________________ la llanta ponchada por la de repuesto.

6. Las naranjas se cayeron y ________________ por el suelo.

7. ¿Por qué (tú) no ________________ antes de llegar a la esquina (*corner*)? ¡Puedes tener un accidente!

8. Aunque haga frío, mi carro ________________ muy bien porque tiene una batería nueva.

9. La luz roja cambió a verde y todos los carros ________________.

GRAMÁTICA　Pretéritos con cambios vocálicos • Pretéritos irregulares

A. Cambios vocálicos en el pretérito

Hablamos de los verbos que tienen cambios vocálicos en la raíz en el tiempo *presente* en el **Capítulo 6**). En español, los verbos en -ir que tienen un cambio vocálico en el presente (e → ie; e → i; o → ue) experimentan un cambio adicional en la **tercera persona singular** y **plural** del pretérito: e → i (para los verbos que cambian la e a ie o i) y o → u. Observe el esquema siguiente:

	sentir	**pedir**	**dormir**
Cambio vocálico en el **presente**	ie	i	ue
Cambio vocálico en el **pretérito**	i	i	u
Sujeto			
yo	sentí	pedí	dormí
tú (vos)	sentiste	pediste	dormiste
él/ella/usted	**sintió**	**pidió**	**durmió**
nosotros/as	sentimos	pedimos	dormimos
vosotros/as	sentisteis	pedisteis	dormisteis
ellos/ellas/ustedes	**sintieron**	**pidieron**	**durmieron**

Para más verbos que cambian como pedir, vea la página 000, grupo a.

B. Verbos irregulares en pretérito

Hay algunos verbos que son completamente irregulares; en muchos casos, son verbos comúnmente usados en el idioma. Estudie el siguiente esquema:

Sujeto	*ven ir*	*dec ir*	*hac er*	*ir / ser*	*d ar*
yo	vin e	dij e	hic e	fu i	d i
tú (vos)	vin iste	dij iste	hic iste	fu iste	d iste
él / ella / Ud.	vin o	dij o	hiz o	fu e	d io
nosotros/as	vin imos	dij imos	hic imos	fu imos	d imos
vosotros/as	vin isteis	dij isteis	hic isteis	fu isteis	d isteis
ellos / ellas / Uds.	vin ieron	dij eron	hic ieron	fu eron	d ieron

1. Los verbos **venir, decir** y **hacer,** son irregulares por dos razones: (1) los cambios en la raíz y (2) el cambio de acento prosódico (no hay acento en la primera y tercera persona de estos verbos a diferencia de las formas regulares). Por ejemplo, decimos **vine** y no *vení*, **vino** y no *venió*. Este cambio de acento de la última sílaba a la penúltima es significante porque todos los pretéritos regulares se caracterizan por tener el acento en la última sílaba: **hablé, comí.**

2. La forma *fui* puede significar dos cosas: *I was* y *I went* porque los verbos **ir** y **ser** tienen el mismo patrón en el pretérito. El contexto determina cuál es el significado apropiado.

3. Los verbos **decir, traer** y todos los verbos que tienen una *j* en el pretérito como **dije, traje, conduje,** no usan *-ieron* sino *-eron* en la tercera persona del plural. Sin embargo, si el verbo tiene una *j* en el infinitivo, se conserva esa *j* en todo el verbo y **no** se elimina la *i* en el pretérito: **tejer** (to *knit*) → tejieron.

4. Observe que *hacer* tiene *hice* en el pretérito, pero cambia la *c* en *z* en la tercera persona singular, **hizo,** siguiendo las reglas sobre la conservación de pronunciación en la ortografía.

5. El verbo *dar* es irregular porque aunque (*even though*) es un verbo terminado en -ar, sigue el modelo de los verbos terminados en -ir como **vivir.** Las formas *di* y *dio* no llevan acento porque tienen una sola sílaba.

6. Los siguientes verbos tienen la misma irregularidad mencionada en el punto número 1 mencionado antes: 1) la raíz es irregular y 2) las

terminaciones no llevan acento escrito en la primera y tercera persona. La raíz está subrayada en los siguientes ejemplos:

andar → <u>anduve</u>	hacer → <u>hice</u>	saber → <u>supe</u>
caber → <u>cupe</u>	poder → <u>pude</u>	seducir → <u>seduje</u>
conducir → <u>conduje</u>	poner → <u>puse</u>	tener → <u>tuve</u>
decir → <u>dije</u>	producir → <u>produje</u>	traer → <u>traje</u>
estar → <u>estuve</u>	querer → <u>quise</u>	venir → <u>vine</u>

7. Los verbos compuestos y derivados experimentan los mismos cambios que los verbos simples. Por ejemplo, **suponer** → **supuse**; **detener** → **detuve**. Las listas de verbos compuestos están en la página 00.

PRACTIQUE LA GRAMÁTICA

1. *Dormir* y *morir* son irregulares porque la *o* cambia a ______________ en la ______________ persona, singular y plural.

2. En *seguir* y *pedir* la *e* cambia a ______________ en la ______________ persona, singular y plural.

3. La frase **Ellos fueron** puede significar dos cosas muy diferentes: ______________ y ______________.

4. El verbo *vestir* es como *pedir*, y es un verbo reflexivo normalmente porque la acción típicamente se hace en uno mismo. ¿Cómo se traduce la frase *He dressed himself?* ______________.

5. La forma *dijo* termina en una *o* sin el acento ortográfico, que se usa para los pronombres *ella, él* y *usted* en el pretérito de verbos regulares. En cambio, la *o* de *digo* se usa para el pronombre ______________ en el tiempo presente.

6. ¿Cómo se dice la frase *they said?* ______________. En este caso la *j* anula la *i* de **-ieron**; lo mismo pasa con las formas **trajeron** y **condujeron**.

7. La forma *vino*, del verbo *venir*, significa en inglés ______________; en cambio el sustantivo *vino*, la bebida, significa ______________. Podemos determinar el significado apropiado de esta palabra por el ______________ de la oración.

8. Del verbo *saber* decimos *yo sé* en el presente. ¿Cómo se dice *I knew?* ______________.

9. En casi todos los verbos terminados en *-ucir* (como *conducir*) la *c* cambia a *j* en el pretérito. ¿Cómo se dice *we drove?*______________.

10. En el verbo ***traducir*** también la *c* cambia a *j*. ¿Cómo se dice *they translated?* _______________.

11. ***Corregir*** (*to correct*) se conjuga como ***pedir***. ¿Cómo se dice *they corrected?* _______________. (¡Recuerde que la *g* no anula la *i*!)

12. Las formas ***vio*** y ***dio*** no tienen acento escrito porque sólo tienen una _______________. En cambio, la forma ***previo*** (*he foresaw*) no está bien escrito. Debe ser _______________.

13. El verbo ***satisfacer*** (*to satisfy*) es un verbo compuesto de ***hacer***, y experimenta los mismos cambios. ¿Cómo dice Ud. *he satisfied?* _______________.

14. El verbo ***bendecir*** (*to bless*) es un verbo compuesto de ***decir***. Traduzca *I blessed* _______________.

15. El verbo ***tejer*** (*to knit*) es regular. ¿Cómo se dice *he knitted?* _______________.

16. El verbo ***atraer*** (*to attract*) es irregular como ***traer***. Traduzca *she attracted.* _______________. ¿Y cómo dice *they attracted?* _______________.

17. El verbo ***imponer*** (*to impose*) es irregular como ***poner***. ¿Cómo se dice *I imposed?* _______________. ¿Cómo se dice *They imposed?* _______________.

EJERCICIOS

RESPUESTAS p. 165

A. *Un poco de mi vida.* Complete el siguiente párrafo con los verbos indicados, usando el pretérito. Si el verbo es reflexivo, no se olvide del pronombre.

Esta mañana _______________ muy temprano porque tenía un examen de
(1. levantarse)

geografía. _______________ café y _______________ una taza bien caliente.
(2. hacer)   (3. tomar)

Luego _______________ a estudiar. Mientras estudiaba _______________
(4. ponerme)   (5. sonar)

el teléfono; era mi amigo Paco que necesitaba un aventón (*ride*) porque su

carro no _______________ esta mañana. A las ocho _______________
(6. arrancar)   (7. ir)

a buscarlo a su casa a toda velocidad, y casi _______________ un accidente. A
(8. tener)

las ocho y media _______________ a la universidad. El profesor de geografía
(9. llegar)

nos _______________ un examen muy difícil, pero espero sacar buena nota
(10. dar)

porque _______________ estudiando. Mi amigo Paco _______________ un
(11. matarme)   (12. pasar)

mal rato (*while*) con el examen y cree que va a obtener muy mala nota.

RESPUESTAS p. 165

B. Complete cada oración con la forma correcta del pretérito de los verbos indicados. Si el verbo es reflexivo, no se olvide de escribir el pronombre.

1. ¿Quién _________ mi licencia de manejar en el baño? (poner)
2. El autobús _________ por la derecha. (seguir)
3. Mis amigos _________ mucho en la fiesta. (divertirse)
4. Yo no _________ por la calle, sino por la autopista. (venir)
5. ¿Quién _________ el automóvil, Jorge o tú? (conducir)
6. Mis padres me _________ un carro nuevo. (dar)
7. Los libros no me _________ en la mochila. (caber)
8. Nuestro país _________ buenas relaciones diplomáticas con sus vecinos. (mantener)
9. Tus amigos no te _________ toda la verdad. (decir)
10. John Kennedy _________ presidente de Estados Unidos de 1960 hasta 1963. (ser)
11. El autobús _________ puntualmente aquí esta mañana. (detenerse)
12. El chofer _________ un comentario negativo. (hacer)
13. Los españoles _________ el café a América. (traer)
14. Tu hermanito _________ le a tu mamá. (mentir)
15. Mis padres _________ un año en Canadá. (estar)
16. Carlos no _________ ir a la fiesta, pero yo sí. (poder)
17. Ella no te llamó porque _________ que no te interesaba. (suponer)
18. El camión _________ la velocidad al llegar a la esquina. (reducir)
19. ¿Dónde _________ usted esa noticia tan espantosa? (oír)
20. Venezuela _________ autopistas muy modernas. (construir)

RESPUESTAS p. 165

C. Conteste las preguntas usando el pretérito y los pronombres de objeto directo *me, te, lo, la, los, las,* o bien los reflexivos *me, te, se, nos.*

EJ: ¿Hizo usted la tarea? —Sí, la hice o No, no la hice

1. ¿Oyeron ustedes las noticias?
   Sí, _________________________.
2. ¿Pidió usted más café?
   No, _________________________.
3. ¿Trajiste los libros en la mochila?
   Sí, _________________________.
4. ¿Redujeron Uds. la velocidad?
   No, _________________________.
5. ¿Te detuviste en el semáforo en rojo?
   Sí, _________________________.
6. ¿Se durmió usted pronto anoche?
   No, _________________________.
7. ¿Dijo usted la verdad?
   Sí, _________________________.
8. ¿Supo usted el resultado?
   No, _________________________.
9. ¿Se puso contenta María?
   No, _________________________.
10. ¿Te vestiste bien para la fiesta?
    Sí, _________________________.
11. ¿Previo usted los resultados?
    Sí, _________________________.
12. ¿Se divirtieron ustedes mucho?
    Sí, _________________________.

D. Recuerde que los verbos compuestos experimentan los mismos cambios que los verbos simples. Estudie el significado de los siguientes verbos y complete las oraciones con los verbos en pretérito.

bendecir to bless	**obtener** to obtain, get	**provenir de** to
descomponer to break	**oponerse** a to oppose	originate in
down	**prevenir** to prevent	**satisfacer** to satisfy
exponer to expose,	**proponer** to propose	**sostener** to sustain,
explain		back

1. El Papa _______________ a los visitantes con la mano derecha.

2. Uds. _______________ buenas notas (*grades*) porque estudiaron mucho.

3. El café no _______________ de América sino de Arabia.

4. (Yo) _______________ mi apetito comiendo medio pollo.

5. Los republicanos _______________ a los demócratas en el Congreso.

6. Todos nosotros _______________ (*backed*) la misma idea en la reunión.

7. El profesor _______________ (*exposed*) sus ideas claramente.

8. ¿Quién _______________ (*proposed*) esa ley (*law*) tan inadecuada?

¡ATENCIÓN!   Casos problemáticos del artículo definido (*el / la, los / las*)

1. En español es obligatorio usar el artículo definido cuando hablamos en general o sobre la totalidad de un nombre/sustantivo. En inglés, en cambio, solamente se usa el artículo *the* con nombres que podemos contar (*count*) en singular y se omite en plural. Por ejemplo:

- *El* gato es un animal doméstico. (*The cat is a domestic animal.*)

- *Los* gatos son animales domésticos (*Cats are domestic animals.*)

- *La* gasolina es cara (*Gasoline is expensive.*)

2. El adjetivo para indicar totalidad es *todo*. Por esta razón siempre se necesita el artículo definido entre *todo* y el nombre, tanto contable como no contable:

EJS: *todo el* día / *todos los* días / *todo el* oro / *toda la* leche

- En estilo literario se usa **todo** + *nombre* (singular) para enfatizar la individualidad de ese nombre, como en inglés se usa *each and every*. Sólo se usa esta forma con nombres contables.

- EJ: **Todo hombre nace libre.** (*Each and every man is born free.*)

3. Cuando hablamos de nombres de calles, ríos, montañas, lagos y mares siempre usamos el artículo definido.

- EJ: Vivo en *la calle* Veinte, cerca *del río* Santa Ana.

4. Cuando hablamos de la hora y del día de la semana usamos el artículo definido.

   - EJ: **Llegaron a *las dos* de la tarde *el lunes* pasado.**

5. Cuando hablamos de una persona con un título delante del nombre propio usamos el artículo definido, excepto si hablamos <u>directamente</u> con la persona. Con *Don* y *Doña* no se usa el artículo. Por ejemplo:

   - ¡Hola, *señor* Gutiérrez! ¿Cómo está *la señora* Gutiérrez

   - Saludé a *Doña* Mercedes

6. Cómo se ha mencionado en el capítulo sobre los verbos reflexivos, con <u>las partes del cuerpo</u> y <u>la ropa</u> se necesita el artículo definido. (Note que en inglés se usa el posesivo en este caso—*my, your,* etc.). Por ejemplo:

   - Me lavé *las* manos. (I washed *my* hands.)

   - Ella se puso *los* zapatos rojos. (She put *her* red shoes on.)

7. Con las palabras *casa, misa, clase,* no usamos el artículo definido. En inglés no se usa el artículo con *home, mass, class, school, church, college, jail.* Por ejemplo:

   - **Salgo de casa y voy a *la* escuela.** (I leave <u>home,</u> and I go to school.)

NOTA

Recuerde que decimos **el agua, el águila,** y no **la agua, el águila,** porque *agua* y *águila* empiezan con una *a* tónica. Pero en plural, decimos **las aguas, las águilas.** También decimos **la americana** porque la primera *a* de *americana* no tiene acento prosódico (*stress*).

RESPUESTAS p. 165 E. **Complete cada oración con un artículo definido. Si no se necesita el artículo, deje el espacio en blanco. Observe que en algunos casos se necesita una contracción (*del* o *al*).**

   1. Si tenemos tiempo vamos a __________ iglesia __________ domingos.

   2. __________ pollo no es tan caro como __________ carne de res.

   3. Fui a saludar a __________ Doña Mercedes y hablé con __________ señor Martínez.

   4. Dicen que __________ agua de __________ lago Michigan está contaminada.

   5. Hoy no voy a __________ clase porque me duele __________ cabeza.

   6. __________ alfalfa es un vegetal muy importante en una dieta balanceada.

   7. Hoy es __________ domingo y tenemos que ir a __________ misa (*Mass*).

8. ¿Cómo está Ud., __________ doctor Arana? Salude de mi parte (*on my behalf*) a __________ señora Arana.

9. __________ hambre es uno de los problemas más graves de __________ mundo.

10. Este tren llegó a __________ tres en punto.

11. José se quitó __________ sombrero a __________ llegar a casa.

12. Utilizar apropiadamente __________ verbos es más complicado en español que en inglés.

13. __________ diamante es una piedra preciosa (*precious stone*).

14. ¿Trabaja usted __________ sábados? —Sí, trabajo todos __________ días.

15. Todo __________ americano tiene los mismos derechos. (*Each and every American has the same rights.*)

16. __________ bancos son supermercados de dinero.

17. __________ leche tiene calcio; por eso es necesaria para __________ niños.

18. Mis hijos están en __________ escuela primaria.

13 En el hotel
(At the Hotel)

ancho(a)	wide	ducharse	to take a shower
el ascensor; el elevador[1]	elevator	económico(a)	inexpensive, cheap
la bañera, la tina	bathtub	la escalera	stairs, ladder
el baño; el servicio[2]	bathroom	estrecho(a)	narrow
el botones	bellboy	el guardia	traffic police
el buzón	mailbox	la intersección; la cruce	intersection, crossroad
la carta	letter	la manzana[3] (España)	(*city*) block (*Spain*)
el / la cartero(a)	mail carrier	nublado(a)	cloudy
cobrar	to charge, collect	la pensión; la posada[5]	Boarding house, inn
el / la conserje	concierge	el piso	floor, storey
el correo, los correos	mail, post office	registrar(se)[8]	to register, check in
la cuadra[3] (América)	(*city*) block (*America*)	el sello, la estampilla[6]	postage stamp
el cuarto; la habitación[4]	room	soleado(a)	sunny
el cuarto sencillo	single room	el televisor[7]	TV set
el cuarto doble	double room	la toalla	towel
el servicio al cuarto	room service	torcer (ue)	to twist, turn
la ducha	shower (*bathroom*)	torcido(a)	twisted, crooked

NOTAS

1. *Ascensor es* la palabra que se usa para *elevator* en España. En 1984 la Real Academia incluyó en su diccionario **elevador** para *elevator* en Hispanoamérica. Históricamente los elevadores existieron antes que los ascensores porque las compañías norteamericanas los pusieron en México y La Habana antes de ponerlos en Madrid.

2. Hay varias palabras para *bathroom* o *toilet:* **baño, servicio, retrete, aseo, váter, excusado,** además de términos más regionales.

3. *Cuadra* se usa en Hispanoamérica para *(city) block.* Significa también *stable* para animales en todo el mundo de habla hispana. En España, se usa **manzana** para *(city) block,* palabra que a la vez significa *apple* en todo el mundo.

4. *Cuarto* es *room* y *bedroom,* pero en algunos países se usa más **habitación,** en otros, **alcoba,** y en casi todos, **dormitorio.** En México se usa también **recámara.** Para hablar de *hotel room* se usan **cuarto** y **habitación.**

5. *Pensión* significa *pension* y también *boarding house, inn.* También conocido como una **casa de huéspedes,** en el mundo de habla hispana hay muchas pensiones donde viven estudiantes y trabajadores que pasan un tiempo lejos de su familia. Son muy económicas en comparación con los hoteles, y generalmente el servicio incluye la comida y el lavado de ropa. En algunos países se llaman **posadas.** Existen otras opciones, por ejemplo En España hay **fondas** y **hostales** que ofrecen alojamiento a un precio razonable.

6. *Sello* es *postage stamp,* pero en Hispanoamérica se usa más **estampilla.** También se usa **timbre** que se aplica a toda clase de *seal.* Esta última palabra significa también *bell, doorbell.*

7. *Televisor* significa *TV set,* aunque también se usa **televisión** para lo mismo.

8. *Registrar(se)* se usa para *to register, check in,* en el hotel, y también para hablar de un automóvil, una propiedad, etc; sin embargo *to check in* en el aeropuerto es **facturarse.** Para *to register* en una escuela o universidad se usa **matricularse o inscribirse.**

9. Los hoteles se clasifican por estrellas en el mundo de habla hispana. Un hotel de cinco estrellas (*****) es el más lujoso y caro, y el de dos estrellas (**) es el más económico. En España los precios son fijados por el Ministerio de Información y Turismo.

PRACTIQUE EL VOCABULARIO

A. Complete el siguiente diálogo entre el conserje del hotel y la turista, usando las palabras del vocabulario anterior.

CONSERJE: Buenas tardes, señorita. ¡Bienvenida a nuestro _____________!
1.

TURISTA: Gracias. ¿Tienen ustedes un ____________ disponible?
2.

CONSERJE: ¿Cómo lo quiere, sencillo, o ____________?
3.

TURISTA: Sencillo, pero con baño, ducha y ____________.
4.

CONSERJE: Muy bien. La habitación también tiene un ______________ en
              5.
              colores para que vea sus programas favoritos. Está en el tercer piso.

TURISTA: Para subir al tercer piso, ¿hay escalera o ______________?
              6.

CONSERJE: Sólo hay escalera, pero el ______________ va a subir sus maletas.
              7.

TURISTA: ¿Cuánto ______________ ustedes por día?
              8.

CONSERJE: Ciento sesenta y dos dólares. Como usted sabe los hoteles son

              más caros que las ______________, pero ofrecemos mejores
              9.
              servicios. Este es un hotel de tres estrellas.

TURISTA: Está bien. Voy a ______________ por una semana.
              10.

conserje: También tenemos un pequeño comedor. Si Ud. desea, puede

              pedir ______________ y un botones le sube la comida. Aquí
              11.
              tiene la llave.

TURISTA: Muchas gracias. Yo llevo el ______________ maletín y él puede
              12.
              subir las maletas.

RESPUESTAS p. 165

B. Subraye la palabra o expresión más apropiada para completar cada oración.

1. Para ir a la oficina de correos, Ud. tiene que caminar tres (buzones, cuadras, semáforos, pensiones).

2. Aquí en la esquina hay (una toalla, un ascensor, un buzón, una tina).

3. Esta ciudad es muy antigua, por eso las calles son muy (anchas, torcidas, soleadas, angostas).

4. En caso de emergencia ustedes deben bajar por (el botones, el elevador, la bocacalle, la escalera).

5. Ud. no puede (cobrar, ducharse, torcer, registrarse) en el hotel si no tiene dinero.

6. Esta carta no puede mandarse porque no tiene suficientes (servicios, sellos, correos, pensiones).

7. Una pensión es más (lujosa, amplia, económica, interesante) que un hotel.

8. Después de ducharnos necesitamos secarnos (*dry*) con (un servicio al cuarto, un cartero, una toalla, una tina).

9. Los días (nublados, estrechos, torcidos, soleados) son buenos para ir a la playa.

10. Aquí no vendemos sellos; tiene Ud. que comprarlos en (el buzón, el correo, la pensión, el piso).

C. Complete cada oración con una de las siguientes palabras. Haga los arreglos que sean necesarios (el plural, el artículo, la forma femenina).

ancho	botones	estrecho	televisor
ascensor	buzón	guardia	toalla
bañera	conserje	nublado	torcido

1. Esta carretera sólo tiene dos carriles (*lanes*); es bastante _______________.

2. Después de bañarme me seco (*dry*) con _______________.

3. Esta esquina es peligrosa; por ello siempre tiene un _______________ de tráfico.

4. Hoy el cielo está muy _______________ ; parece que va a llover.

5. En la esquina hay _______________ para echar las cartas.

6. El _______________ es el empleado del hotel que registra a los viajeros.

7. Esta autopista es muy _______________; tiene ocho carriles.

8. Para subir al tercer piso puede usar la escalera o _______________.

9. Nuestro baño es muy completo. Tiene ducha y _______________.

10. Puede ver muchos programas en _______________.

11. La parte vieja de la ciudad tiene calles muy _______________.

12. Por supuesto, el _______________ le sube las maletas al cuarto.

GRAMÁTICA   El verbo *gustar* y pronombres de objeto indirecto (OI)

I. El verbo *gustar*

A. El verbo *gustar* es uno de los verbos más comunes en español y su estructura, un poco diferente que los otros verbos que hemos visto, puede causar confusión para el hablante nativo de inglés. La oración *El libro me gusta* significa literalmente *The book is pleasing to me*. *Libro* es el sujeto de la oración; es el estímulo que causa la sensación de gusto en mí. El pronombre *me* es el experimentador (*experiencer*), quien recibe el estímulo. Este pronombre funciona como el **objeto indirecto** en la oración. En inglés, traducimos esta frase como *I like the book* en vez de *The book is pleasing to me*, pero la intención es idéntica en los dos idiomas. La forma plural es *Los libros me gustan* (*I like the books*). El verbo *gustan* es plural porque *libros* es plural.

- Más ejemplos:

  o **El libro le gusta a María.** (*le* y *a María* son el objeto indirecto) María likes the book.

      o **El libro les gusta a Jorge y a María.** (*les y a Jorge y a María* son el objeto indirecto) Jorge and María like the book.

      o **Los libros te gustan (a ti).** (*te y a ti* son el objeto indirecto) You like the books.

        o La frase preposicional con **a** no es necesario si es obvio a quién se refiere, como en este ejemplo anterior.

B. Hay muchos verbos de este tipo. El verbo *gustar y* la siguiente lista de verbos necesitan siempre un pronombre de objeto indirecto: **me, te, le, nos, os, les.** Aprenda el significado de estos verbos:

agradar to please	**hacer falta** to need	**pertenecer** to belong
convenir to be convenient	**importar** to matter	**quedar** to be left over, fit; to stay
doler to hurt, ache	**interesar** to interest	
encantar to like a lot	**molestar** to bother, annoy	**ser bueno** to be good
faltar to miss, lack	**ocurrir** to happen	**sobrar** to be left over
fascinar to fascinate	**parecer** to seem	**tocar** to be one's turn (*it's my turn to. . ., your turn to. . ., etc.*)
	pasar to happen	

      o *Este tema me interesa mucho.* This theme is very interesting to me.

      o *A mi mamá le duelen los pies.* My mother's feet hurt.

      o *Nos molesta el ruido afuera.* The noise outside is bothering us.

Muchos de estos verbos admiten también la construcción con sujetos como **yo, tú, él,** etc., pero el significado del verbo puede cambiar en estos casos. Por ejemplo:

EJS: **Brasil importa petróleo de Venezuela.** (*Brazil imports oil from Venezuela.*)
Eso no le importa a Juan. (*That doesn't matter to John.*)

Pasé el examen de biología. (*I passed the Biology exam.*)
¿Qué te pasa? (*What is the matter with you?*)

Con la presentación de los pronombres indirectos, ya conoce Ud. los pronombres personales en español. Revise el esquema en la página siguiente:

II. Esquema de los pronombres personales

Sujeto	OD	OI	Reflexivo	Objeto de preposición
yo	me	me	me	a mí
tú	te	te	te	a ti
él, Ud.	lo	le	se	a él, a Ud.
ella, Ud.	la	le	se	a ella, a Ud.
nosotros(as)	nos	nos	nos	a nosotros(as)
vosotros(as)	os	os	os	a vosotros(as)
ellos, Uds.	los	les	se	a ellos, a Uds.
ellas, Uds.	las	les	se	a ellas, a Uds.

A. El orden de los pronombres es *objeto indirecto (OI)* + *objeto directo (OD)* <u>antes</u> del verbo conjugado:

EJS: ¿El libro? Juan *me lo* dio. (*The book? John gave it to me.*)
¿La pluma? Juan *te la* dio. (*The pen? John gave it to you.*)

Los pronombres indirectos *le y les* cambian a *se* cuando siguen uno de los pronombres de objeto directo (**lo, la, los, las**).

EJ: ¿El libro? Juan *se lo* dio a María. = Juan *se lo* dio.

B. Los pronombres de objeto directo, objeto indirecto y reflexivos van después de la forma del verbo en los siguientes tiempos:

  1. INFINITIVO: ¿La revista? **Voy a comprar***la***. (aquí también se puede poner el pronombre antes del verbo conjugado: *La* **voy a comprar**.)

Los pronombres personales también van después de las siguientes formas que todavía no has visto (verás más sobre estas formas en los capítulos 20 y 21, respectivamente):

  2. MANDATO (*COMMAND*) AFIRMATIVO: ¿El libro? **Cómpra***lo***. (*The book? Buy it.*)

  3. PARTICIPIO PROGRESIVO: ¿La tarea? **Estoy escribiéndo***la* ahora (con esta construcción también se puede poner antes del verbo conjugado: **La estoy escribiendo**).

C. Si hay un pronombre reflexivo, se pone antes de los pronombres de objeto directo y objeto indirecto:

EJS: Se lava las manos. = *Se las* lava.
Lávese las manos. = Lávese*las*.

III. **Significado del objeto indirecto**

  A. El objeto indirecto se usa mucho más en español que en inglés y se puede usar con casi todos los verbos del diccionario. El significado del objeto indirecto cambia según la categoría semántica del verbo. Puede indicar:

  1. BENEFICIO: **Le di el libro a Juan.** (*I gave the book to John.*)

  2. PÉRDIDA: **Le robé el libro a Juan.** (*I stole the book from John.*)

  3. POSESIÓN: **Le lavé el carro a Juan.** (*I washed John's car.*)

  4. EXPERIENCIA: **A Juan le gusta el libro.** (*John likes the book.*)

  5. INTERÉS: **No te me vayas.** (*Don't leave me.*) (te = reflexivo; me = OI)

  B. Con los verbos como **gustar**, es común usar siempre el pronombre **le** o **les** de objeto indirecto, que repite el nombre que funciona de objeto indirecto:

EJ: *A Juan* **le gusta el libro.** = *Le* **gusta el libro** *a Juan*.

C. Con todos los demás verbos no es necesario repetir el nombre objeto indirecto con el pronombre **le / les**, pero especialmente en Hispanoamérica, es común repetirlo:

EJ: **Compré un libro *a Juan*.** = ***Le* compré un libro *a Juan*.** (I bought the book from Juan.)

D. Los pronombres de objeto indirecto **me, te, le, nos, os, les**, se pueden reforzar con un pronombre precedido con la preposición **a**. Es más enfático que un solo pronombre de objeto indirecto, y a veces es necesario en la tercera persona para aclarar quién es el objeto indirecto.

EJS: ***Te lo doy a ti*** es más enfático que ***Te lo doy*.** (*I'm giving it to you.*)
***Se* lo di *a él*, no *a ella*.** (*I gave it to him, not to her.*)

PRACTIQUE LA GRAMÁTICA

1. Solamente hay dos pronombres de objeto indirecto de tercera persona, singular y plural: ________________ y ________________. Estos dos cambian a ________________ cuando están delante de otro pronombre de objeto directo de tercera persona: **lo, la, los, las.**

2. Es más común decir **Me gusta el libro** que **El libro me gusta,** pero en los dos casos la función de *libro* es ________________ de la oración y la función de *me* es ________________.

3. Los pronombres *usted / ustedes* son pronombres de segunda persona por el significado *(you),* pero gramaticalmente son pronombres de tercera persona. Hay dos pronombres de objeto indirecto para *usted / ustedes*: ________________, y hay cuatro pronombres de objeto directo: ________________.

4. ¿Cómo se dice **I am missing two books** (o sea, la forma plural de **Me falta un libro**)?: ________________.

5. No decimos **Yo le lo di a Juan** sino **Yo ________________ di a Juan,** porque *le* cambia a ________________ delante de *lo.*

6. Aunque es correcto decir **Mandé unas rosas a mi novia,** es más común repetir el objeto indirecto (novia) con el pronombre: ________________ **mandé unas rosas a mi novia.** Esto ocurre más en Hispanoamérica que en España.

7. No es correcto decir ¿**Qué duele a Juan?** Debe ser ¿**Qué ________________?**

8. *Parecer* (*to seem*) emplea un objeto indirecto como el verbo **gustar**. ¿Cómo se traduce al español *The book seems good to me?* ______________.

9. *Te duele la cabeza a ti* es más enfático que ______________.

10. *Tocar* significa idiomáticamente *to be one's turn.* ¿Cómo se traduce *It's my turn?* ______________.

11. Observe que el verbo **molestar** no significa *to molest* sino *to bother.* Complete esta oración: **El humo** ______________ **molesta mucho** ______________ (*The smoke bothers me a lot.*)

EJERCICIOS

RESPUESTAS p. 166 A. *Tus gustos, intereses, dolencias. . .* Conteste las preguntas siguientes desde su punto de vista.

1. ¿Qué clase de comida te gusta más? ______________. ¿Por qué?

   ____.

2. ¿Te molestan olores fuertes? ______________. ¿Cuáles?

   ____.

3. ¿Te interesa aprender bien el español? ______________. ¿Por qué?

   ____.

4. ¿Te duele la cabeza a menudo (*frequently*)? ______________. ¿Qué tomas para aliviarte?

   ____.

5. ¿Te interesa viajar a un país de habla hispana? ______________. ¿A cuál de ellos?

   ____.

6. ¿Te gustan las hamburguesas o eres vegetariano?

   ____.

7. ¿Te conviene vivir en la ciudad, el campo o no te importa?

   ____.

8. ¿Te quedan bien los zapatos o te molestan?

   ____.

RESPUESTAS
p. 166

B. Complete las oraciones con la traducción de las palabras indicadas en paréntesis.

1. Ella ______________ dio el dinero ayer. (*to you*: familiar form)

2. Los padres ______________ compraron un carro como regalo de graduación. (*to him*)

3. Ayer ______________ puse gasolina al coche. (*in it*)

4. A ustedes ______________ un carro grande. (*to be convenient*)

5. Nosotros ______________ el coche. (*wash for him*: **lavar**)

6. ______________ leer tantos papeles. (*bothers me*)

7. A José no ______________ el motor esta mañana. (*started*)

8. ¿Qué ______________ al acelerador? (*happened*)

9. No ______________ a Julia contestar la pregunta. (*to be one's turn*)

10. La conferencia ______________ magnífica. (*seemed to me*)

11. A nosotros ______________ Colombia. (*fascinates*)

12. Compré una batería para el carro y sólo ______________ cuatro dólares. (*to be left to me*)

13. *¿El libro? Yo le lo compré a mi hijo* no es correcto. Debe ser *Yo* ______________ *compré a mi hijo.*

14. ¿Es correcto la frase *Escribí a ella?* ______________. Debe ser ______________.

15. La frase *Mandé unas rosas a mis padres* es correcto, pero es más común, especialmente en Hispanoamérica, decir: ______________ unas rosas a mis padres.

RESPUESTAS
p. 166

C. Conteste las preguntas usando los pronombres de objeto directo y objeto indirecto en lugar de los sustantivos.

EJ: **¿Compraste el libro a tu amigo?** — Sí, se lo compré./No, no se lo compré.

1. ¿Me compraste el programa de teatro? Sí, (*familiar*) ______________.

2. ¿Le dijiste toda la verdad a tu amiga? No, ______________.

3. Carlos, ¿le subiste las maletas al tercer piso a la señora? Sí, ya ______________.

4. ¿Se lavó usted las manos con agua y jabón? Sí, ______________.

5. ¿Se compraron ustedes el carro nuevo? No, ______________.

6. ¿Me copió usted la carta, señora Martínez? Sí, (*formal*) ______________.

7. ¿Le puso usted las toallas a la señora? Sí, ______________.

8. ¿Escribió usted la carta a sus papás? Sí, ______________.

9. ¿Le pagaste la cuenta del hotel al conserje? Sí, ya ______________.

¡ATENCIÓN!   Acciones inesperadas (unexpected): Una construcción con *se* y el pronombre de objeto indirecto

Es posible expresar que una acción ocurrió sin querer (*by accident*) con una construcción particular que utiliza el pronombre **se** y el pronombre indirecto. Esta construcción se forma en la manera siguiente:

El pronombre **se**

+ **pronombre** de **objeto indirecto** (que indica a quién sucedió la acción)

+ la **3ª persona del verbo** en el singular o plural

+ el **sujeto** de la oración

La construcción de *se inesperada* interpreta la acción como una acción reflexiva realizada por el objeto (aunque es inanimado) y como resultado, hay otra persona afectada (indicado por el objeto indirecto). Observe los siguientes ejemplos y sus traducciones e interpretaciones:

- *Se me derramó el agua.* (The water spilled itself on me ≈ I spilled the water. El sujeto agua es singular, por eso el verbo es singular.)

- *Se nos olvidaron los libros.* (The books forgot themselves on us ≈ We forgot the books. El sujeto los libros es plural, por eso el verbo es plural.)

Puedes usar una frase preposicional (ej. a usted, a él, a ella, etc.) si hay la posibilidad de confusión:

- *Se le cayeron los platos a usted.* (The plates dropped themselves on you ≈ You dropped the plates.)

Es común también en inglés este tipo de suavización de un evento accidental; usamos varios métodos para hacer esto, por ejemplo:

Se me descompuso el carro y llegué tarde. (My car broke down **on me** and I was late.)

Se le rompió la pluma y arruinó la camisa. (His pen broke **on him** and ruined his shirt.)

Se me cayeron los papeles. (*The papers fell* out of my hands *v.* I dropped the papers.)

Hay unos verbos que se usan frecuentemente con esta construcción:

acabar	to run out of; to finish	*apagar*	to turn off (electricity, lights)
caer	to drop, to fall	*descomponer*	to break down (e.g., a car)
derramar	to spill	*escapar*	to escape
manchar	to stain	*olvidar*	to forget
perder	to lose	*quedar*	to remain, to have left
romper	to break		

RESPUESTAS p. 166

D. Contesta las siguientes preguntas sobre los siguientes eventos inesperados:

1. **Se le descompuso el auto.** ¿A quién le ocurrió este evento?

   a. a mí

   b. a él

   c. a nosotros

2. **¿Se te perdieron las llaves?** ¿A quién le ocurrió este evento?

   a. a las llaves

   b. a Lilia y a Lucas

   c. a ti

3. **Se me _______________ los libros.** ¿Cuál es la forma correcta del verbo?

   a. olvidó

   b. olvidaron

   c. olvidé

4. **Se les _______________ la gasolina y ahora no pueden arrancar el carro.** ¿Cuál es la forma correcta del verbo?

   a. acabó

   b. acabaron

   c. acabaste

5. **Se nos olvidó traer los refrescos.** ¿A quién le ocurrió este evento?

   a. a mí

   b. a nosotros

   c. a usted

6. **Se me manchó _______________.** ¿Cuál palabra completa la frase?

   a. los pantalones

   b. la camisa

   c. las corbatas

7. **Había una tormenta fuerte y se nos apagaron _______________.** ¿Cuál palabra completa la frase?

   a. las flores

   b. la gasolina

   c. las luces

8. **Al mesero se le _______________ los vasos sobre los clientes.** ¿Cuál es la forma correcta del verbo?

   a. derramó

   b. derramaron

   c. derramas

9. ¿Se te ______________ las entradas? ¿Cuál es la forma correcta del verbo?

   a. perdiste

   b. perdieron

   c. perdió

10. A mi madre se ______________ rompió su taza favorita. ¿Cuál es el pronombre apropiado?

    a. le

    b. me

    c. nos

11. A Sam y Laura se ______________ escapó su gato. ¿Cuál es el pronombre apropiado?

    a. te

    b. os

    c. les

12. Se me ______________ la bandeja y todo se rompió. ¿Cuál es la forma correcta del verbo?

    a. cayó

    b. caí

    c. cayeron

¡ATENCIÓN!   Usos de *por* y *para*

Las preposiciones **por** y **para** se traducen como for en inglés en muchos contextos, lo que dificulta saber cuál preposición es correcta. He aquí algunos usos principales de cada preposición:

1. Algunas traducciones de **por**: *through, along, down, for, over, during*. Algunos ejemplos específicos:

   a) Movimiento: *Por* no indica el destino final, sino movimiento en el camino, la ruta

   EJS: Pasamos *por* Texas para ir a la Florida. (*through*)
         Caminamos *por* la avenida Balboa. (*along, down*)
         La leche se cayó *por* el suelo. (*over*)

   b) Duración: *Por* indica el transcurso de un período: **durante** (*for, during*)

   EJ: Vivimos en Cuba *por* (*durante*) cinco años. (*for, during*)

   c) Cambio: **Por** refleja la idea de intercambio: *in exchange for, instead of.*

       ejs: **Pagué cincuenta dólares *por* los zapatos.** (*for*)
            Si tú no puedes ir al teatro, yo voy *por* ti. (*in your place*)

2. Algunos usos de **para**: to, in order to, for, by

   a) Movimiento: **Para** indica el destino final del viaje.

       ejs: **Amelia salió *para* su oficina.** (*for, toward*)
            Ellos se fueron *para* México. (*for, to*)

   b) Tiempo: **Para** indica el tiempo aproximado, *the deadline.*

       ejs: **Deben aprender esto *para* el lunes.**
            Vamos a viajar a México *para* junio.

   c) Propósito: **Para** indica el destino final, el objetivo, la meta, como el objeto indirecto.

       ejs: **Traigo el café *para* usted.** (*for*)
            Hago dieta *para* perder peso. (*to, in order to*)

RESPUESTAS p. 166

E. Complete las oraciones con *por* o *para*.

1. Marta y Casimiro decidieron casarse ___________ julio. (*by*)

2. Barack Obama fue presidente ___________ ocho años. (*for*)

3. Para ir al correo tenemos que pasar ___________ el parque central. (*through*)

4. Ya sé que estás muy ocupado; voy a lavar el carro ___________ ti. (*for*)

5. Mi tío trabaja ___________ una compañía de hoteles. (*for*)

6. Fumar cigarrillos no es bueno ___________ la salud. (*for*)

7. Uds. deben terminar este trabajo ___________ el viernes. (*by*)

8. Las monedas se cayeron y rodaron ___________ el suelo. (*around*)

9. ¿Está Ud. haciendo ejercicio ___________ bajar de peso? (*in order to*)

10. Si Ud. sigue ___________ la calle Figueroa, no se va a perder. (*along*)

11. Este vuelo va a salir ___________ Chicago en diez minutos. (*for*)

12. ¿Cuánto pagó Ud. ___________ esa camisa tan fea? (*for*)

13. ___________ ir a Nueva York desde Pennsylvania Ud. tiene que pasar ___________ New Jersey. (*to / through*)

14. ¿ ___________ cuánto tiempo vas a viajar ___________ Europa? (*for / around*)

14 En el correo
(At the Post Office)

asegurar	to insure, assure	mandar	to send, command
el correo aéreo	air mail	el membrete	letterhead
el correo certificado	registered mail	el paquete	package, parcel
		pesado(a)	heavy
el correo expreso	express mail	pesar	to weigh
		quedar[3]	to be located
la dirección[1]	address	el remitente	sender
la entrega especial	special delivery	el sello, la estampilla	stamp
enviar	to send	las señas[1]	address
el envío	remittance, shipping	el sobre	envelope
		la tarjeta postal[4]	postcard
el giro postal	money order	el timbre	postage stamp; doorbell, bell
hacer cola	to stand in line		
ligero(a)	light, fast	la ventanilla[5]	small window

NOTAS

1. *Dirección* es el término formal para *address* y **señas** es la palabra corriente. También se usa **domicilio,** que tiene doble significado: *home* y *address.*

2. *Quedar* tiene varios significados: a) *to be* (in a place): por ejemplo, **la oficina de correos no queda lejos;** b) *to be left:* **me quedan dos dólares;** c) *quedarse* es *to stay, remain:* **se quedó un mes en Miami;** d) *to fit* (clothes, shoes, decorations): **ese sombrero te queda muy bien.**

3. *Tarjeta postal* se abrevia comúnmente como *una postal*.

4. *Ventanilla* significa *small window,* por ejemplo, en el avión; pero también se usa para referirse a *teller's window* en el banco, *clerk's window* en la oficina de correos o en otra oficina semejante.

5. En los países de habla hispana la administración de correos es una compañía paraestatal, como en Estados Unidos: depende del gobierno, pero tiene bastante independencia. En España, el correo tiene una caja postal, que es un banco de ahorros (*savings bank*).

PRACTIQUE EL VOCABULARIO

RESPUESTAS p. 166 A. Complete el siguiente diálogo entre un cliente y un empleado de correos.

EMPLEADO: Buenas tardes, señor. ¿Quiere _______________ algo por correo?
(1.)

CLIENTE: Sí, quiero mandar esta carta por correo _______________.
(2. *registered*)

EMPLEADO: En ese caso Ud. tiene que poner un _______________ de ochenta centavos.
(3.)

CLIENTE: También quiero mandar este _______________ a Acapulco.
(4. *package*)

EMPLEADO: ¿Desea enviarlo por correo ordinario o _______________ ?
(5.)

CLIENTE: Aéreo, y además con _______________ especial.
(6. *delivery*)

EMPLEADO: ¿Quiere _______________ el paquete?
(7. *insure*)

CLIENTE: Sí, por novecientos pesos. También necesito comprar veinte _______________ de cincuenta pesos cada uno.
(8.)

EMPLEADO: Aquí los tiene. Son _______________ pesos en total.
(9.)

CLIENTE: ¿Venden ustedes _______________ ?
(10. *money orders*)

EMPLEADO: ¡Cómo no! Para los giros tiene que ir a la _______________ numero 9.
(11.)

CLIENTE: ¡Eso significa que tengo que _______________ otra vez!
(12. *wait in line*)

EMPLEADO: Así es la vida. Adiós.

RESPUESTAS p. 167 B. Complete las oraciones con una de las palabras o expresiones siguientes. Haga los cambios que sean necesarios, especialmente con los verbos.

hacer cola	ligero	señas	quedar	sobre
membrete	mandar	pesar	remitente	timbre

1. No podemos mandar esta carta porque no tiene ____________.

2. Si usted es quien envía la carta, usted es el ____________.

3. Lo contrario de *pesado* es ____________.

4. ¿Cuánto ____________ este paquete?

5. El correo ____________ a cinco cuadras del hotel.

6. Ud. debe escribir las ____________ en el sobre.

7. Cuando hay mucha gente en la oficina de correos, es necesario ____________.

8. El empleado de correos ____________ el paquete antes de poner el sello.

9. Una carta personal debe ir en un ____________ cerrado.

10. *Enviar* significa lo mismo que ____________.

RESPUESTAS p. 167

C. Complete las oraciones con uno de los siguientes verbos en pretérito.

asegurar	entregar	gustar	molestar	quedar
doler	enviar	hacer cola	pesar	sobrar

1. El cartero me ____________ la carta personalmente.

2. El empleado de correos ____________ el paquete en la balanza (*scale*).

3. Ayer me ____________ mucho la cabeza, y las aspirinas no me quitaron el dolor.

4. Mis tíos me ____________ un paquete por correo para Navidad.

5. Pensé que no tenía suficiente dinero, pero pagué la comida de los cuatro invitados y todavía me ____________ cuatro dólares.

6. Al director le ____________ mucho el programa nuevo.

7. Nosotros ____________ por una hora porque había mucha gente.

8. Ese paquete es importante. ¿Por qué no lo ____________ por ciento cincuenta pesos?

9. No me gustó su idea; además me ____________ que hablara por casi una hora.

10. La fiesta de cumpleaños nos ____________ fantástica.

GRAMÁTICA+ Imperfecto y pretérito

I. Imperfecto de indicativo: formas regulares

En español, hay dos tiempos que usamos para hablar de eventos en el pasado. Ya aprendiste el pretérito; ahora se presenta el **imperfecto**:

Sujeto	hablar	comer	vivir
yo	habl aba	com ía	viv ía
tú	habl abas	com ías	viv ías
él/ella/usted	habl aba	com ía	viv ía
nosotros	habl ábamos	com íamos	viv íamos
vosotros	habl abais	com íais	viv íais
ellos/ellas/ustedes	habl aban	com ían	viv ían

Observe lo siguiente en el esquema anterior.

A. Las raíces de los verbos regulares en el imperfecto son las mismas del presente y del pretérito: **habl-**, **com-**, **viv-**, de **hablar, comer** y **vivir.**

B. Los verbos en **-ar** tienen la terminación **-aba-** en el imperfecto, y los verbos en **-er**, **-ir**, tienen la terminación **-ía-**: **estudiar → estudiaba; salir → salía; escribir → escribía.**

C. Todos los verbos son regulares en el imperfecto excepto tres: **ir, ser, ver.** *Veía* tiene la raíz **ve-** en vez de **v-**. *Ser* cambia completamente a *era*, y el verbo *ir* a *iba*.

Sujeto	ir	ser	ver
yo	iba	era	veía
tú	ibas	eras	veías
él/ella/usted	iba	era	veía
nosotros	íbamos	éramos	veíamos
vosotros	ibais	erais	veíais
ellos/ellas/ustedes	iban	eran	veían

I. **Diferencias entre el pretérito y el imperfecto**

A. Para indicar una acción en un tiempo pasado, podemos usar dos tiempos verbales, el pretérito y el imperfecto. Cada uno tiene un uso distinto en español:

1. El **imperfecto** indica una acción en desarrollo o progreso, sin principio ni fin; por eso una buena traducción es la *forma progresiva* del inglés:

Tú hablabas por teléfono cuando. . . (*You **were talking** on the phone when. . .*)

Yo miraba el programa y. . . (*I was watching the program and. . .*)

Nos hablábamos sobre el incidente. . . (*We were talking to each other about the incident. . .*)

2. A diferencia del imperfecto, el **pretérito** indica el principio o fin de una acción, y muchas veces, la acción completa. Una buena traducción es el tiempo pasado (el *past* del inglés: *walked, talked*.

   EJS: **Ayer *comimos* a las 6:00.** (*Yesterday we <u>started to eat</u> at 6:00.*): indica el **principio** de la acción.
   Ustedes *llegaron* a las 6:00. (*You <u>arrived</u> at 6:00.*): indica el **fin** de la acción.
   ***Viví* cuatro años en Cuba.** (*I <u>lived</u> four years in Cuba.*): indica *<u>toda</u>* la acción.

B. Para indicar una costumbre o hábito en el pasado usamos el imperfecto, porque la repetición de una costumbre no tiene comienzo ni fin. A veces se traduce este concepto con la frase *used to*.

   EJ: **Mi padre fumaba mucho.**

   (My father <u>used to smoke</u> a lot.)

   Recuerde que si la costumbre todavía existe se usa el presente de indicativo.

   EJ: **Mi padre ni fuma ni bebe.** (My father <u>doesn't drink or smoke</u>.)

   También es posible considerar una costumbre pasada como una unidad, la suma de muchas acciones repetidas. En este caso usamos el pretérito.

   EJ: **Mi padre *fumó* toda su vida y *murió* de cáncer.** (*My father <u>smoked</u> all his life, and he <u>died</u> of cancer.*)

C. Para indicar una acción planeada (*planned*) en un momento pasado se usa el imperfecto. También puede usarse ir (**en el imperfecto**) a + (***verbo***).

   EJS: **Pepe dijo que *se casaba* con Nancy.** (*. . . was going to marry. . .*)
   Pepe dijo que *se casaría* con Nancy. (*. . . would marry. . .*)
   Pepe dijo que *iba a casarse* con Nancy. (*. . . was going to marry. . .*)

D. Para describir a una persona, una cosa o un lugar en el pasado generalmente usamos el imperfecto; una razón es que no conocemos ni el principio ni el fin de la característica de que hablamos.

   EJS: **Don Quijote *era* flaco, *tenía* un caballo flaco, *estaba* un poco loco. . .**
   La torre (*tower*) **de la iglesia *era* alta, *tenía* cuatro campanas. . .**

E. Las expresiones meteorológicas también suelen usar el imperfecto en el pasado:

   EJ: **Estaba** nublado y por eso no **hacía** mucho calor.

F. Todos los verbos del español pueden usarse en pretérito y en imperfecto, excepto **ser** y **tener** en las expresiones idiomáticas siguientes:

   1. Para indicar la hora *ser* sólo se usa en imperfecto, nunca en pretérito.
      EJ: **Eran las doce cuando llegaste.** (It was 12:00 o'clock when you arrived.)

2. Para indicar la edad de una persona *tener* sólo se usa en el imperfecto.

EJ: **Mi padre *tenía* setenta y cinco años cuando murió.** (*My father <u>was</u> seventy-five years old when he died.*)

G. Algunos verbos parecen cambiar totalmente de significado cuando pasamos del imperfecto al pretérito porque en inglés se usan dos verbos diferentes. Vea estos ejemplos.

EJS: **Ayer *conocí* a tu hermano.** (*I <u>met</u> your brother yesterday.*)
Ya *conocía* a tu hermano. (*I already <u>knew</u> your brother.*)

EJS: **Cuando *supe* la verdad, no lo pude creer.** (*When I <u>learened/found</u> out the truth, I couldn't believe it.*)
Mientras *sabía* la verdad, no dije nada. (*While I <u>knew</u> the truth, I didn't say anything.*)

EJS: **Ayer *tuve* carta de mi tía.** (*I <u>received</u> my aunt's letter yesterday.*)
Ella *tenía* la carta de su tía. (*She <u>had</u> her aunt's letter.*)

Este cambio de significado en inglés para traducir el pretérito y el imperfecto del español refleja la gran diferencia entre el «principio» (el preterito) y el «medio» (el imperfecto) de la acción.

PRACTIQUE LA GRAMÁTICA

RESPUESTAS p. 167

1. Para los verbos en -ar, la terminación que indica el imperfecto es _______________, y para los verbos en -er, -ir, es _______________.

2. Los morfemas de persona (sujeto), ¿son iguales en presente y en imperfecto? _______________. ¿Qué significa la -s de *comías?* _______________. ¿Y -mos de *íbamos?* _______________.

3. El imperfecto de *ir* es yo _______________, nosotros _______________.

4. El imperfecto de *ser* es yo _______________, nosotros _______________.

5. Los verbos en -ar sólo tienen acento en una de las formas: primera _______________.

6. El significado del imperfecto y del pretérito es muy diferente, pero ambos tienen una cosa en común: se refieren a una acción en el _______________.

7. El pretérito generalmente indica una acción completa, con su principio y su _______________.

8. El imperfecto indica el _______________ de una acción pasada, y es posible que esa acción llegue hasta el presente porque el imperfecto nunca señala el _______________ de la acción. Por ejemplo, **José *vivía* en Texas cuando lo conocí. *Vivía*** no señala si José todavía vive o ya no en Texas.

9. Para indicar una costumbre en el presente usamos el presente de indicativo. Para una costumbre en el pasado normalmente usamos el _______________.

10. Para indicar la hora del día usamos *es / son* en el presente. Si hablamos de la hora en el pasado usamos el _______________.

11. Una traducción buena del imperfecto *hablabas* es *you* _______________. Esta forma se llama progresiva y corresponde al uso más frecuente del imperfecto en español.

12. Para una acción planeada en el pasado, ¿se usa el imperfecto o el pretérito? _______________.

13. Para describir a una persona, cosa o lugar en el pasado, ¿usamos el imperfecto o el pretérito? _______________.

14. El *past* del inglés, como *I walked, I talked, I said,* ¿se traduce mejor con el imperfecto o con el pretérito? _______________.

15. Para indicar la edad usamos la expresión **tener. . . años.** Si hablamos del pasado usamos siempre formas en _______________ para indicar la edad.

16. **Ayer *supe* la noticia** indica el _______________ de mi conocimiento de esa noticia. En cambio **Yo *sabía* la noticia** indica el _______________ de mi conocimiento de esa noticia. Una buena traducción de *supe* en tal contexto no es *I knew* sino I *found out.*

EJERCICIOS

RESPUESTAS p. 167

A. Complete las oraciones con el imperfecto de los verbos indicados entre paréntesis.

Cuando yo _______________ niño, mi padres y yo _______________ en
       (1. ser)   (2. vivir)
un pueblito del campo de Castilla. La aldea (*village*) se _______________ Villota
                                       (3. llamar)
y sólo _______________ unas veinticinco familias que _______________
       (4. tener)   (5. trabajar)
en la agricultura. Villota _______________ una escuela pequeña, donde
                    (6. tener)
_______________ todos los niños de la aldea. El maestro _______________
   (7. estudiar)   (8. ser)
Don Anastasio, un hombre austero y estricto, pero que nos
_______________ a trabajar con responsabilidad. Este señor _______________
   (9. enseñar)   (10. saber)
controlar muy bien a los cuarenta «diablillos» de la escuela. Los domingos
todos los niños _______________ a la iglesia desde la escuela. El cura (*priest*)
                      (11. ir)
del pueblo, Don Teófilo, _______________ tan estricto y tan viejo como el
                          (12. ser)

maestro. Durante el sermón de la misa nos __________ a todos, y los
(13. aburrir *to bore*)

viejos campesinos del pueblo __________ su buena siesta durante sus
(14. echar)

interminables sermones.

B. Escriba el imperfecto o el pretérito de los verbos entre paréntesis para completar
la historia siguiente. Es importante comprender bien el contexto primero.

Cuando Rita y yo __________ ayer al hotel María Cristina, ya
(1. llegar)

__________ las once de la noche. Nosotras __________ muy
(2. ser)   (3. estar)

cansadas después de un largo viaje; nos __________ y nos
(4. duchar)

__________ inmediatamente. A la mañana siguiente nos
(5. acostar)

__________ muy temprano para conocer la ciudad de Barcelona.
(6. despertar)

Después de un delicioso desayuno, __________ del hotel para visitar el
(7. salir)

centro y comprar algunas cosas. Aunque el día __________ nublado,
(8. estar)

__________ bastante calor. Cuando (nosotras) __________ que el
(9. hacer)   (10. ver)

tráfico estaba terrible, nos __________ cuenta de que el autobús público
(11. dar)

__________ mejor que llevar el coche que habíamos alquilado. Después
(12. ser)

de varias horas de turismo y compras, nos __________ cansadas y con
(13. sentir)

mucha hambre. Nosotras __________ un buen almuerzo en Los
(14. comer)

Caracoles. Mientras __________ en el restaurante __________
(15. almorzar)   (16. empezar)

a llover torrencialmente. Mientras __________ un taxi para volver
(17. esperar)

al hotel, __________ a un joven que __________ inglés,
(18. conocer)   (19. hablar)

español y catalán. Este muchacho __________ veinte años, y se
(20. tener)

__________ la vida como guía (*guide*) turístico. Él nos __________
(21. ganar)   (22. prometer)

enseñarnos (*show*) toda la ciudad al día siguiente. El taxista nos

__________ al hotel por unas calles muy pintorescas y antiguas. Al
(23. llevar)

llegar al hotel ya __________ las cuatro de la tarde y las dos
(24. ser)

__________ una buena siesta al estilo español.
(25. echar)

C. Otra historia para reforzar el uso del imperfecto y el pretérito.

Después de estudiar dos horas, anoche me __________ a las doce,
(1. acostar)

pero no __________ dormir porque __________ mucha hambre.
(2. poder)   (3. tener)

Entonces me __________ de la cama, y __________ a la cocina a
(4. levantar)   (5. ir)

buscar comida. En el refrigerador no ________________ nada de comer.
(6. haber)

Mi perro Tequila ________________ debajo de la mesita que hay en la cocina.
(7. dormir)

De repente, Tequila ________________ se y me ________________ , como
(8. despertar)   (9. mirar)

diciendo: ¿Qué haces aquí a esta hora? Después de mucho buscar,

________________ una bolsa (*bag*) de papas fritas que mi hermanito
(10. encontrar)

________________ escondida (*hidden*) debajo del fregadero (*sink*).
(11. tener)

________________ la bolsa con muchas ganas y me ________________
(12. agarrar)   (13. comer)

las papas con una limonada bien fría. Cuando ________________ mi
(14. terminar)

merienda de medianoche, ya ________________ la una de la mañana, y
(15. ser)

me ________________ a dormir con el estómago contento.
(16. ir)

¡ATENCIÓN!   Más usos de *por y para*

Hay muchas expresiones que emplean las preposiciones por y para; aquí hay una lista de algunos ejemplos comunes:

estar para	to be about to (on the verge of)
estar por	to be about to (not yet done)
para con (uno)	toward
para mí (ti, él, etc.)	in my opinion, for me
para ser	for being
para siempre	forever, for good
por casualidad	by chance
por eso	for that reason
por fin	finally
por mucho que	no matter how much
por si acaso	just in case
por tonto	for being silly

Hay algunos usos más generales de estas dos preposiciones:

A. Usos específicos de ***por***. Agente, porcentaje y expresiones idiomáticas.

1. AGENTE. ***Por*** indica el sujeto agente en las oraciones pasivas. (*by*)

EJ: **Don Quijote fue escrito *por* Cervantes.** (*by*)

2. PORCENTAJE. *Por* significa *per* en inglés. Observe que *por ciento* se escribe usando dos palabras en español. En inglés se escribe usando una palabra: *percent*.

   EJS: **Este banco paga el siete *por* ciento de interés.**
   La velocidad máxima es setenta millas *por* hora.

3. EXPRESIONES IDIOMÁTICAS. Observe el uso de *por* en las expresiones idiomáticas que siguen, muchas mencionadas en la lista anterior:

   a) Siento amistad *por* el director. (*toward*)

   b) Tengo una carta *por* escribir. (*yet to be written*)

   c) Estoy *por* la paz. (*in favor of*)

   d) Voy al mercado *por* pan. (*for, because of, to get*)

   e) *Por* mucho que trabaja, no se cansa. (*no matter how much*)

   f) *Por* eso es necesario hacerlo. (*because of that*)

   g) *Por* si acaso. (*just in case*)

   h) *Por* casualidad. (*by chance*)

   i) *Por* tonto te pasa eso. (*for being + [adjective]*)

B. Usos específicos de *para*. Expresiones idiomáticas.

   a) *Para* ser niño, habla bien el español. (*for being + [noun]*)

   b) Estamos *para* salir al cine. (*to be about to*)

   c) *Para* ti, eso no es cierto. (*according to*)

   d) Es muy amable *para* con todos. (*toward, with*)

   e) Se fue *para* siempre. (*forever, for good*)

RESPUESTAS p. 167

D. *¡Qué mala suerte tengo yo!* Complete la siguiente historia con *por* o *para*.

La semana pasada, cuando mis padres, mi hermana y yo íbamos

1. ______________ la casa de mis abuelos, tuvimos un accidente un poco

serio. Es bastante peligroso viajar 2. ______________ la noche. El accidente

fue investigado 3. ______________ la policía, que llegó inmediatamente.

4. ______________ casualidad, a mí no me pasó nada, pero a mi hermana

tuvieron que llevarla 5. ______________ el hospital porque se rompió (*broke*)

una pierna. Ella estuvo en el hospital 6. ______________ dos días, y ayer la

trajeron 7. ______________ la casa con la pierna enyesada (*in a cast*).

El médico dice que 8. ______________ fines de mes va a estar recuperada.

Esta mañana el cartero trajo varias tarjetas 9. ______________ mi hermana, que le mandaron sus amigos. Ahora tengo que ir en bicicleta a la farmacia 10. _______________ unas medicinas 11. _______________ ella. Mis padres dicen que trabajan mucho y que no tienen tiempo 12. _______________ nada. También yo tengo que lavar los platos 13. _______________ ella. Espero que 14. _______________ la semana próxima la vida vuelva a su curso normal 15. _______________ aquí. Yo tengo muchas tareas .16. _______________ hacer, y nadie las va a hacer 17. _______________ mí. Ahora mismo tengo que estudiar 18. _______________ un examen de matemáticas que tengo mañana. ¿No me desean buena suerte?

EXAMEN 2   LECCIONES 8–14

Parte I.   Practique el vocabulario (36 puntos)

RESPUESTAS p. 167

A. Complete las oraciones con una de las palabras o expresiones que siguen. Haga los cambios necesarios.

abrocharse	despegar	funcionar	suave
aduana	disponible	hacer escala	sucio
andén	entregar	luna de miel	tomar el pelo
con retraso	equipaje	sin falta	tripulación

1. Este vuelo no es directo. El avión _______________ en San Luis.

2. Este vuelo está completo. No hay asientos _______________.

3. Debe subir por la escalera. El ascensor no _______________ hoy.

4. El piloto y los / las auxiliares de vuelo son parte de la _______________.

5. Tengo que llegar a las dos de la tarde _______________.

6. Acaban de casarse y salen para Hawaii de _______________.

7. Es necesario lavar el carro porque está muy _______________.

8. Es más cómodo viajar con poco _______________ que con mucho.

9. El tren para Bogotá sale del _______________ número 5.

10. Al llegar a otro país, los oficiales de _______________ inspeccionan las maletas y paquetes.

11. Hemos tenido un vuelo muy _______________, sin ninguna turbulencia.

12. Ud. debe _______________ este documento a las autoridades, junto con su pasaporte.

13. Todos los pasajeros deben _______________ los cinturones de seguridad.

14. Creo que no habla en serio; me _______________.

15. ¿A qué hora _______________ el avión para México?

16. Este tren casi siempre llega _______________ de quince minutos.

B. Complete las oraciones con una de las expresiones siguientes. Use los verbos en pretérito.

botones	descomponer	marearse	tubo de escape
conducir	hacer caso	perder	
demorar	llanta de repuesto	tarjeta de embarque	

17. El letrero decía NO FUMAR, pero nadie le _______________.

18. Antes de subir al avión, Ud. debe presentar _______________.

19. Si me poncha la llanta, ¡mala suerte!, porque no llevo _______________.

20. ¿Cuánto tiempo _______________ el vuelo de Miami a Chicago?

21. Ellos _______________ el carro por todo Estados Unidos.

22. _______________ subió las maletas a la habitación.

23. Cuando venía por la autopista se me _______________ el carro.

24. Ya ves, tú siempre llegas tarde; _______________ el tren por tonto.

25. Todo el humo del motor se va por _______________.

26. El viaje tuvo bastantes turbulencias; yo _______________ mucho.

C. Subraye la palabra o expresión correcta.

27. El avión va a (despegar, aterrizar, abordar, funcionar) en New York en cinco minutos.

28. Están anunciando el / la (vuelo, asiento, puerta, pasajero) número 777 para Denver.

29. Ud. debe meter la carta en un / una (membrete, timbre, tarjeta, sobre).

30. Si Ud. no pone (paquete, timbre, envío, certificado) en su carta, los carteros no podrán entregarla.

31. Después de ducharse Ud. necesita un / una (tina, servicio, buzón, toalla) para secarse bien.

32. Los días (nublados, estrechos, torcidos, soleados) son buenos para ir a la playa.

33. Aquí en la esquina hay un / una (bocacalle, buzón, sello, cartero) para echar las cartas.

34. Los peatones deben caminar por el / la (curva, parada, ganado, acera).

35. Cuando usted llega a un / una (parada, cruce, carril, autopista) que no tiene señal de STOP debe manejar con cuidado.

36. Para tomar el autobús local es necesario esperarlo en el / la (parada, esquina, cruce, desviación).

Parte II.   Practique la gramática (64 puntos)

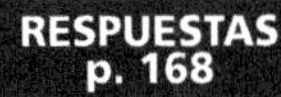

A. Sólo una de las cuatro opciones es correcta. Subraye la correcta.

1. El teatro Lope de Vega no (fue, había, estaba, tenía) lejos de nuestro hotel.

2. Ayer fuimos a la playa porque (hacía, tenía, estaba, era) un calor terrible.

3. Me gusta más este libro que (ese uno, tuyo, aquel, ése).

4. Yo (empezaré, empezé, empezaba, empecé) a escribir a la una, y todavía estoy escribiendo.

5. La corrida de toros de ayer (terminó, terminaba, terminaría, termino) a las ocho de la tarde.

6. Si se te olvidó la llave, yo te puedo prestar (mío, mía, el mío, la mía).

7. Cuando Elena era niña, ella (sabía, supo, conoció, conocía) hablar español.

8. Los países centroamericanos (producían, produjieron, producieron, produjeron) muchas bananas el año pasado.

9. Yo ya (pagaba, pagé, pagué, pagaré) la cuenta de la comida antes de llegar tú.

10. Cuando vivía en Miami, (iría, iba, fui, iba a ir) a la playa los fines de semana.

11. ¿Dónde (estuviste, estabas, fuiste, eras) cuando te llamé ayer por la tarde?

12. Las puertas de la tienda (le cierran, las cierra, se cierra, se cierran) a las diez de la noche.

13. Cuando Felipe II (era, fue, estaba, estuvo) rey de España, Miguel de Cervantes peleó en la batalla de Lepanto.

14. En esa isla (*island*) (están, son, hubo, hay) unos indios que hablan una lengua extraña.

15. Mi profesor (era, estaba, fue, hizo) furioso ayer porque un alumno copió las respuestas del examen.

16. La boda de mis padres (fue, estuvo, era, estaba) en una iglesia antigua pero bonita.

17. Estoy cansado porque ayer (practicaba, practicé, practiquaba, practiqué) el tenis por mucho tiempo.

18. Mi cuenta del banco (es, está, hay, hace) casi vacía porque escribí muchos cheques.

19. En Alaska (está, es, tiene, hace) mucho frío en invierno.

20. Los niños me (distrayeron, distrajieron, distrayeron, distrajeron) cuando practicaba el violín.

21. El presidente Kennedy (era, tenía, tuvo, fue) cuarenta y cuatro años cuando murió.

22. Anoche saludé a tu amiga después que ella (salió, salía, saldría, saliera) del cine.

23. Después que llegué a la oficina, el teléfono (sonaba, sueno, sonó, sonaría) tres veces.

24. Ya te dije que Ana se (casó, casaba, cazó, cazaba) el verano que viene.

25. El sábado pasado Jorge no (venía, vinió, vino, venió) a la reunión del club.

26. A Ud. (conviene, le conviene, la conviene, se conviene) más arreglar la casa que venderla.

27. Cuando volvimos al carro, la llanta ya (fue, era, estuvo, estaba) ponchada.

28. En el accidente (se me rompió, se me rompieron, se me rompía, se me rompían) el parabrisas del coche.

29. El profesor todavía no (corregía, corregió, corrigía, corrigió) los exámenes.

30. El niño inocente (estaba, fue, era, estuvo) asesinado por un criminal sin corazón.

31. A mi amiga Margarita (se le perdió, se perdieron, se les perdió, se le perdieron) veinte dólares en el mercado.

32. La pobre niñita (hacía, había, tenía, estaba) mucha hambre, y por eso lloraba.

33. Necesito cambiar el (volante, filtro, tubo, baúl) de aceite de mi coche.

34. Esta clase de llantas me gusta más que (aquella una, aquello, esa una, aquélla).

35. Antes de llegar al semáforo rojo es necesario (pincharse, detenerse, seguir, chocar).

B. Complete las oraciones con uno de los verbos siguientes en pretérito.

componer	divertirse	mantener	producir	sostener
deshacer	dormirse	prevenir	satisfacer	vestirse

36. Los países árabes _______________ mucho petróleo el año pasado.

37. Yo tenía mucha hambre, pero _______________ mi apetito con medio pollo y unas papas fritas.

38. Ellas _______________ mucho en la fiesta con los muchachos.

39. La policía _______________ el orden, aunque hubo algunos heridos.

40. La semana pasada nevó, pero el sol _______________ la nieve.

41. Los muchachos estaban cansados y _______________ muy pronto.

42. ¿Quién _______________ esa sinfonía, Beethoven o Mozart?

43. Ella _______________ muy elegante para la fiesta de cumpleaños.

44. Mi abuelo trabajó mucho; _______________ a todos sus hijos mientras estudiaban.

45. Ud. _______________ el accidente de los dos carros de enfrente porque frenó a tiempo para no chocar con ellos.

RESPUESTAS p. 168

C. Traduzca las palabras y expresiones que están en paréntesis.

46. Hace treinta años que José y yo nos conocemos; somos _______________ (*long-standing friends*).

47. Carolina va a comprar _______________ de carne. (*one more pound*)

48. Ellos vienen a la universidad _______________. (*every other day*)

49. _______________ es libre en Estados Unidos. (*every person*)

50. Voy a tomar _______________ libros. (*two other*)

51. No me gusta tanto el primer libro como _______________. (*the second one*)

52. El rey Felipe _______________ preparó la Armada Invencible. (*the Second*)

53. Terminamos las clases _______________. (*May the thirtieth*)

54. No vengas a casa _______________. (*without calling me*)

55. Estamos interesados _______________ esa casa. (*in buying*)

56. Tu amiga llegó _______________. (*last Monday*)

57. Fuimos a saludar a _______________. (*Mrs. Martínez*)

58. Antes de comer (yo) siempre _______________. (*wash my hands*)

59. ¿Cuántos dólares pagó usted _______________ este carro? (*for*)

60. Uds. deben terminar este examen _______________ las nueve en punto. (*by*)

61. Creo que va a llover; voy a llegar el paraguas _______________. (*just in case*)

62. Mis abuelos vivieron en México _______________ cuarenta y seis años y luego volvieron a España. (*for*)

63. Vamos corriendo porque el tren está _______________. (*about to leave*)

64. Tienes que hacer dieta _______________ perder de peso. (*in order to*)

RESPUESTAS   LECCIONES 8–14 Y EXAMEN 2

Lección 8

Practique el vocabulario

A.
1. boleto	5. equipaje	9. pardo	13. congreso
2. baúl	6. la boda	10. conferencia	14. reunión
3. pasaporte	7. aduana	11. película	15. novios
4. la moneda	8. luna de miel	12. cómodo	

B. 1. V 2. V 3. F 4. F 5. V 6. V 7. F 8. F 9. V 10. F 11. F 12. V

C.
1. pasaporte	3. equipaje	5. viento	7. moneda	9. película
2. luna de miel	4. efectivo	6. pan	8. agencia	10. función

Practique la gramática

1. nombre / norma	6. es / está	11. Tengo mucha suerte
2. cambio	7. es (va a ser)	12. lo hace
3. ser / cambio	8. nombre / hace mucho frío	13. *to be wrong (mistaken)*
4. está	9. Hay mucho viento	14. la tengo
5. es / evento	10. tener	

Ejercicios

A. 1. F 3. O 5. N 7. K 9. L 11. D 13. I 15. G
   2. H 4. C 6. E 8. A 10. B 12. M 14. J

B.
1. hace / hay	6. es	11. tiene	16. está	21. es
2. hace / hay	7. está	12. están	17. está	22. es
3. tiene	8. hace / hay	13. tienen	18. hace / hay	23. hace / hay
4. está	9. es (cae)	14. es	19. es	24. son
5. es	10. tengo	15. está	20. tengo	

C.
1. tengo sed	4. tiene 85 años	7. tiene prisa	10. tienen miedo
2. tienes razón	5. tengo frío	8. tienen calor	11. tengo suerte
3. tienes razón	6. tengo sueño	9. tiene hambre	12. tiene cuidado

D.
1. aire puro	4. linda hija	7. nuevo carro	10. altas montañas
2. buen café	5. un viejo amigo	8. carro americano	11. pobre muchacha
3. carro azul	6. un gran libro	9. maleta grande	12. buena poesía

Lección 9

Practique el vocabulario

A. 1. cinturones
   2. pastilla
   3. ventanilla
   4. la tarjeta de embarque
   5. el vuelo
   6. el asiento
   7. sale
   8. aterrizar
   9. volar
   10. hace escala
   11. suaves
   12. del avión

B. 1. pájaro
   2. tripulación
   3. asiento
   4. suave
   5. vuela
   6. aeromoza (azafata); asistente de vuelo
   7. cinturones
   8. tarjeta de embarque
   9. Hace escala
   10. aterrizaje
   11. marearse
   12. despegue

C. 1. F   2. V   3. V   4. F   5. F   6. V   7. F   8. F   9. V

Practique la gramática

1. directo
2. a esa señora
3. No / a nadie
4. lo / la / los / las
5. verlo / verlo
6. me
7. sujeto / tú
8. se
9. visitarlos
10. ustedes
11. enfático
12. me
13. Me quejo
14. to remember
15. to look alike

Ejercicios

A. 1. me levanto
   2. me ducho
   3. se arreglan
   4. se lava
   5. se seca
   6. se prepara
   7. nos sentamos
   8. se maquilla
   9. se despiden
   10. se van
   11. me visto

B. 1. la escucho
   2. no los (les) conozco
   3. la hago
   4. lo quiero
   5. no lo traigo
   6. no lo hablo
   7. quiero verte; quiero verlo(la)
   8. puedes ayudarnos
      nos puedes ayudar

C. 1. se para
   2. me voy
   3. se duerme
   4. te comes
   5. se mueren
   6. se marea
   7. me siento
   8. se sienta

D. 1. Mis padres se levantan tarde todos los días.
   2. ¿A qué hora te acuestas tú los sábados?
   3. Nosotros deseamos irnos a casa después de (la) clase.
   4. El carro de Juan se rompe todas las semanas.
   5. Nuestros hijos se desayunan antes de ir a la escuela.

E. 1. tres días más
    2. una libra más
    3. cada dos semanas
    4. libras y media
    5. otro
    6. cada sábado (todos los sábados)
    7. menos de cinco millas
    8. cada hombre
    9. media hora
    10. todo el día
    11. dos sillas más
    12. medio bocadillo (medio sándwich)
    13. otro día

Lección 10

Practique el vocabulario

A. 1. disponibles
    2. el andén
    3. de ida y vuelta
    4. con retraso
    5. a la taquilla
    6. taquillera
    7. perder
    8. gratis
    9. a la sala de espera
    10. hace caso
    11. a la americana
    12. me tomas el pelo

B. 1. boleto de ida
    2. metro
    3. gratis
    4. ruta
    5. disponibles
    6. parada
    7. letrero
    8. con retraso
    9. sucias
    10. andén
    11. horario
    12. taquilla

C. 1. funciona
    2. vacío
    3. pierde
    4. demora
    5. tomas el pelo
    6. cruzo
    7. olvida
    8. rompe
    9. es gratis
    10. hacen caso
    11. están disponibles
    12. entrega

Practique la gramática

1. este / esta / estos / estas
2. ese / esa / esos / esas
3. aquel / aquella / aquellos / aquellas
4. esto / eso / aquello
5. one
6. detrás
7. no
8. antes / mi libro
9. largas
10. mis libros
11. *his, her, its, their, your*
12. definido
13. es mío
14. el artículo definido / el
15. lo / my *stuff* (*my things*)

Ejercicios

A.
1. aquella
2. este / ése (ese, por las reglas más recientes)
3. eso
4. nuestro
5. mi / el tuyo
6. aquello
7. nuestro
8. esta / ésa (esa)
9. ese
10. sus
11. su
12. su
13. su
14. la tuya
15. esto
16. sus
17. mis
18. el vuelo tuyo
19. esta / ésa (esa)
20. lo mío

B.
1. se abrocha el cinturón
2. te lavas las manos
3. me quito los zapatos
4. se limpia los dientes
5. nos ponemos las botas
6. se toma la leche
7. me olvido de los libros

C.
1. primer
2. dos primeras / primeras dos
3. primero / uno
4. primero
5. Avenida Quinta
6. séptima (sétima)
7. décimo / primera
8. tercer / cuarto

Lección 11

Practique el vocabulario

A. 1. F 2. V 3. F 4. V 5. V 6. F 7. V 8. F 9. F 10. V

B.
1. parquea
2. licencia
3. señales
4. camiones
5. camioneta
6. autopista
7. puentes
8. la acera
9. ALTO
10. cruces
11. doblar
12. ganado
13. desviación
14. el semáforo
15. chocar
16. el carril

C.
1. un cruce
2. el carril
3. la acera
4. una esquina
5. estacionar
6. ganado
7. peligrosas
8. un semáforo
9. una bicicleta

D.
1. disco
2. tele
3. cole
4. foto
5. moto
6. bici
7. profe
8. auto
9. narcos

Practique la gramática

1. comimos
2. viví / vivió
3. leyó / leyeron
4. empecé / e, i
5. convenzo / convencí
6. u / e, i / seguí
7. practiqué
8. llegué
9. escojo / escogí
10. averigüé
11. creyeron / siguió
12. toqué
13. los dos

Ejercicios

A.
1. levanté
2. afeité
3. bañé
4. preparé
5. tomé
6. cogí
7. salí
8. estacioné
9. caminé
10. llegué
11. empezó
12. empecé

B.
1. llegó / llegué
2. compró
3. aterrizaron
4. se cayó
5. leyó
6. llovió
7. jugué
8. entregué / perdiste
9. busqué / encontré
10. chocó
11. tomamos
12. saqué
13. comenzó / comencé
14. se pararon
15. escogiste
16. recogió / di

C.
1. la escribí
2. no lo compré
3. no te vi
4. la saludamos
5. lo ahorré
6. no las pedí
7. me llamaste
8. no las oímos
9. la bebí

D.
1. ¿Por qué él se sentó en la silla rota?
2. Sus hermanitos me saludaron a mí cuando ellos entraron.
3. ¿Dónde conoció usted a Carolina por primera vez?
4. Ustedes leyeron toda la novela la semana pasada.
5. El domingo pasado yo choqué y el carro se rompió.

E.
1. para nadar
2. de comprarlo
3. para / causar
4. en comprar
5. (el) correr
6. que trabajar
7. al llegar
8. Hay que comer
9. por / estudiar
10. Te voy a ver
11. antes de llegar
12. al abrir

Lección 12

Practique el vocabulario

A.
1. espejo
2. mintió
3. arrancó
4. gato
5. detenerse
6. humo
7. volante
8. avería
9. frenos
10. llave
11. deshace
12. frenar
13. caben
14. bocina
15. poncha
16. llantas

B. 1. V 2. F 3. F 4. V 5. F 6. F 7. V 8. V 9. F 10. V 11. V 12. F

C.
1. nevó
2. tejió
3. ponchó
4. rodearon
5. cambió
6. rodaron
7. frenas
8. arranca
9. aceleraron

Practique la gramática

1. u / tercera
2. i / tercera
3. *they were / went*
4. Se vistió
5. yo
6. dijeron
7. *he / she came / wine* / contexto
8. supe
9. condujimos
10. tradujeron
11. corrigieron
12. sílaba / previó
13. satisfizo
14. bendije
15. tejió
16. atrajo / atrajeron
17. impuse / impusieron

Ejercicios

A.
1. me levanté
2. hice
3. tomé
4. me puse
5. sonó
6. arrancó
7. fui
8. tuve
9. llegué
10. dio
11. me maté
12. pasó

B.
1. puso
2. siguió
3. se divirtieron
4. vine
5. condujo
6. dieron
7. cupieron
8. mantuvo
9. dijeron
10. fue
11. se detuvo
12. hizo
13. trajeron
14. mintió
15. estuvieron
16. pudo / . . .pero yo sí (pude)
17. supuso
18. redujo
19. oyó
20. construyó

C.
1. las oímos
2. no lo pedí
3. los traje
4. no la redujimos
5. me detuve
6. no me dormí
7. la dije
8. no lo supe
9. no se puso
10. me vestí bien
11. los preví
12. nos divertimos

D.
1. bendijo
2. obtuvieron
3. provino de
4. satisfice
5. se opusieron
6. sostuvimos
7. expuso
8. propuso

E.
1. la / los
2. El / la
3. x / el
4. el / del
5. x / la
6. La
7. x / x
8. x / la
9. El / del
10. las
11. el / al
12. los
13. El
14. los / los
15. x
16. Los
17. La / los
18. la

Lección 13

Practique el vocabulario

A.
1. hotel
2. cuarto
3. doble
4. tina (bañera)
5. televisor
6. elevador / ascensor
7. botones
8. cobran
9. pensiones
10. registrarme
11. servicio al cuarto
12. botones

B.
1. cuadras
2. un buzón
3. torcidas / langostas
4. la escalera
5. registrarse
6. sellos
7. económica
8. una toalla
9. soleados
10. el correo

C. 1. estrecha 4. nublado 7. ancha 10. el televisor
2. una toalla 5. un buzón 8. el ascensor / elevador 11. torcidas / langostas
3. guardia 6. conserje 9. bañera / tina 12. botones

Practique la gramática

1. le / les / se
2. sujeto / objeto indirecto
3. le, les / lo, la, los, las
4. Me faltan dos libros
5. se lo / se
6. le
7. le duele a Juan
8. Me parece bueno el libro
9. Te duele la cabeza
10. Me toca (a mí)
11. me / a mí

Ejercicios

A. (Respuestas individuales)

B. 1. te
2. le
3. le
4. les conviene
5. le lavamos
6. Me molesta
7. le arrancó
8. le pasó
9. le toca
10. me pareció
11. nos fascina
12. me sobraron
13. se
14. no / le escribí a ella
15. Les mandé

C. 1. te lo compré
2. no se la dije
3. se las subí
4. me las lavé
5. no nos lo compramos
6. se la copié
7. se las puse
8. se la escribí
9. se la pagué

D. Acciones inesperadas.
1. a. a él
2. c. a ti
3. b. olvidaron
4. a. acabó
5. b. a nosotros
6. b. la camisa
7. a. las luces
8. b. derramaron
9. c. perdió
10. a. le
11. c. les
12. a. cayó

E. 1. para 4. por 7. para 10. por 13. Para / por
2. por 5. para 8. por 11. para 14. Por / por
3. por 6. para 9. para 12. por

Lección 14

Practique el vocabulario

A. 1. enviar (mandar)
2. certificado
3. sello
4. paquete
5. por avión
6. entrega
7. asegurar
8. sellos (estampillas)
9. mil novecientos
10. giros
11. ventanilla
12. esperar en cola

B.
1. sello
2. remitente
3. ligero
4. pesa
5. queda
6. señas
7. hacer cola
8. pesa
9. sobre
10. mandar

C.
1. entregó
2. pesa
3. dolió
4. enviaron
5. sobraron
6. gusta
7. hicimos cola
8. asegura
9. molestó
10. quedó

Practique la gramática

1. -aba / -ía
2. sí / tú / nosotros
3. iba / íbamos
4. era / éramos
5. persona plural
6. pasado
7. fin
8. desarrollo / fin
9. imperfecto
10. imperfecto
11. were talking
12. imperfecto
13. imperfecto
14. pretérito
15. imperfecto
16. principio / medio

Ejercicios

A.
1. era
2. vivía
3. llamaba
4. tenía
5. trabajaban
6. tenía
7. estudiaban
8. era
9. enseñaba
10. sabía
11. iban (íbamos)
12. era
13. aburría
14. echaban

B.
1. llegamos
2. eran
3. estábamos
4. duchamos
5. acostamos
6. despertamos
7. salimos
8. estaba
9. hacía
10. vimos
11. dimos
12. era
13. sentimos
14. comimos
15. almorzábamos
16. empezó
17. esperábamos
18. conocimos
19. hablaba
20. tenía
21. ganaba
22. prometió
23. llevó
24. eran
25. echamos

C.
1. acosté
2. podía
3. tenía
4. levanté
5. fui
6. había
7. dormía
8. despertó
9. miró
10. encontré
11. tenía
12. agarré
13. comí
14. teminé
15. era
16. fui

D.
1. para
2. por
3. por
4. por
5. para
6. por
7. para
8. para
9. para
10. por
11. para
12. para
13. por
14. para
15. por
16. por
17. por
18. para

Examen 2

Practique el vocabulario

A.
1. hace escala
2. disponibles
3. funciona
4. tripulación
5. sin falta
6. luna de miel
7. sucio
8. equipaje
9. andén
10. la aduana
11. suave
12. entregar
13. abrocharse
14. toma el pelo
15. despega
16. con retraso

B. 17. hizo caso   **21.** condujeron   **24.** perdiste
18. la tarjeta de embarque   **22.** El botones   **25.** el tubo de escape
19. llanta de repuesto   **23.** descompuso   **26.** me mareé
20. se demora

C. 27. aterrizar   **29.** un sobre   **31.** una toalla   **33.** un buzón   **35.** un cruce
28. el vuelo   **30.** timbre   **32.** soleados   **34.** la acera   **36.** la parada

Practique la gramática

A. 1. estaba   **10.** iba   **19.** hace   **28.** se me rompió
2. hacía   **11.** estabas   **20.** distrajeron   **29.** corrigió
3. ése   **12.** se cierran   **21.** tenía   **30.** fue
4. empecé   **13.** era   **22.** salió   **31.** se le perdieron
5. terminó   **14.** hay   **23.** sonó   **32.** tenía
6. la mía   **15.** estaba   **24.** casaba   **33.** filtro
7. sabía   **16.** fue   **25.** vino   **34.** aquélla
8. produjeron   **17.** practiqué   **26.** le conviene   **35.** detenerse
9. pagué   **18.** está   **27.** estaba

B. 36. produjeron   **39.** mantuvo   **42.** compuso   **44.** sostuvo
37. satisfice   **40.** deshizo   **43.** se vistió   **45.** previno
38. de divirtieron   **41.** se durmieron

C. 46. viejos amigos   **53.** el treinta de mayo   **59.** por
47. una libra más   **54.** sin llamarme   **60.** para
48. cada dos días   **55.** en comprar   **61.** por si acaso
49. cada persona   **56.** el lunes pasado   **62.** por
50. otros dos   **57.** la señora Martínez   **63.** para salir
51. el segundo   **58.** me lavo las manos   **64.** para
52. Segundo

15 En la tienda de ropa
(At the Clothing Store)

el abrigo	overcoat	llevar	to wear, carry
apretado(a)	tight	el maquillaje	makeup
apretar (ie)	to tighten, be tight	las medias[2]	stockings
la blusa	blouse	el pantalón	pants, trousers
la bota[1]	boot	el piyama[4]	pajamas
la caja	cash register, box	el probador	fitting room
el / la cajero(a)	cashier, teller	probarse (ue)	to try on
los calcetines, las medias[2]	socks	regatear[5]	to bargain, haggle
la camisa	shirt	la ropa interior	underwear
la camiseta	undershirt	sin duda	no doubt
la chaqueta, el saco[3]	jacket, blazer	el sostén, el brasier[6]	bra(ssiere)
la cintura	waist	el suéter	sweater
el conjunto	outfit	la talla[7]	size
la corbata	tie	tener mala pata	to be unlucky
echar de menos	to miss	el traje	suit
el escote	neckline	el traje de baño[8]	bathing suit, trunks
la etiqueta	label	el vestido	dress
la ganga	bargain	el zapato	shoe

NOTAS

1. *Bota* significa *boot* y también *wineskin,* un recipiente que se usaba mucho en el campo para llevar el vino. Actualmente se usa poco, más por tradición, por ejemplo, en las fiestas de San Fermín de Pamplona (España).

2. *Calcetines* generalmente se usa para *socks* y *medias* para *stockings,* pero estas dos palabras se usan indistintamente en algunos países. Sin embargo, las pantimedias son para las señoras en todas partes.

3. *Chaqueta* es una de varias palabras para *jacket* y se usa principalmente en España. En otros países se usan *saco* y *americana*.

4. *Piyama* se usa en Hispanoamérica para *pajamas;* en España se usa *pijama*.

5. *Regatear* es costumbre en algunos países de habla hispana, pero Ud. no debe hacerlo en las tiendas donde los precios están marcados. Puede ser de muy mal gusto pedir una rebaja en esas tiendas. Solamente puede regatear donde no hay precios marcados.

6. En España se usa *sujetador* para *brassiere;* en otros países se usa *sostén* o *brasier*.

7. *Size* es *talla* en español, pero solamente cuando hablamos de ropa y zapatos. En los otros contextos *size* es *tamaño, cantidad,* por ejemplo, **tomates de gran tamaño** = *large-size tomatoes*.

8. *Traje de baño* significa *bathing suit, trunks,* pero en algunos países se usa *bañador*, *trusa* y *pantalón de baño*.

PRACTIQUE LAS PALABRAS NUEVAS

A. *Una clienta en una tienda de ropa de señora.* Complete el diálogo siguiente entre una empleada y una clienta.

EMPLEADA: Buenos días, señorita. ¿En qué puedo ____________?
              (1.)

CLIENTA: Quiero una ____________ azul y unas botas.
              (2. skirt)

EMPLEADA: ¿Qué ____________ usa usted, señorita?
              (3. size)

CLIENTA: Doce. No la quiero muy ____________ en la cintura.
              (4. tight)

EMPLEADA: Tenga. Allí está el ____________ .
              (5. fitting room)

CLIENTA: ¿No cree Ud. que me queda un poco ____________?
              (6. short)

EMPLEADA: Tiene Ud. razón, pero así se ____________ ahora.
              (7. wear)

CLIENTA: Veo que la ____________ dice $55.00; me parece que es
              (8. label)
              demasiado cara.

EMPLEADA: El precio regular es $70.00. ¿No le parece una buena
              ____________?
              (9. bargain)

CLIENTA: Está bien. No voy a ____________ con Ud.
              (10. haggle)

EMPLEADA: También quiere unas ____________, ¿no? ¿De qué color?
              (11. boots)

CLIENTA: Negras, porque así las puedo ____________ con todo. La
              (12. wear)
              talla siete me queda bien.

EMPLEADA: Lo siento, señorita, pero no nos queda ni un solo par de esa
              talla. ¿Quiere ____________ la talla siete y media?
              (13. try on)

CLIENTA: No gracias. Sólo me llevo la falda por ____________ .
              (14. for now)

B. Complete las oraciones con las siguientes palabras o expresiones.

abrigo	camisa	etiqueta	probarse
apretar	cintura	maquillaje	regatear
caja	corbata	medias	sin duda
calcetines	echar de menos	pantalón	sostén

1. Hace un año que no veo a mis padres y los ________________.

2. Estos zapatos me ________________ demasiado; necesito una talla más grande.

3. Para pagar la cuenta hay que ir a la ________________ registradora.

4. Si Ud. lee la ________________, puede ver el precio y la talla.

5. En esta tienda los precios son fijos; aquí no se ________________.

6. Quiero una corbata que haga juego (*match*) con esta ________________.

7. En el mundo de habla hispana se usa la palabra *jeans*. Son una clase de ________________.

8. Muchas personas se ponen ________________ para ser más atractivas.

9. Cuando mi padre lleva un traje formal, también se pone una ________________.

10. Primero nos ponemos los ________________ y luego los zapatos.

11. Si hace frío, nos ponemos el ________________ encima del suéter.

12. Por lo general, las modelos tienen una ________________ estrecha.

13. Antes de comprar ropa, Ud. se la ________________ para ver si le queda bien.

14. Las personas llevan calcetines o ________________ con zapatos.

15. Ud. tiene razón. ________________ las botas son más altas que los zapatos.

16. Las señoras se ponen el ________________ antes de ponerse la blusa o el suéter.

GRAMÁTICA Las conjunciones, los adverbios y expresiones de tiempo con *hacer*

I. Conjunciones **y** *(e)*, **o** *(u)*, *pero / sino / sino que*

Las conjunciones sirven para conectar palabras y frases distintas. Lo siguiente presenta los usos y cambios que se encuentran con estas palabras:

A. Traducimos *and* por la palabra **y**, pero si la palabra que sigue empieza con el sonido [i] (representado por las letras *i*, *hi*) se usa **e** en lugar de **y**.

EJS: **padre e hijo; prudente e inteligente; Carlos e Isabel**

Sin embargo, decimos **agua y hielo** (*ice*) porque **hielo** no empieza con el sonido [i] sino con [j] (el sonido de la *y* de la palabra *yes* de inglés).

B. Traducimos *or* por la palabra **o**, pero si la palabra que sigue empieza con el sonido [o] (representado por las letras *o, ho*), usamos *u* en lugar de *o*.

EJS: **minutos u horas; siete u ocho; uno u otro**

C. *But* tiene tres traducciones: **pero, sino** y **sino que**. Generalmente se usa 'pero', excepto en los siguientes casos:

Para usar *sino* se necesitan dos condiciones:

1. La primera parte es negativa.

    EJ: **No es Pedro, sino Juan.**

2. La segunda parte contrasta con la primera. Para tener contraste las dos partes deben ser de la misma categoría gramatical, por ejemplo, dos nombres o dos adjetivos. Tampoco hay contraste si las dos partes no tienen la misma clase semántica. Por ejemplo, *gordo* y *flaco* están en la misma escala semántica, pero *gordo* y *rico* no son de la misma clase, y no se pueden «contrastar».

    EJS: **José no murió rico sino pobre.**
    José nunca fue rico, pero sí feliz.

Sino que se usa en lugar de *sino* cuando las dos partes tienen verbos conjugados:

EJ: **José no vino a la fiesta, sino que se quedó viendo TV.**

Es muy común usar esta doble combinación: **no sólo... sino (que) también** (*not only . . . but also*).

EJ: **José no sólo estudia, sino que también trabaja.**

II. Adverbios en *-mente* (*-ly*)

La función de los adverbios es modificar la acción de un verbo, indicando cómo se realizó la acción. Formamos los adverbios según el esquema siguiente:

A. Los adjetivos descriptivos se convierten en adverbios con la terminación -**mente**, que se añade a la forma <u>femenina</u> del adjetivo. Si el adjetivo tiene acento escrito, es necesario conservar ese acento.

EJS: **correcto = correctamente / fácil = fácilmente / triste = tristemente**

B. Si tenemos dos o más adverbios juntos, solamente le ponemos *-mente* al último. Los demás mantienen la forma femenina del adjetivo.

EJS: **Habló clara, concisa y amablemente.**

III. *Hacer* + (tiempo) / *Llevar* + (tiempo)

Hay muchas expresiones de tiempo en español que usan el verbo hacer o llevar. Observe los siguientes ejemplos y presta atención a los tiempos verbales (*verb tenses*):

A. Observe los siguientes ejemplos para expresar la duración de un evento:

1. **Hace tres años que vivo aquí.** (I've been living here for three years.)

2. **Vivo aquí hace tres años.** (I've been living here for three years.)

3. **Vivo aquí desde hace tres años.** (I've been living here for three years.)

   Usamos **hace +** una expresión de *tiempo* y un verbo en el **presente** de indicativo para indicar la duración de una acción hasta el momento presente. Si se pone la forma **hace** antes del verbo se usa *que*, pero no si va después del verbo (compare número 1 y número 2.) Cuando va después, se puede usar *desde,* como en número 3.

B. Cuando queremos indicar que una acción ocurrió en el pasado, usamos la forma **hace,** pero con el pretérito:

1. **Hace tres años que estuve en México.** (*I was in Mexico three years ago.*)

2. **Estuve en México hace tres años.** (*I was in Mexico three years ago.*)

Aquí la expresión con **hace** con una expresión de *tiempo* se combina con el pretérito para indicar *ago.* Como en los ejemplos de la letra A, se usa **hace +** expresión de *tiempo* **+ que** antes del verbo (número 1) y se elimina **que** después del verbo (número 2).

C. 1. *Hacía una hora que* llovía. (*It had been raining for an hour.*)

2. **Llovía hacía una hora.** (It had been raining for an hour.)

3. **Llovia desde hacía una hora.** (It had been raining for an hour.)

Con el imperfecto (**llovía**) sólo se puede usar el imperfecto de *hacer:* **hacía.** Como en el presente, se usa **hacía +** *tiempo* **+ que** antes del verbo, y la palabra **que** se pierde cuando va después.

D. Es posible también expresar la duración usando el vebo llevar como en los ejemplos siguientes:

1. **Llevo tres años en Denver.** (*I have been in Denver for three years.*)

2. **Llevo tres años sin fumar.** (I haven't smoked for three years.)

3. **Llevo tres años trabajando.** (I have been working for three years.)

Este uso idiomático de *llevar* (*to carry*) no es tan frecuente como las expresiones con **hace+** expresión de *tiempo.* Observe que en número 2 se usa el infinitivo **fumar** después de una preposición. Si no hay preposición, se usa el participio progresivo, como en número 3, **trabajando.**

PRACTIQUE LA GRAMÁTICA

1. Traducimos *and* por la palabra *y*, pero si la palabra siguiente comienza con el sonido [i], usamos la palabra _______________. Para el sonido [i] hay dos maneras posibles para escribir este sonido: _______________ y _______________.

2. *Hierro* (*iron*) empieza con *hi*, pero por tener el diptongo *ie*, la *i* se pronuncia [_______________] y no se aplica la regla anterior. Por eso decimos **petróleo** _______________ **hierro**. (*and*)

3. Decimos **o** para el inglés *or*, pero si la palabra que sigue empieza con el sonido [o], usamos la forma _______________. Para el sonido [o], hay dos maneras posibles para escribirlo: _______________ y _______________.

4. Para usar *sino* entre dos palabras, la primera parte tiene que ser _______________.

5. Para usar *sino* las dos partes tienen que _______________ semánticamente, es decir, tiene que haber una oposición.

   EJ: **No llegó Juanito** _______________ **su hermano.**

6. Si las dos partes que se contrastan son dos verbos conjugados, se usa _______________ en lugar de *sino*.

   EJ: **No quiere estudiar** _______________ **prefiere trabajar.**

7. El infinitivo y los participios no son formas conjugadas porque no cambian para las diferentes personas. Por eso se usa _______________.

   EJ: **No quiere comer** _______________ **dormir.**

8. La terminación adverbial **-mente** se añade a un adjetivo. ¿En cuál forma, la masculina o la femenina? _______________.

   EJ: El adverbio de *bueno* es: _______________.

9. Si un adjetivo tiene acento escrito, ¿se conserva ese acento con el adverbio? _______________.

   EJ: El adverbio de *rápido* es: _______________.

10. Si hay una lista de dos o tres adverbios, sólo el _______________ adquiere la forma **-mente.** Los demás se mantienen como adjetivos en su forma _______________.

11. La expresión de **Hace +** expresión de *tiempo* se puede poner antes o después del verbo, pero cuando va antes hay que añadir la conjunción _______________. La frase **Hace una hora que estacioné el carro** es lo mismo que **Estacioné el carro** _______________.

12. En el pasado, la expresión **hacía** con una expresión de *tiempo* nunca se combina con el pretérito, solamente con el ______________.

    EJ: **Hacía una hora que (yo) te** ______________ (*had been waiting*).

13. Otra manera de decir **Llevo un año en Miami** es ______________ **vivo en Miami.**

14. La única forma verbal que puede ir después de una preposición es el infinitivo. ¿Cómo se completa la oración **José lleva tres días sin** ______________ (*eating*)?

EJERCICIOS

RESPUESTAS p. 233

A. Complete las oraciones con la traducción de las palabras que están en paréntesis.

1. Isabel ______________ Dorotea son bonitas ______________ inteligentes. (*and*)

2. El agua tiene dos elementos químicos: oxígeno ______________ hidrógeno. (*and*)

3. ¿Cuántos años tiene tu abuelo, setenta ______________ ochenta? (or)

4. Dos metales valiosos son oro ______________ hierro. (*and*)

5. Andrés Segovia no tocaba el violín ______________ la guitarra. (*but*)

6. No me importa si son minutos ______________ horas. (or)

7. Esto no es la entrada al aeropuerto ______________ la salida. (*but*)

8. Visitamos las pirámides de México ______________. (*three years ago*)

9. La acera no es para los carros ______________ para los peatones. (*but*)

10. No tomamos la autopista ______________ fuimos por las calles. (*but*)

11. Mi amigo ya lleva dos noches sin ______________. (*sleeping*)

12. Isabel no es alta, ______________ es atractiva. (*but*)

13. Carolina vio la señal de ALTO, ______________ no se paró. (*but*)

14. Los peatones no se detuvieron, ______________ siguieron caminando. (*but*)

15. No sólo de pan vive el hombre, ______________ de chocolate. (*but also*)

16. Ese chofer es experimentado; ya lleva veinte años ______________ autobuses. (*driving*)

17. No te conviene comprar otro carro ______________ arreglar el viejo. (*but*)

18. _______________ una hora que esperábamos el autobús. (*It had been*)

19. El taxista estacionó su auto aquí _______________. (*an hour ago*)

20. ¿Cuánto tiempo _______________ esperando aquí? (*have you been*)

RESPUESTAS p. 233

B. Escriba los adverbios derivados de los siguientes adjetivos.

1. tonto → _______________.   4. triste → _______________.

2. fácil → _______________.   5. cortés → _______________.

3. feliz → _______________.   6. malo → _______________.

RESPUESTAS p. 234

C. Combine las dos oraciones en una, utilizando una expresión con *hacer*+ una expresión de tiempo + *que*. Cuidado con los tiempos verbales.

EJ: **Pasaron dos años. Estudio español.**
Hace dos años que estudio español.

1. Pasaron dos meses. Vivo aquí. _______________.

2. Pasó una hora. Esperaba el autobús. _______________.

3. Pasaron dos años. Ella visitó Madrid. _______________.

4. Pasaron veinticinco años. Mis papás se casaron. _______________.

5. Pasó una hora. Corrías por el parque. _______________.

6. Pasó un día. Tus papás se fueron. _______________.

7. Pasó un rato. Ella regateaba el precio del pan. _______________.

8. Pasó un mes. Te echo de menos. _______________.

¡ATENCIÓN!   Algunos verbos problemáticos

A. *To play* = jugar / tocar / desempeñar

1. *Jugar* significa *to play a game*. En muchos países, se usa *a* delante del deporte, pero en otros no. *Jugar dinero* se usa para *to gamble*.

EJ: **Usted juega al fútbol. (Ud. juega fútbol.)**

2. *Tocar* significa *to play* si está relacionado con la música y los instrumentos.

EJ: **¿Sabe usted tocar alguna composición de Beethoven?**

3. *Desempeñar un papel* se usa para *to play a role*.

EJ: **El gerente desempeña un papel importante.**

B. *To realize* = darse cuenta / realizar (lograr)

  1. Cuando *to 'ealice* significa **tener conocimiento de algo**, usamos *darse cuenta* (*de*) *que*. La preposición *de* se omite con frecuencia en el español moderno.

     EJ: **Ella se dio cuenta (de) que no tenía razón.**

  2. Cuando *to realize* significa **llevar a cabo, hacer realidad**, se usan *realizar* o *lograr*.

     EJ: **Carlitos realizó (logró) maravillas usando sólo su imaginación.**

C. *To leave* = salir (de) / marcharse / dejar

  1. *Salir* se usa para indicar la idea de *to go out, go away*. Hay que incluir la preposición *de* cuando se menciona el punto de partida.

     EJ: **Nosotros salimos de casa a las ocho.** (We *leave home at eight.*)

  2. *Marcharse* se usa en España más que *salir*. También necesita la preposición *de* cuando se menciona el punto de partida.

     EJ: **El tren se marchó de la estación.** (*The train left the station.*)

  3. *Dejar* se usa para indicar la idea de **poner algo en su lugar**. No necesita preposición.

     EJ: **Dejé el abrigo sobre la cama.** (*I left the coat on the bed.*)

  4. Dejar de + *infinitivo* significa **parar**, *to stop doing something, to quit*.

     EJ: **Hace un año que dejé de fumar.** (*I quit smoking a year ago.*)

RESPUESTAS p. 234

D. Complete las oraciones con el verbo apropiado en pretérito. Puede usar algunos verbos dos veces.

darse cuenta	dejar de	jugar	marcharse	salir
dejar	desempeñar	lograr	realizar	tocar

  1. Cuando leí la noticia, _______________ del error.

  2. Mi amiga Luisa _______________ el piano ayer en un concierto.

  3. ¿A qué hora _______________ Juanito de la fiesta?

  4. El delantero _______________ un papel importante en el fútbol.

  5. Tú _______________ demasiado dinero en la ruleta.

  6. Ya no te veo fumar más. ¿Cuándo _______________ fumar?

  7. ¿Qué equipos _______________ ayer en el estadio?

  8. ¿A qué hora _______________ tu casa para ir al trabajo?

  9. Mi abuelo _______________ su sueño de comprar una finca.

  10. Se me olvidaron los libros. Los _______________ en la mesa.

  11. El presidente _______________ un papel importante como líder del país.

  12. El verano pasado (yo) _______________ dos de mis proyectos.

16 En el banco
(At the Bank)

abonar, pagar	to pay	el despacho, la oficina	office
la acción	stock, share; action		
ahorrar[1]	to save	la(s) divisa(s)[3]	foreign money
al contado, en efectivo	cash	endosar	to endorse
		en serio	seriously
a plazos	in installments	la factura, la cuenta	invoice, bill
la bolsa (de valores)	stock market	fuerte	strong, loud
la broma	joke	la ganancia	earnings
la caja fuerte	safe (*box*)	el / la gerente	manager
el / la cajero(a)	teller, cashier	la hipoteca	mortgage
el cajero automático	ATM	el impuesto, IVA[4]	tax, value added tax
cambiar	to exchange		
el cambio[2]	exchange, change	lujoso(a)	luxurious
la cartera	wallet, billfold	la pérdida	loss
cómico(a)	comical, funny	el préstamo	loan
el / la cómico(a)	comedian	prestar	to loan, lend
la cotización	rate (*of exchange*)	el presupuesto	budget
la cuenta corriente	checking account	el salario, sueldo	salary, wages
la cuenta de ahorros	savings account	tarjeta de débito	debit card
débil	weak	valer la pena	to be worthwhile
depositar	deposit	valioso(a), caro	valuable, expensive

NOTAS

1. *Ahorrar* es *to save*; en español e inglés podemos **ahorrar tiempo** (save time) y **ahorrar dinero**. En sentido figurado se oye **ahorrarse molestias, ahorrarse problemas** (save yourself trouble/problems). En inglés, puedes *save a seat, save/keep your words (to yourself)* y otras cosas. En este caso, usamos *guardar(se)* en español.

2. *Cambio* significa *change* de cualquier clase, y si es de divisas, *exchange*. En algunos países se usa *cambio* para hablar de las monedas (*coins*), en otros países se usa *feria, calderilla, vuelto, vuelta*.

3. *Divisas* se usa más en plural que en singular, y significa *foreign money*, se supone que de cualquier país. Sin embargo, casi siempre se identifica con dólares, porque es la moneda del comercio internacional.

4. En España y en México se está usando el término *IVA* para *impuestos* a la venta de productos y servicios en las dos últimas décadas. Las siglas *IVA* significan «Impuesto al Valor Agregado».

PRACTIQUE LAS PALABRAS NUEVAS

RESPUESTAS p. 234

A. Complete el siguiente diálogo entre un estudiante extranjero y un empleado del banco.

EMPLEADO: Buenas tardes, joven. ¿En qué _____________ servirle?
(1.)

JOVEN: Quiero _____________ cuatrocientos dólares en pesos mexicanos.
(2.)

EMPLEADO: Me alegro, porque en México necesitamos muchas _____________ para importar cosas de EU y de Europa.
(3.)

JOVEN: ¿Cuál es la _____________ (*rate*) del dólar hoy?
(4.)

EMPLEADO: Hoy está a 20,47 pesos por dólar. Ayer pagamos el dólar a 20,37. Eso quiere decir que entre ayer y hoy el dólar _____________ diez centavos.
(5.)

JOVEN: Eso se parece a la _____________ de valores de Nueva York, donde el precio de las acciones sube y baja sin saber por qué.
(6.)

EMPLEADO: Hablando de dinero, si no quiere llevar muchos pesos _____________ puede abrir una cuenta _____________ y pagar con la tarjeta de débito.
(7.)   (8.)

JOVEN: Buena idea. Además, todos estos pesos que acaba de darme no caben en mi _____________.
(9.)

EMPLEADO: ¿No le gustaría abrir una _____________ con nosotros?
(10.)

JOVEN: Está bien. ¿Cuánto dinero debo _____________ para abrir la cuenta?
(11.)

EMPLEADO: Quinientos pesos.

JOVEN: Muchas gracias. Se lo ______________ (*thank*) de verdad.
(12.)

RESPUESTAS p. 234

B. Complete las oraciones con una palabra o expresión de las siguientes. Haga los cambios que sean necesarios, según el contexto.

ahorrar	cajero(a)	endosar	hipoteca	préstamo
al contado	cómico	factura	impuesto	presupuesto
a plazos	débil	ganancia	lujoso	sueldo
broma	despacho	gerente	pérdida	valer la pena

1. Para obtener un préstamo para comprar una casa, se necesita hacer una ______________ en el banco.

2. La compañía telefónica manda la ______________ todos los meses.

3. Un profesor universitario recibe un ______________ más alto que un maestro de primaria.

4. No aceptamos tarjetas de crédito ni cheques; tiene que pagar ______________.

5. Es más fácil gastar el dinero que ______________.

6. Algunos estados no aplican ______________ a la comida.

7. El Cadillac es uno de los carros más ______________ de Estados Unidos.

8. Me reí tanto y tan fuerte que el cuerpo sentía ______________.

9. Para poder cobrar un cheque es necesario ______________.

10. La secretaria del médico trabaja en un ______________ muy grande.

11. Pepito siempre está haciendo ______________ pesadas. Esta mañana me puso sal en el café.

12. Si no puedo comprar el carro nuevo en efectivo, pido un ______________ al banco.

13. El país tiene un gran déficit en su ______________ nacional. Los políticos hablan de balancearlo ahora.

14. Estoy pagando el préstamo del coche ______________ mensuales.

15. El ______________ de una empresa debe tratar bien a los empleados.

16. El Mercedes es un auto muy caro, pero ______________ porque dura muchos años.

17. Es difícil ser ______________; tienes que ser chistoso y hablar libremente en frente de una audiencia.

18–19. En la declaración de impuestos hay que declarar tanto las ______________ como las ______________.

20. Hoy día (*Nowadays*) se necesitan menos ______________ porque los cajeros automáticos (ATM) no necesitan personal directo.

GRAMÁTICA   Comparativos y superlativos

I. Comparativo de igualdad. Para hacer una comparación entre dos cosas iguales, se usa una de las construcciones siguientes:

1. tan + *adjetivo* + como: *as + adjective + as*:

    EJ: Juan es tan alto como yo. (*John is as tall as I am.*)

    tan + *adverbio* + como: *as + adverb + as*:

    EJ: Corres tan rápidamente como yo. (*You run as quickly as I do.*)

2. *Verbo* + tanto + como: *verb + as much as*

    EJ: Lees tanto como yo. (*You read as much as I do.*)

3. tanto (a) + *nombre* + como: *as much + noun + as*

    EJ: Tienes tanta plata como yo. (*You have as much money as I do.*)

    tantos (as) + *nombre* + como: *as many + noun + as*

    EJ: Tienes tantas casas como yo. (*You have as many houses as I do.*)

    Más ejemplos: Gloria es *tan bonita como* Elena. (*adjetivo*)
    Gloria trabaja *tanto como* Elena. (*verbo*)
    Gloria tiene *tanto frío como* Elena. (*nombre*)
    Gloria tiene *tantas tías como* Elena. (*nombre*)

    Observe que ***much*** y ***many*** no tienen traducción en las expresiones anteriores. Note también que ***tanto**(a)*, ***tantos**(as)* concuerdan con el nombre en género y número.

    EJ: Ella estudia ***tanto como*** yo. (*She studies as much as I do.*)

II. Comparaciones de desigualdad. Para hacer comparaciones entre cosas desiguales, o sea, de *more than/less than*, usamos las construcciones siguientes:

A. Con nombres, adjetivos y adverbios se usa ***que***.

más (*more*)		adjetivo/adverbio/	que (*than*)
menos (*less, fewer*)	+	sustantivo	

    EJS: Tengo más amigos que enemigos. (*I have more friends than enemies.*)
    Gloria es menos alta que Elena. (*Gloria is less tall than Helen.*)
    Trabajo más rápido que tú. (*I work faster than you do.*)

B. Con números y cantidades, se usa '***de***':

    Más / menos + de + *número / cantidad = more / less + than +* (number / quantity)

EJS: ¿Tiene Ud. *más de* cinco dólares? (*Do you have more than $5.00?*)
Compré *más de* lo que quería. (*I bought more than I wanted.*)

C. Para indicar una cantidad exacta de un modo idiomático, se usa *más que*.
También se puede usar *sino*.

No + *verbo* + más que + (*número*) = (verb) + *exactly* + (number)

EJS: No tengo *más que* cinco dólares. (*I have <u>exactly</u> five dollars.*)
No trabajo *sino* treinta horas. (*I work <u>only</u> (exactly) thirty hours.*)

III. **Superlativos.** Para expresar un superlativo, usamos una de las siguientes
construcciones:

A. Note que los artículos **el / la, los / las** concuerdan con el sustantivo en
género y número. La preposición *in* del inglés se traduce por *de*.

EJS: José es *el más* alto *de* la clase. (*José is the tallest boy <u>in</u> the class.*)
Elena es *la más* linda *de* la clase. (*Elena is the prettiest <u>in</u> the class.*)

B. Algunos adjetivos y adverbios tienen comparativos y superlativos
especiales.

bueno / bien	mejor	*better*	el / la mejor	*best*
malo / mal	peor	*worse*	el / la peor	*worst*
grande	mayor	*greater; bigger*	el / la mayor	*biggest*
pequeño	menor	*smaller*	el / la menor	*smallest*

Las formas **mayor** y **menor** se usan también para traducir la idea de
older / younger, pero con usos específicos. Estas palabras existen al lado
de las formas **más grande** cuando hablamos de tamaño físico y **más
jóven** cuando nos referimos a la edad de una persona. El adjetivo **mayor**
se usa también en lugar de **viejo** para hablar de la edad de una persona.

Ejemplos:

Mi hermano es mayor/más grande? ¿Joven? que yo. (My brother is older
than I am.)

Mi hermana es más joven/más pequeña que yo. (My sister is younger
than I am.)

Mi abuelo es una persona mayor. (My grandfather is an old(er) person.)

Se usa la palabra **mayor** para hablar de tamaño físico (Mi cuarto es
mayor que el suyo. *My room is bigger than his.*). Sin embargo, **más
grande** es más común en esta construcción en el habla diaria. Al contrario,
menor que no se usa para hablar de tamaño físico. (Su cuarto es **más
pequeño** que el mío. *His room is smaller than mine*). Pero sí se puede
usar **menor** como palabra descriptiva, al lado de **pequeño**. (Mi hermano
menor es padre. *My younger brother is a father.*)

   C. El superlativo absoluto se forma con la adición de la terminación -ísimo a un adjetivo, e indica el equivalente a *very* o *extremely* del inglés. Es el mismo significado de **muy + *adjetivo***. Si el adjetivo termina en vocal, se elimina esa vocal: **grande** → **grandísimo, malo** → **malísimo**. Si el adjetivo termina en consonante, se añade -ísimo al adjetivo completo: **fácil** → **facilísimo**.

   D. El superlativo -ísimo también se usa con los adverbios que terminan en -mente, y se añade a la forma femenina del adjetivo: **rápido** → **rapidísima** → **rapidísimamente**.

     La expresión **lo más + *adjetivo* / *adverbio* + posible** se traduce *as + adjective / adverb + as possible*.

     EJ: **Se fueron lo más lejos posible.** (*They went as far as possible.*)

PRACTIQUE LA GRAMÁTICA

RESPUESTAS
p. 234

1. Los comparativos **tan / tanto(s) / tanta(s)**, siempre se complementan con la conjunción ______________.

2. Las formas de la palabra **tanto** tienen el mismo género y número que el ______________.

   EJ: **Tengo** ______________ **libros como tú.**

3. La palabra **tan** es la forma corta de **tanto** y sólo se usa antes de adjetivos y ______________.

   EJ: **Tu cuarto es** ______________ **grande como el mío.**

4. ¿Cómo se traduce **tanto** en **No gano tanto dinero como tú?**: ______________

5. ¿Cómo se traduce **tantos** en **Tengo tantos hermanos como tú?**: ______________.

6. Las palabras *más* y *menos* se complementa con la conjunción ______________ cuando van delante de un nombre, un adjetivo o un adverbio, pero si sigue un número se complementa con ______________. Por ejemplo, **Tengo más** ______________ **un carro.** *I have more than one car.*

7. También los adverbios *más / menos* ______________ precede la idea de una cantidad abstracta, por ejemplo, en casos como **Trabajé más** ______________ **lo que Ud. esperaba.**

8. Una expresión idiomática para enfatizar la idea de una cantidad exacta es **No tengo más que (dos)**, y se traduce al inglés como *I have* ______________.

9. En la expresión **No tengo más que dos**, se puede cambiar *más que* por ______________.

10. ¿Cómo se traduce *in* del inglés en expresiones como *the best in the world*? _______________.

11. ¿Cómo se traduce *the worst in* en oraciones como *This room is the worst in the hotel*? **Este cuarto es** _______________ **hotel**.

12. ¿Cómo se traduce *mayor* al comparar la edad de las personas? _______________. ¿Y cómo se traduce lo contrario, *menor*? _______________.

13. Si decimos que una persona es **mayor** (sin comparar), ¿cómo se traduce esto al inglés? _______________.

14. ¿Cómo se traduce la expresión *as soon as possible*? _______________.

15. Otra manera de decir **muy linda** en español es _______________.

16. La persona optimista siempre busca _______________ (*the best*). En cambio un pesimista sólo ve lo malo, _______________ (*the worst*).

17. Lo contrario de la velocidad **mínima** es la velocidad _______________.

EJERCICIOS

RESPUESTAS p. 234

A. *¿Quiere saber algo de mi familia?* Complete la siguiente historia con las palabras sugeridas en inglés entre paréntesis.

En mi familia somos cinco personas: mi padre, mi madre, mi hermano _______________ (1. *older*), mi hermana _______________ (2. *younger*) y yo. Mi padre tiene casi tres años _______________ (3. *more than*) mi madre, y mi hermano tiene dos años _______________ (4. *more than*) yo. Mi hermana es _______________ (5. *taller than*) mi madre. Mi madre trabaja _______________ (6. *as much as*) mi padre, pero gana _______________ (7. *less money than*) él. Mi hermano mayor es el _______________ (8. *the tallest in*) la familia; en otras palabras, mi hermano es _______________ (9. *very tall*) Mi madre es _______________ (10. *the best cook in the*) mundo, y mi padre come _______________ (11. *more than*) nadie en la familia. En la casa tenemos _______________ (12. *more than*) dos televisores, porque cada uno siempre quiere ver distintos programas.

RESPUESTAS p. 235

B. Complete las oraciones siguientes con la traducción de las expresiones entre paréntesis.

1. Ella maneja el coche _______________ yo. (*better than*)

2. Paco se fue a su casa _______________ temprano _______________ tú. (*earlier than*)

3. Los norteamericanos no comen _______________ los españoles. (*as much as*)

4. El conserje no trabaja ______________ horas ______________ el botones. (*as many as*)

5. Un cuarto sencillo no es ______________ grande ______________ uno doble. (*as . . . as*)

6. Este hotel tiene ______________ doscientos cuartos. (*more than*)

7. No puedo comprarlo porque tengo ______________ un dólar. (*less than*)

8. José es el muchacho ______________ clase. (*the tallest in*)

9. Mi esposa es ______________ yo. (*younger than*)

10. Los turistas viajaron ______________ lo que originalmente planearon. (*more than*)

11. Gloria tiene ______________ hambre ______________ Elena. (*as . . . as*)

12. Traté de llegar ______________ posible, (*as soon as*)

13. La semana pasada no trabajé ______________ ésta. (*as much as*)

14. En esta clase hay ______________ un guatemalteco. (*more than*)

15. No te puedo prestar dinero. No tengo ______________ cinco dólares. (*exactly*)

16. Otra manera de decir **muy grande** es ______________.

17. Otra manera de decir **muy rápido** es ______________.

18. Una manera cortés de decir **anciano** es ______________.

RESPUESTAS p. 235

C. Forme el superlativo en *-ísimo* de los siguientes adjetivos. (Recuerde el cambio de la letra *z* en *c*, como en *feliz* ã *felices*, y la letra *c* en *qu*, como en *sacar* ã *saqué*.)

1. rápido ______________   6. simpático ______________

2. feliz ______________   7. fácil ______________

3. rico ______________   8. lujoso ______________

4. malo ______________   9. débil ______________

5. veloz ______________   10. seco ______________

RESPUESTAS p. 235

D. Escriba oraciones completas con las palabras siguientes, en el orden dado. Tiene que añadir artículos, preposiciones, pronombres, y hacer la concordancia que corresponda.

1. mi / abuelos / tener / más dinero / mi / padres

____

2. Carlos / no / tener / tan / bueno / notas / Lola

____

3. a mí / gustar / pollo / más / carne de vaca

____

4. ella / oír / más / diez discos / todo / días

____

5. Marta / ser / muchacha / más / alto / la clase

____

¡ATENCIÓN!   Más verbos problemáticos

A. *To save:* ahorrar / salvar / guardar

  1. *Ahorrar* significa no usar dinero, tiempo, energía, papel, etc.. Es lo contrario de **gastar** (*to spend*) y **malgastar** (*to waste*):

   EJ: **Todos debemos ahorrar electricidad para ahorrar dinero.** (*We must all save electricity to save money.*)

  2. *Salvar* significa *to rescue*, por ejemplo, una cosa o una persona de un peligro:

   EJ: **El salvavidas salvó al niño de ahogarse en el mar.** (*The lifesaver saved (o rescued) the boy from drowning in the sea.*)

  3. *Guardar* quiere decir poner en un lugar seguro (*to save, keep safe*):

   EJ: **Guardé el dinero en la cartera.** (*I kept the money in the wallet.*)

B. *To look:* parecer / mirar / buscar / cuidar / examinar / asomarse. La expresión *to look* tiene muchos equivalentes en español, según la preposición con la que se usa.

  1. *Parecer* tiene el significado de *to look* o *to seem* cuando no tiene preposición:

   EJ: **José parecía triste.** (*José looked / seemed sad.*)

  2. *Parecerse* significa *to look like/alike*:

   EJ: **El hijo se parece al padre.** (*The son looks like the father / The father and son look alike.*):

  3. *Mirar* significa *to look at.* Recuerde que, si el objeto directo es una persona, se necesita una *a* en español, pero no significa *at:*

   EJ: **Ud. ve televisión por horas y horas.** (*You watch TV for hours and hours.*)

   EJ: **El bebé mira a su mamá.** (*The baby looks at his mother.*)

  4. *Buscar* significa *to look for,* y recuerde que no se traduce la preposición *for:*

   EJ: **Busqué mi libro en todas partes y no lo encontré.** (*I looked for my book everywhere and didn't find it.*)

5. *Cuidar* significa *to look after* o *to care for*, y no se traduce las preposiciones *after* o *for*:

   EJ: **Voy a cuidar tu casa durante tus vacaciones.** (*I'm going to look after your house during your vacation.*)

6. *'Examinar'* quiere decir *to look over.* No se debe confundir con *mirar por encima*, que significa mirar superficialmente, algo así como *to take a look*:

   EJ: **Voy a examinar el libro.** (*I am going to look over the book.*)

7. *Asomarse* significa *to look out (from)* y se usa con la preposición *a* o *por*:

   EJ: **Ella se asoma a (por) la ventana.** (*She looks out (from) the window.*)

8. La expresión *¡Cuidado!* es el equivalente de *Look out!* en inglés:

   EJ: **¡Cuidado! El árbol se cae.** (*Look out! The tree is falling.*)

RESPUESTAS p. 235

E. Complete las oraciones con uno de los verbos siguientes usando el pretérito.

ahorrar	buscar	cuidar	guardar	mirar	parecerse
asomarse	¡Cuidado!	examinar	malgastar	parecer	salvar

1. Cuando Ud. _______________ la vida de ese niño en la piscina, se convirtió en un héroe.

2. Cuando la gente _______________ energía eléctrica, luego tiene que pagar una cuenta mensual muy alta.

3. ¿Quién _______________ tu perro durante tu viaje a Hawaii?

4. El profesor _______________ bien el libro antes de recomendarlo en sus clases.

5. Vine a la universidad en la bici, y así _______________ gasolina.

6. Ellos _______________ un apartamento barato, pero no lo encontraron.

7. El sur de California _______________ mucho al sur de España. (*Use the present tense.*)

8. La niñita _______________ a la puerta, pero entró enseguida porque tenía miedo.

9. Después que pagó, _______________ la cartera en el bolsillo del pantalón.

10. _______________ Hay un perro rabioso en medio de la calle.

11. Ayer hubo un programa interesante en la TV. ¿Lo _______________ usted?

12. ¿Qué te _______________ el concierto del domingo?

17 El cuerpo humano
(The Human Body)

abrazar	to embrace	la mano	hand
el antebrazo	forearm	la muñeca	wrist; doll
la boca	mouth	el muslo	thigh
el brazo	arm	la nariz	nose
el cabello, el pelo[1]	hair	el oído[4]	inner ear, hearing
la cabeza	head	el ojo	eye
el codo[2]	elbow	oler (ue)	to smell
el corazón	heart	el olfato	smell (*sense*)
el cuello	neck, collar	la oreja[4]	*(outer)* ear
dar la lata, fastidiar	to annoy, bother	el pecho[6]	chest, breast
		la pestaña	eyelash
el dedo; el dedo de pie	finger; toe	el pie	foot
		la pierna	leg
de mala gana	reluctantly, begrudgingly	poner peros	to find faults
		el pulmón	lung
la espalda[3]	back (*of the body*)	la rodilla	knee
la garganta	throat	la sangre	blood
el hombro	shoulder	el seno	breast
el hueso	bone	el tobillo	ankle
latir	to beat (*heart*)	la uña[5]	fingernail, toenail

NOTAS

1. *Cabello* y *pelo* se usa exclusivamente para *hair* en la cabeza de una persona, mientras que **vello** se usa para *hair* en cualquier parte del cuerpo de una persona. *Pelón* es otra palabra para *calvo* (*bald*) y **peludo** es una persona que tiene *long hair* o *a lot of hair*, según los países. También se usa **cabellera** para *long hair*.

2. *Codo* significa *elbow*, y se encuentra en muchas expresiones. La expresión **hablar por los codos** es *to talk too much*; **empinar el codo** es *to drink too much*. Además, la expresión **codo con codo** equivale a shoulder to shoulder/ side by side. **Romperse los codos** es *to work very hard*. En México, llamar **codo** a una persona es acusarlo de ser *stingy* o *cheap* (**tacaño**).

3. *Espalda* significa **back**, pero sólo para referirnos a personas o animales. En los demás casos, como *back of a chair* se usa **respaldo**, y *to back* a una persona es **respaldar**.

4. No se debe confundir **oreja** (*outer ear*) con **oído** (*inner ear*). **Oído** también significa *hearing*.

5. Note que en español, no distinguimos entre las dos palabras distintas **los dedos del pie** (*toes*) y **los dedos de la mano** (*fingers*). Igualmente, **uña** se usa para *fingernail* y *toenail*.

6. *Pecho* tiene el doble significado de *chest* y de *breast*. Para *breast* de pollo y otros pájaros se usa **pechuga**, y para *chest* de otros animales se usa **pechera**.

PRACTIQUE LAS PALABRAS NUEVAS

A. Subraye la palabra o expresión que completa la oración.

1. Las manos y los pies tienen (muñecas, tobillos, dedos, codos).

2. En la pierna tenemos el / la (codo, cuello, uña, rodilla).

3. Para oler usamos el / la (pulmón, nariz, hombro, espalda).

4. La parte que separa la cabeza del cuerpo es el / la (garganta, espalda, cuello, olfato).

5. La parte más dura del cuerpo es el / la (hueso, corazón, sangre, rodilla).

6. Respiramos con los / las (pestañas, orejas, pulmones, gargantas).

7. Podemos tocar con todo el cuerpo, pero generalmente lo hacemos con los / las (pies, brazos, rodillas, manos).

8. La parte que separa la mano del brazo es el / la (tobillo, muñeca, rodilla, hombro).

9. Doblamos los brazos por el / la (tobillo, muslo, rodilla, codo).

10. Las manos y los pies terminan en los / las (tobillos, uñas, pestañas, orejas).

B. Complete la oración con la palabra adecuada.

1. Tenemos cinco sentidos (*senses*): el gusto, el oído, la vista, el tacto y ________________.

2. Lo que cubre la cabeza es el ________________ o ________________.

3. Detrás del cuerpo tenemos la espalda; delante, tenemos el ________________.

4. Vemos con los ojos y olemos con ______________.

5. En inglés, sólo tenemos diez *fingers*; en español, sin embargo, podemos decir que tenemos veinte ______________.

6. El órgano que late en nuestro pecho es ______________.

7. El líquido vital que corre por todo el cuerpo es la ______________.

8. Los extremos de los dedos están cubiertos por las ______________.

9. Para abrazar, usamos los ______________.

10. La comida pasa de la boca al estómago por la ______________.

11. La parte exterior del oído se llama la ______________.

12. Los perros tienen mejor oído y mejor ______________ que las personas.

13. La parte más gruesa de la pierna es el ______________.

14. Doblamos la pierna por la rodilla, y el brazo por el ______________.

15. Para hacer sus ojos más lindos algunas mujeres se pintan las ______________.

RESPUESTAS p. 235

C. Muchas de las siguientes expresiones usan palabras relacionadas con el cuerpo. Complete las oraciones con una de las expresiones siguientes, haciendo los cambios que sean necesarios.

codo con codo	doler la garganta	romperse el tobillo
cortarse el cabello	empinar el codo	romperse los codos
dar la lata	hablar por los codos	ser codo
de mala gana	poner peros	tomar el pelo

1. Ya estás muy peludo. ¿Cuándo vas a ______________?

2. Ud. nunca está de acuerdo con los demás; siempre le ______________ a todo.

3. La semana pasada tuve un resfriado y me ______________.

4. Sí, es un borracho; le gusta ______________.

5. Carlitos no quería hacer la tarea; al fin la tuvo que hacer ______________.

6. ¿Ganaste medio millón en la lotería? No te creo; me estás ______________.

7. Mi hermano se cayó cuando esquiaba y se ______________.

8. Mi suegra no puede callarse; ella ______________.

9. El bebé duerme mucho de día y poco de noche; por eso nos ______________.

10. Mi padre trabaja demasiado; él se ______________ por nosotros.

11. Mi hermano mayor y yo siempre hemos estado muy unidos, ______________.

12. Mi tío no presta ni un centavo a nadie; él ______________.

GRAMÁTICA   Reglas del acento escrito

A. Todas las palabras del español (con excepción de los adverbios terminados en *-mente*) tienen un solo acento fonético (*stress*). Este acento fonético recae (*falls*) sobre la sílaba donde la palabra recibe la mayor intensidad en la voz (unos ejemplos en inglés: **ap**-ple; cor-**rect**; ab-so-**lute**-ly). En español, a veces es necesario usar un acento escrito [′], cuando corresponde ponerlo, en la vocal que tiene la mayor intensidad. También, llamamos esta sílaba *la sílaba tónica* (un término que hemos visto en capítulos anteriores).

B. Las tres reglas principales del acento escrito son las siguientes:

  a. Las palabras que terminan en **consonante** (menos **n** o **s**) reciben el acento naturalmente (o sea, **sin** necesidad de un acento escrito) en la última sílaba. Se llaman estas palabras *agudas* cuando siguen este patrón de acentuación. Por ejemplo: cara**col**, co**mer**, pa**red**, mar**fil**, contu**maz** (*stubborn*).

  b. Si la palabra termina en una **vocal, n** o **s**, la sílaba **penúltima** (*second-to-last, penultimate*) recibe naturalmente la acentuación. Se llaman estas palabras **llanas**, por ejemplo: **co**mes, **pe**ro, se**sen**ta, **co**rre, **bai**lan, **quie**ro

  c. Las palabras con la acentuación en la **antepenúltima** (*third-to-last, antepenultimate*) sílaba <u>*siempre*</u> reciben un acento escrito, porque no hay una regla que ponga el acento aquí naturalmente. Estas palabras se llaman **esdrújulas**. Unos ejemplos: **último**, **música**, **diálogo**, **íntimo**).

  d. Cualquier palabra que rompe las reglas mencionadas en (a) o (b) recibe un acento escrito (por ejemplo: **rubí** (termina en vocal y debe ser *llana*, pero se acentúa la *i* al pronunciar la palabra); **árbol** (termina en consonante y debe ser *aguda*, pero se acentúa la *a* al pronunciar la palabra). Otros ejemplos de palabras que rompen las reglas en (a) y (b): *lápiz*, *álbum, azúcar, champú, está*. De hecho, las palabras *esdrújulas* en (c) también rompen las reglas (a) y (b) y por eso *siempre* tienen acentos escritos.

C. Un diptongo es una sílaba con dos vocales juntas que siempre se necesita la vocal *i* o *u* para formarse. Sin embargo, hay que observar unas reglas más para conectar la pronunciación apropiada con la escritura de estas palabras.

  1. Escribimos un acento en la *í* y la *ú* para «romper un diptongo», o sea, dividirlo en dos sílabas distintas: **dí-a, mí-o, pa-ís, Ra-úl**. En las siguientes palabras, se puede ver las mismas combinaciones de vocales como las anteriormente mencionadas, pero como un diptongo, o sea una sola sílaba:

    com-pe-ten-cia, pre-mio, pai-sa-no, pau-sa.

En el diptongo, las vocales *i* y *u* son átonas (no recibe la intensidad de la voz). Cuando llevan acento escrito, el diptongo se rompe y se pronuncia las letras distintamente. Unos ejemplos adicionales: ac-**tuar** (to act), pero ac-**tú**-o (I act); **rí**-o (river), pero **rio** (he laughed); **gra**-cia (grace), pero es-**pí**-a (spy).

2. Existen palabras que se escriben igual, pero que tienen un significado distinto. En este caso, el acento diferencia el significado. Este acento es arbitrario, excepto en las palabras átonas, pero es obligatorio. Aquí tiene la lista de estas palabras:

tú (*you*): **Tú hablas español.**

tu (*your*): **Tu español es bastante bueno.**

mí (*me*): **Este helado es para mí.**

mi (*my*): **Mi helado es sólo mío.**

sé (*I know*): **Sé un poco de español.**

sé (*be*): **Sé sincero; di la verdad.**

se (*-self / selves*): **Ellos se divirtieron mucho.**

dé (*give*): **Dé(le) este libro a Juan.**

de (*of, 's*): **La casa de Juan.**

aún (*yet*): **Aún no he terminado.**

aun (*even*): **Aun cuando sea tarde...**

él (*he*): **Él sabe español.**

el (*the*): **El español es mi lengua nativa.**

más (*more*): **¿Quieres más café?**

mas (*but*): **Lo haré, mas no por dinero.**

sí (*yes*): **Sí, usted habla muy bien.**

sí (*himself*): **José se habla a sí mismo.**

si (*if*): **Si Ud. estudia, aprenderá mucho.**

té (*tea*): **¿Qué prefieres, café o té?**

te (*you*): **Te llamo mañana temprano.**

sólo (*only*): **Trabajo sólo dos horas.**

solo (*alone*): **José trabaja mejor cuando está solo.**

D. Notas importantes sobre el acento:

1. Recuerde que las palabras interrogativas llevan acento escrito, lo mismo en una pregunta directa que indirecta.

¿qué? *What?*	**¿cuánto?** *How much?*	**¿dónde?** *Where?*
¿quién? *Who?*	**¿cuántos?** *How many?*	**¿cuándo** *When?*
¿cuál? *Which?*	**¿de quién?** *Whose?*	**¿por qué?** *Why?*

EJ: **Quiero saber dónde vive y cuánto gana.** (*I want to know where he lives and how much he earns.*)

En frases exclamativas (¡ !) también se necesita acento escrito: **¡Qué calor! ¡Cuánta gente!**

2. Tradicionalmente, los pronombres como **éste, ése, aquél,** necesitan acento escrito. Estas palabras son adjetivos demostrativos cuando están antes del nombre y se convierten en pronombres cuando no están antes de un nombre. Los neutros **esto, eso, aquello,** nunca llevan acento escrito.

EJ: **Esta camisa roja me gusta más que ésa azul.** (*I like this red shirt more than that blue one.*)

Sin embargo, en las sugerencias más recientes de la Real Academia Española, ya no se obliga el uso sobre la vocal en los pronombres (Esta camisa roja me gusta más que **esa** azul.).

3. El acento debe escribirse tanto cuando usamos mayúsculas (*capital letters*) como minúsculas (*small letters*). Algunas editoriales no cumplen con esta regla para ahorrar dinero.

EJS: **Los Ángeles / Ángela / África**

PRACTIQUE LOS ACENTOS

RESPUESTAS p. 235

1. Una palabra en español sólo lleva _______________ acento fonético. Las palabras compuestas pierden el acento de la primera palabra. Por ejemplo, *toca + discos = tocadiscos*. El único acento fonético de esta palabra está en la sílaba _______________.

2. *Café* tiene acento escrito en la **e** porque termina en vocal y porque la intensidad de la voz está en la _______________ sílaba.

3. *Cafés* lleva acento escrito porque tiene la intensidad de voz en la última sílaba y la última letra es _______________. *Corres* también termina en s; ¿necesita acento escrito? _______________.

4. Las palabras *estás / están* necesitan acento escrito por la misma regla: terminan en **s** y **n**, y La intensidad de voz está en la _______________.

5. La palabra *lápiz* necesita acento escrito porque termina en consonante **z**, distinta de **n, s**, y el golpe de voz está en la _______________ sílaba.

6. **Dieciséis** lleva acento escrito porque la intensidad de voz está en la última _______________ y termina en _______________. En cambio, *seis* no lleva acento escrito porque sólo tiene una sílaba. ¿Necesita acento escrito *veintidos*? _______________.

7. *Gramática* y *gramáticas* llevan acento escrito por la misma razón: el golpe de voz está en la _______________ sílaba. La última letra no importa; no hay una regla que ponga el acento escrito aquí naturalmente.

8. *Aéreo* necesita acento escrito por la misma razón que *gramática*. Después de la **e** tónica hay _______________ sílabas: **a-é-re-o** (= en total, cuatro sílabas). ¿Necesita acento *area*? _______________.

9. *Oír* necesita acento escrito porque la intensidad de voz está en la _______________, y se rompe el diptongo, entre la **o** y la **i**, lo mismo que en las palabras *mío* y *hastío*. ¿Necesita acento escrito *oímos*? _______________.

10. Ud. sabe que todos los imperfectos terminados en -ía llevan acento escrito, como *día, María*. Un acento escrito sobre la **u** es menos frecuente que la **i**, pero la regla es la misma: el acento rompe el _______________. ¿Necesita acento escrito *baul?* _______________.

11. *Fue, fui, pie*, no llevan acento escrito porque tienen una sola _______________. ¿Necesita acento *balompie* (*soccer*)? _______________.

12. *Dio, vio, di, vi*, no llevan acento escrito porque sólo tienen una _______________. Algunos libros antiguos marcan todavía este acento, pero esta sugerencia de la Real Academia Española cambiaron en 1959.

13. *Dios* (*God*) no lleva acento escrito porque es una sílaba. ¿Necesita acento la palabra *adios?* _______________.

14. Los adverbios terminados en *-mente* son las únicas palabras con dos acentuaciones. Eso quiere decir que, si el adjetivo *fácil* tiene acento escrito, también lo tiene el adverbio _______________.

15. Las palabras interrogativas necesitan acento escrito en las preguntas directas e indirectas. ¿Qué palabra está mal escrita en **Dígame usted donde vive?** _______________.

16. Las palabras exclamativas también necesitan acento escrito. ¿Cómo se traduce la frase *What a day!?* _______________.

17. ¿Está correcta la palabra *Africa?* _______________. La palabra correcta es _______________. Las mayúsculas y minúsculas tienen las mismas reglas.

EJERCICIOS

A. **Escriba los acentos que correspondan en las oraciones siguientes.**

1. Ella no quería comer mas porque tenia una dieta estricta.

2. ¿Quien te dio esos lapices tan coloridos?

3. A ti te conviene poner los puntos sobre las ies.

4. El pie, el corazón, la nariz, el pulmón son partes del cuerpo.

5. En este pais hay mas petroleo que en ese.

6. Ella creia que tu eras frances, y si (*indeed*) lo eres.

7. Ese baul pesa mas que el mio.

8. ¡Que dia tan nublado! Angela no va a poder venir a vernos.

9. Esta mañana oi una noticia que me puso nerviosa.

10. Las raices del arbol rompieron la acera.

11. Si me preguntas cuando es la fiesta, te digo que el miercoles.

12. Difícilmente puedo leer italiano.

13. Los jefes se reunen el sabado para discutir el futuro de la empresa.

14. ¿Para quien es ese libro, para ti o para mi?

15. Cristobal Colon murio bastante pobre.

B. Subraye la sílaba tónica de las siguientes palabras.

1. salud	5. conocen	9. tocadiscos	13. cintura
2. ustedes	6. conocemos	10. diecinueve	14. libertad
3. comieron	7. conocieron	11. catorce	15. solamente
4. corrimos	8. conocer	12. hospital	16. claramente

C. Escriba el significado de estas palabras en inglés.

1. más _________________________   7. si _________________________

2. sólo _________________________   8. sé (*dos significados*) _________

3. mi _________________________   9. sí (*dos significados*) _________

4. aún _________________________   10. solo _________________________

5. el _________________________   11. mas _________________________

6. tu _________________________   12. dé _________________________

¡ATENCIÓN!   Preposiciones *de* y *a*

1. La preposición *de* se usa para expresar los siguientes conceptos:

   a) POSESIÓN: **La casa de tu amigo; la luz del carro.**

   b) ORIGEN: **Somos de Seattle; este avión viene de Miami.**

   c) MATERIA: **Un reloj de oro; un vaso de cristal.**

   d) CONTENIDO (*content*): **Un vaso de vino; un libro de historia.**

   e) CLASE: **Zapatos de niño; ropa de mujer.**

   f) CANTIDAD: **Una docena de huevos; un kilo de carne.**

   g) EXPRESIONES IDIOMÁTICAS:

de ida y vuelta: round trip	**de rodillas:** on one's knees
de pie: standing	**de verdad:** truly
de regreso: return, back	**estar de +** *nombre***:** be working as
de repente: suddenly	**trabajar de +** *nombre***:** to work as

2. La preposición *a* se usa para expresar:

   a) OBJETO DIRECTO PERSONAL: **Saludamos a la señora.** (antes de seres humanos)

   b) DESTINO EXACTO: **Se fue a Chicago; vino a mi casa.**

c)   Tiempo: **Salió a las dos de la tarde; llegó a tiempo.**

d)   Dirección: Todos los verbos de movimiento necesitan *a* con el destino; también algunos con movimiento sicológico: **ayudar a, atreverse a** (*to dare*), **enseñar a, comprometerse a, decidirse a, aprender a.**

e)   Expresiones idiomáticas:

¿a cuánto? for how much?	**a medias** half done
a fines de by the end of	**a partir de** beginning
a la larga in the long run	**a pesar de** in spite of, although
a la mesa at the table	**a pie** on foot, walking
a la puerta at the door	**a principios de** at the beginning of
a la vez at the same time	**a punto de** about to
a lo largo along, by	**a solas** alone
a lo loco foolishly	**a tiempo** on time
al pie de la letra to the letter	**dar a** + *lugar* to face
a más tardar at the latest	**ponerse a** + *verbo* to start

RESPUESTAS p. 236   **D.** Complete las oraciones con la traducción de las expresiones que están en paréntesis.

1. Ayer le compré unas flores _______________ mi esposa. (*to, for*)

2. Estas naranjas no son _______________ California sino _______________ la Florida. (*from*)

3. Ella es millonaria; tiene más _______________ cincuenta millones _______________ dólares. (*more than*)

4. Para mí es muy importante empezar el trabajo _______________. (*on time*)

5. Don Severino tuvo un infarto _______________. (*suddenly*)

6. No hace frío hoy, _______________ que nevó ayer. (*even though*)

7. El tren está _______________ salir para Washington. (*about to*)

8. ¿Por qué quieres _______________ esquiar? (*to learn how to*)

9. Paco salió _______________ San Francisco _______________ Toronto. (*from / toward*)

10. No sabemos quién va a ganar _______________. (*in the long run*)

11. El viaje dura cinco horas _______________. (*at the latest*)

12. ¿Me estás tomando el pelo, o pasó eso _____? (*truly*)

13. Pensamos ir _______________ a la librería porque está cerca. (*on foot*)

14. Creo que ella _______________ maestra en Denver. (*works as*)

15. La secretaria copió el texto ________________. (*to the letter*)

16. ¿ ________________ venden este carro? (*for how much*)

17. El ganador de la lotería malgastó el dinero ________________. (*foolishly*)

18. Van a subir los impuestos ________________ enero. (*beginning in*)

19. Aún no terminé la tarea; está ________________. (*half done*)

20. Vamos a pasear ________________ la Avenida Quinta. (*along*)

18 En la consulta del médico
(At the Doctor's Office)

adelgazar	to lose weight	la náusea	nausea
la alergia	allergy	obeso(a), grueso(a)	obese, fat
aliviar[1]	to alleviate, relieve	operar	to operate
el asma (*f.*)	asthma	el pabellón	ward (*hospital*)
la balanza	scale	el/la paciente	patient
la cirugía	surgery	la palidez	paleness
el/la cirujano(a)	surgeon	pálido(a)	pale
la cuna	cradle, crib	la pastilla	pill
delgado(a)	thin	la píldora, el comprimido	contraceptive pill, tablet
estar embarazada[2]	pregnant		
empeorar	to get worse	la pulmonía, la neumonia	pneumonia
la enfermedad	sickness, illness		
el/la enfermero(a)	nurse	la receta[5]	prescription
engordar	to get fat	el resfriado, el catarro; estar constipado	cold, to have a cold
el escalofrío	chill		
el estrés[3]	stress (*mental*)		
la fiebre	fever	respirar	to breathe
flaco(a)	thin, skinny	salir caro(a)[6]	to come out expensive
la gripe, la gripa[4]	flu, influenza		
el impermeable	raincoat	la salud	health
la inyección	injection, shot (*booster*)	saludable	healthy
		la tension arterial	blood pressure
mejorar	to improve	la tos	cough
nacer (z)	to be born	toser	to cough

NOTAS

1. *Aliviarse* se usa para *to relieve* en todo el mundo de habla hispana. En México, sin embargo, *aliviarse* se usa para *dar a luz (to give birth)*.

2. *Embarazada* no es *embarrassed* sino *pregnant*. Este falso cognado se cita siempre como uno de los más cómicos entre las dos lenguas. La traducción de *embarrassed* es **avergonzado, confuso** o **turbado**. El verbo **embarazar** is *to get someone pregnant*, mientras que *to embarrass* es **avergonzar, poner en apuros**.

3. La palabra *estrés* fue admitida oficialmente por la Real Academia en 1984 como «enfermedad mental causada por la tensión».

4. *Gripe* es femenino y significa *flu, influenza*. En México y otros países latinos se usa también **gripa**.

5. *Receta* tiene doble significado: *prescription* y *recipe*. Por claridad, se suele añadir **médica** o **de cocina/culinaria**.

6. *Salir* se usa con adjetivos y adverbios para hablar del resultado de algo, *to come/turn out*. Por ejemplo, **salir bien (mal)** en un examen es *to do well (bad) on an exam*. **Salir caro** es *to turn out (to be) expensive*.

PRACTIQUE LAS PALABRAS NUEVAS

A. Diálogo entre el médico y Maribel, su paciente.

Médico: ¡Hola, Maribel! ¡Oué _________ estás hoy!
           (1. *pale*)

Maribel: Sí, tengo un _________ terrible. Ayer fui al cine y se me
           (2. *cold*)
           olvidó el _________.
           (3. *raincoat*)

Médico: Te voy a poner el termómetro a ver si tienes _________.
           (4. *fever*)

Maribel: Ya tomé cuatro _________ de aspirina, pero todavía me
           (5. *tablets*)
           duelen todos los _________.
           (6. *bones*)

Médico: Veo que tienes una temperatura demasiado alta. Voy a ponerte
           una _________ de antibióticos porque al parecer tienes
           (7. *shot*)
           una infección.

Maribel: También me duele la _________, y anoche
           (8. *throat*)
           _________ casi toda la noche.
           (9. *coughed*)

Médico: Es mejor prevenir que curar. Todavía el virus está en su etapa
           (*stage*) inicial. Te voy a escribir una _________
           (10. *prescription*)

Maribel: ¿Cree Ud. que con esto voy a _________?
           (11. *to improve*)

Médico: Por supuesto. Pero debes cuidarte, porque si el catarro empeora,
           puede degenerar en bronquitis o _________.
           (12. *pneumonía*)

MARIBEL: Tengo un frío que me hacer estremecer (*shiver*) y ahora siento

unos ____________ terribles.
(13. *chills*)

MÉDICO: Eso es debido a la fiebre. Si te cuidas y descansas, te vas a

____________ muy pronto.
(14. *to relieve*)

RESPUESTAS p. 236

B. Conteste verdadero O falso (**V / F**).

1. _______ Si usted tiene diabetes, es bueno comer postres con mucha azúzar.

2. _______ La vitamina C parece ser buena para prevenir resfriados.

3. _______ Si Ud. desea adelgazar, debe comer menos y controlar las calorías que ingiere.

4. _______ Si Ud. padece de asma, siente náuseas y escalofríos.

5. _______ La salud es más importante que el dinero.

6. _______ Cuando un paciente tiene gripe, es necesario operar rápidamente.

7. _______ El humo del cigarrillo puede mejorar los problemas de respiración.

8. _______ Los niños nacen en el pabellón de maternidad del hospital.

9. _______ Los cirujanos pueden operar el corazón y hacer trasplantes de órganos.

10. _______ La balanza (*scale*) es muy importante para preparar adecuadamente algunas recetas en la farmacia.

11. _______ Las madres dan a luz a los bebés ocho meses después de estar encinta.

12. _______ Las personas obesas generalmente tienen la tensión arterial (*blood pressure*) más alta que las delgadas.

RESPUESTAS p. 236

C. Subraye la palabra que completa la oración.

1. Los médicos escriben (pastillas, recetas, gripes, inyecciones) para que los pacientes puedan comprar las medicinas.

2. Cuando nacen los bebés, las enfermeras los ponen en el/la (operación, cirugía, cuna, respiración).

3. Lo contrario de ***adelgazar*** es (mejorar, empeorar, estar encinta, engordar).

4. La (alergia, pulmonía, tos, gripe) es un tipo de enfermedad poco conocida.

5. Las personas que sufren de asma tienen dificultad para (toser, respirar, engordar, operarse).

6. Si Ud. tiene mucha fiebre, probablemente siente (escalofríos, pulmonía, náuseas, tensión).

7. Lo contrario de ***mejorar*** es (toser, adelgazar, empeorar, dar a luz).

8. Si Ud. Come demasiado y nunca hace ejercicio, puede ponerse (gordo, delgado, alérgico, flaco).

9. Si usted tiene pulmonía, debe (tomar antibióticos, comer bastante, tomar aspirinas, respirar humo).

10. Algunas mujeres embarazadas sufren de (fiebre, alergia, náuseas, gripe).

GRAMÁTICA   Futuro y condicional

I. Verbos regulares del futuro y el condicional

Repase los siguientes esquemas para el tiempo **futuro**:

Futuro			
Sujeto	*hablar*	*ser*	*ir*
yo	hablar é	ser é	ir é
tú	hablar ás	ser ás	ir ás
él/ella/Ud.	hablar á	ser á	ir á
nosotros(as)	hablar emos	ser emos	ir emos
vosotros(as)	hablar éis	ser éis	ir éis
ellos/ellas/Uds.	hablar án	ser án	ir án

A. La raíz del futuro (y del condicional) es el infinitivo completo: ser → seré; ir → irás; vivir → viviremos

B. Observe que las consonantes en las terminaciones del futuro (y condicional) son las mismas de los tiempos ya estudiados para todas las personas: -**mos** = *nosotros*, -**s** = *tú*, -**n** = *ellos/ellas*. En el tiempo futuro, todas las personas llevan acento escrito sobre la vocal en la terminación, excepto la primera persona del plural: por ejemplo, **seremos**, **hablaremos**.

Repase los siguientes esquemas para el tiempo **condicional**:

Condicional			
Sujeto	*hablar*	*ser*	*ir*
yo	hablar ía	ser ía	ir ía
tú	hablar ías	ser ías	ir ías
él/ella/Ud.	hablar ía	ser ía	ir ía
nosotros(as)	hablar íamos	ser íamos	ir íamos
vosotros(as)	hablar íais	ser íais	ir íais
ellos/ellas/Uds.	hablar ían	ser ían	ir ían

A. El condicional también requiere el infinitivo completo en su formación, como el futuro.

B. La terminación del condicional es -ía, que es la misma terminación del imperfecto de los verbos en -er, -ir. (¡OJO! Hay un acento escrito en todas las personas para romper el diptongo.)

II. Verbos irregulares y palabras derivadas

A. Hay solamente doce verbos irregulares en el futuro y condicional. Hay unos que son irregulares porque pierden la vocal e lugar de *saberé* o *podría* en lugar *de podería*. En otros casos, algunos verbos añaden una **d**: *vendré* en lugar de *veniré*; *saldría* en lugar de *saliría*. Aquí está la lista completa de verbos con raíces irregulares (en la forma de yo):

caber → cabré/cabría *(to fit)*	querer → querré/querría
decir → diré/diría	saber → sabré/sabría
haber → habré/habría *(there is/are)*	salir → saldré/saldría
hacer → haré/haría	tener → tendré/tendría
poder → podré/podría	valer → valdré/valdría *(to be worth)*
poner → pondré/pondría	venir → vendré/vendría

B. Los verbos *hacer* y *decir* son los más irregulares entre este grupo—pierden una sílaba completa: decir → diré/diría; hacer → haré/haría (en vez de *deciré/deciría* o *haceré/hacería*).

C. Los verbos compuestos sufren los mismos cambios de los verbos simples: suponer → supondré; mantener → mantendré; satisfacer (de *hacer*) → satisfaré.

¡OJO! Note que los compuestos de **decir** son regulares <u>solamente en el futuro y el condicional</u>: maldecir *(to curse)* → maldeciré/maldeciría; predecir *(to predict)* predeciré; bendecir *(to bless)* → bendeciré. En los otros tiempos, mantienen la irregularidad de decir: *maldije, bendijo*

III. Usos del futuro y condicional

A. El tiempo futuro indica una acción en el futuro: Ejemplo: ***Prometo que vendré mañana*** I promise <u>I will come</u> tomorrow. En general, tiene una traducción predicativa o mandatoria que otras maneras para expresar el futuro.

B. Por eso, este uso del *futuro sintético* (o sea, esta forma que se escribe como una palabra sola) no es tan común como otras expresiones para el futuro. Hay tres maneras diferentes para indicar una acción futura o venidera; las primeras dos son más comunes en el habla diaria:

    1. Presente de indicativo: *Salimos* mañana para México. (Común en todo el mundo de habla hispana.)

2. El futuro perifrástico (*estructura compuesta*): ir a + *infinitivo*: *Vamos a salir* mañana para México. (Forma más común en el habla diaria.). Similar a la frase <u>We are going to</u> *leave tomorrow for Mexico* en inglés.

3. Formas sintéticas del futuro: *Saldremos* mañana para México. (Más común en España.)

C. Un uso curioso es cuando utilizamos el futuro y condicional con un significado **probabilístico**, algo que no se encuentra en inglés:

1. El futuro se usa también para indicar probabilidad de una acción o estado <u>en el presente</u>.

    EJ: **José no está aquí.** *Estará* **enfermo.** *(<u>He's probably</u> sick.)*

2. El condicional se usa para indicar la probabilidad de una acción o estado en el pasado.

    EJ: **José no vino ayer.** *Estaría* **enfermo.** *(He was probably sick.)*

D. El condicional se usa como fórmula de cortesía en lugar del presente de indicativo.

    EJ: **Querría hablar con el dueño.** (*I <u>would like</u>* to talk with the landlord.)

E. Veremos más con **el condicional** en las oraciones condicionales que se estudiarán en la *Lección 26.* Por ejemplo: **¿Qué haría Ud.** si ganara un millón de dólares en la lotería?: *What would you do if you won a million dollars in the lottery?*

F. En inglés, es frecuente usar la expresión *would* o *used to* + **verb** para indicar una costumbre o acción repetida en el pasado. En español, usamos el **imperfecto** para hablar de una costumbre repetida en el pasado, <u>nunca el condicional</u>. Por ejemplo: De joven, **andaba** a mi escuela porque vivía cerca. *As a child, I would walk/I used to walk to school because I (used to) live close.*

PRACTIQUE LA GRAMÁTICA

RESPUESTAS
p. 237

1. La raíz del futuro y del condicional es el ________________ *completo*; por ejemplo, la raíz de *comería* es ________________.

2. La terminación *-mos* siempre significa ________________, y la terminación -s significa ________________. Por eso, podemos omitir normalmente el pronombre de sujeto (por ejemplo, nosotros, tú) en español.

3. En todas las formas del futuro hay acento escrito excepto una:
   _________________.

4. La terminación que identifica al condicional es la misma del imperfecto de los verbos en -er, -ir: _________________. Todas las formas tienen acento escrito porque se rompe el _________________.

5. El futuro de *saber* no es *saberé* sino _________________; y el futuro de *poner* no es *poneré*, sino _________________.

6. El condicional de *decir* no es *deciría*, sino _________________; y el condicional de *hacer* no es *hacería*, sino _________________.

7. Para indicar probabilidad en el presente, usamos las formas del _________________ y para indicar probabilidad en el pasado usamos el _________________.

8. Todos los verbos irregulares en el futuro son también irregulares en el _________________, por ejemplo, **querer** → **querré** / _________________.

9. Traduzca al inglés estas dos palabras, que sólo se diferencian en una *r*: *(yo) quería* _________________, y *(yo) querría* _________________.

10. En inglés, se puede usar la expresión *would* + infinitive para indicar una condición o una costumbre en el pasado. En cambio, en español se usa el _________________ para una costumbre en el pasado.

11. Si del verbo **hacer** decimos **haré**, del verbo **satisfacer** diremos _________________.

12. Si del verbo **poner** decimos **pondré**, del verbo **suponer** diremos _________________.

13. Si del verbo **decir** decimos **diré**, del verbo **bendecir** diremos _________________.

14. Si Ud. está seguro su llegada a un lugar, dice **Eran las doce cuando llegamos.** Si Ud. no lo sabe con seguridad, Ud. dice _________________ **las doce cuando llegamos.**

15. Para las preguntas del tipo *Shall I come in?*, que expresan cortesía, no se usa el futuro en español, sino el presente de indicativo. ¿Cómo se traduce *Shall we leave now?* _________________ **ahora?**

16. Las órdenes legales y los mandamientos *(commandments)* de las religiones siempre usan en inglés el antiguo futuro de obligación *shall*. En español se usa el futuro siempre en estos casos. Traduzca *You shall not kill:* _________________.

17. Complete la siguiente oración: **Cuando vivíamos en San Diego,** _________________ **a México muchas veces** (ir: *we would go*).

EJERCICIOS

RESPUESTAS p. 237

A. *¡Me gané un millón en la lotería!* ¿Qué haría Ud. si ganara (*if you won*) un millón de dólares en la lotería? Completa las frases siguientes usando el condicional.

1. ________________________ muchas cosas con ese dinero. (hacer)

2. ________________________ una casa fantástica. (comprar)

3. ________________________ por todo el mundo. (viajar)

4. ________________________ la mitad a los pobres. (dar)

5. ________________________ un negocio muy grande. (poner)

6. ________________________ de vacaciones inmediatamente. (salir)

7. ________________________ mi vida ordinaria, (seguir)

8. ________________________ por la matrícula de una persona necesitada (*in need*). (pagar)

RESPUESTAS p. 237

B. Cambie del presente al futuro. (Escriba solamente los verbos.)

1. El paciente **se mejora** con los antibióticos. ________________________.

2. Nosotros **adelgazamos** veinte libras. ________________________.

3. **Engordas** demasiado con tantos postres. ________________________.

4. El padre **mantiene** a toda la familia. ________________________.

5. **Hago** la tarea en la biblioteca de la universidad. ________________________.

6. **Sé** bastante bien escribir en inglés y español. ________________________.

RESPUESTAS p. 237

C. Cambie del pretérito al condicional. (Escriba solamente los verbos.)

1. ¿Cómo **se sintió** Ud. en ese momento? ________________________.

2. **Me alivié** mucho con las píldoras. ________________________.

3. ¿A qué hora **llegaron** ustedes a casa? ________________________.

4. ¿Cómo **entró** el ladrón en la casa? ________________________.

5. ¿No te **gustó** esa película? ________________________.

6. **Quería** mucho visitar Argentina. ________________________.

RESPUESTAS p. 237

D. Complete las oraciones con las formas del futuro o del condicional.

1. Si no llueve esta tarde, mi hermano ________________. al cine. (**ir**)

2. Te aseguro (*assure*) que nosotros ________________ mañana. (**venir**)

3. Después de terminar la carta esta mañana, Carlitos la ________________ en el buzón. (**poner**)

4. Mamá, te prometo que siempre _______________ la verdad. (**decir**)

5. Si el ladrón trata de huir, el policía lo _______________. (**detener**)

6. Mañana, Ud. _______________ el cheque por correo. (**recibir**)

7. ¿Dónde está? —No sé; _______________ en su trabajo. (**estar**)

8. Ayer me dijiste que _______________ conmigo al cine. (**ir**)

9. Si te casas con Carolina, creo que _______________ feliz. (**ser**)

10. Ayer Pedro no vino a clase; _______________ enfermo. (**estar**)

11. Jorge me dijo que (él) _______________ por avión a Miami. (**llegar**)

12. ¿Está muy lejos el museo? —No, _______________ cuatro cuadras más o menos. (**haber**)

13. Me imagino que en Texas _______________ mucho calor en verano. (**hacer**)

14. ¿A qué hora llegaron Uds. anoche? —No sé; _______________ las tres. (**ser**)

15. Me _______________ viajar a Sudamérica, pero en este momento no tengo dinero suficiente. (**gustar**)

16. Si el Senado pasa esa proposición de ley, el Presidente se _______________ con su veto (**oponer**).

17. Si vas a noventa millas por hora, _______________ un accidente. (**tener**)

18. Todos nosotros no _______________ en tu carrito. (**caber** = *fit*)

¡ATENCIÓN!   Preposiciones poco frecuentes: *ante, bajo, tras, so*

1. *Ante (before, in front of, in the face of)* solamente se usa en situaciones importantes o con nombres abstractos.

ante **Dios**	before God
ante **el altar**	before the altar
ante **el juez**	before the judge
ante **el senado**	before the senate
ante **la duda**	in the face of doubt
ante **la evidencia**	before the evidence

En los casos ordinarios usamos ***delante de*** *(in front of, before)* con lugares y ***antes de*** *(before)* con el tiempo.

EJS: **La mesa está *delante de* las sillas. / Llegaremos *antes del* lunes.**

2. *Bajo (under)* sólo se usa en situaciones especiales: bajo **la ley**, bajo **el poder** del rey *(under the king's rule)*, **bajo la influencia de las drogas** (aunque algunas expresiones idiomáticas, como **bajo techo**, también la incluyen). En los casos ordinarios usamos *debajo de (under, below)* y también *abajo de (under, below)*.

   EJS: La maleta está *debajo de* la mesa. / Se cayó *abajo de* la silla.

3. *Tras (after, behind)* se usa con un nombre repetido, por ejemplo, **día tras día** *(day after day)*. En literatura se usa a veces para significar *after*. En los casos ordinarios usamos *detrás de (behind)* con nombres de lugar, y *después de (after)* con nombres de tiempo.

   EJS: El árbol está *detrás de* la casa. / Saldremos *después del* lunes.

4. *So (under)* sólo se usa en unas pocas expresiones idiomáticas.

   so pretexto de **enfermedad** under the pretext of sickness
   so capa de **bueno** under the disguise of a good man
   so pena de **perder la ciudadanía** under penalty of losing his (her) citizenship

---

RESPUESTAS p. 237

E. Complete las oraciones usando la traducción de las expresiones que están en paréntesis.

   1. La policía detuvo al chofer por estar ______________ la influencia del alcohol. *(under)*

   2. El jardín está ______________ la casa. *(behind)*

   3. María no vino a clase ______________ de que está enferma. *(under the pretext)*

   4. Los novios se juraron amor eterno ______________ el altar de la iglesia. *(before)*

   5. Los libros se cayeron ______________ la mesa. *(under)*

   6. Te prometo que llegaremos ______________ lunes. *(before)*

   7. El maestro explica la lección ______________ la clase. *(in front of)*

   8. Ud. tiene que pagar impuestos ______________ la actual ley. *(under)*

   9. El presunto asesino fue interrogado ______________ el jurado *(jury)*. *(before)*

   10. Ella se paseaba ______________ en la playa. *(day after day)*

   11. Te aliviará el dolor ______________ tomar estas píldoras. *(after)*

   12. ______________, la novela no deja de sorprender al lector. *(page after page)*

19 En la farmacia
(At the Pharmacy)

el acero	steel	inoxidable	rustproof
alimentar	to feed	el jabón[4]	soap
el alimento	food	enjabonarse	to soap (oneself)
a través	across	el jarabe	syrup
atravesar	to cross, go across	la marca	trademark
balancear	to balance	la mecedora	rocking chair
el calmante	sedative	mecer	to rock, swing
el centavo, el céntimo	cent, penny	el nervio	nerve
		nervioso(a)	nervous
chapado(a) a la antigua	old-fashioned	padecer (zc), sufrir de	to suffer
conseguir (i)	to obtain, get	el pastel	cookie, cake
la crema/pasta dental/de dientes	toothpaste	la pastelería	pastry shop
		preocuparse	to worry
la droga[2]	drug	reciente[5]	recent
la droguería[3]	drugstore	tragar	to swallow
durar	to last	el trago	drink
la farmacia de turno	all-night pharmacy	la travesura	mischief
		travieso(a)	mischievous
la frutería	fruit shop	la vacuna	vaccine, shot
la gota	drop	la verdulería	vegetable store
gotear	to drip, leak	la verdura	vegetable, greens
la hoja de afeitar	razor blade	la zapatería	shoe store

NOTAS

1. La palabra **centavo** se usan en América para las cien unidades que componen el peso, el bolívar, el sucre, el balboa, etc., según el país. En España las cien unidades que componen el euro son **céntimos**.

2. La palabra **droga** en español significa *drug* en el sentido limitado de «drogas prohibidas», como la marihuana, cocaína, etc., nunca «medicinas» como *drug* del inglés. La droga puede ser dura (cocaína, heroína) o blanda (marijuana, hashís).

3. La palabra *Droguería* se usa en algunos países para *pharmacy,* en lugar de *farmacia.* Una *farmacia* es una tienda que vende casi exclusivamente medicinas y poco más: pasta de dientes, comida de bebés, cosas para afeitarse, algunos cosméticos básicos. En algunos países todavía usan la antigua palabra *botica* (que tiene raíz que la palabra *bodega*) en vez de *farmacia. Farmacéutico* significa *pharmacist,* y en muchos países de habla hispana, generalmente es el mismo dueño, quien administra la farmacia (especialmente en las ciudades pequeñas).

4. *Jabón* es un nombre contable y no contable en español, mientras que *soap* no es contable en inglés (por eso decimos *a bar of soap* que se traduce como un jabón). Sin embargo, en algunos países se dice **una pastilla de jabón.** La expresión *soap opera* equivale a *telenovela* en América y **culebrón** en España (en el habla coloquial).

5. La palabra *reciente* significa recent, y se convierte en **recién** delante de un adjetivo o nombre; por ejemplo, *recién casados* es *newlyweds.* **Un pan recién hecho** es *freshly baked bread.* En algunos países se usa *recién* como adverbio en lugar de *recientemente;* por rjemplo, **Recién oí la noticia** (*I just heard the news*).

6. En varios países de habla hispana, las farmacias son tiendas que abren en horas regulares como todas las tiendas: de diez de la mañana a dos de la tarde. Las tiendas cierran dos horas para comer y vuelven a abrir de cuatro a ocho. Por esta razón generalmente hay una farmacia de guardia, que también se llama *farmacia de turno,* que está abierta veinticuatro horas. Las diferentes farmacias se turnan para este servicio.

PRACTIQUE LAS PALABRAS NUEVAS

A. Complete el siguiente diálogo entre el farmacéutico y una clienta.

FARMACÉUTICO: Buenos días, señora. ¿En __________ puedo servirle?
(1. *how*)

CLIENTA: Traigo dos recetas del médico. La primera es un

_______________ para los nervios, y la segunda es para
(2. *Sedative*)

la garganta.

FARMACÉUTICO: ¿Desea el calmante en píldoras o en _______________?
(3. *syrup*)

CLIENTA: Mejor en jarabe. No me gusta _______________ píldoras, ni
(4. *to swallow*)

siquiera aspirinas.

FARMACÉUTICO: ¿Necesita alguna _______________ más?
(5. *drug*)

CLIENTA: Sí, yo _______________ de los ojos, y algunos días los tengo
(6. *suffer*)

muy irritados.

FARMACÉUTICO: Bueno, puede ponerse en los ojos unas _______________ de
(7. *drops*)

esta medicina.

CUENTA: Mi esposo me encargó de comprar _______________ y
(8. *razor blades*)

crema dental.

FARMACÉUTICO: ¿No quiere _______________ estas maquinitas eléctricas? ¡Son
(9. *to try*)

fantásticas!

CUENTA: No, mi esposo es _______________ ¡Todavía _______________ la
(10. *old-fashioned*)   (11. *uses*)

maquinita de su padre!

FARMACÉUTICO: ¡Increíble! Bueno, aquí tiene unas hojas de _______________
(12. *steel*)

inoxidable.

CLIENTA :   También necesito _______________, pero veo que no tiene
(13. *soap*)

mucha variedad.

FARMACÉUTICO: Cierto. Ud. sabe que nuestra _______________ es muy pequeña.
(14. *drugstore*)

CLIENTA: Bueno. ¿Cuánto le debo _______________?
(15. *for everything*)

FARMACÉUTICO: Son cuarenta y dos pesos con cincuenta _______________
(16. *cents*)

CLIENTA :   Aquí tiene. Muy amable, señor. _______________
(17. *good-bye*)

B. Complete las oraciones con una de las siguientes palabras. Haga los cambios que sean necesarios.

acero	chapado a la antigua	gotear	mecedora	trago
alimento	conseguir	jabón	mecer	travesura
balancear	embarazada	marca	pastel	vacuna

1. Para no engordar es necesario comer poco y _____________ bien los alimentos.
2. Voy a _____________ al bebé porque está llorando.
3. La _____________ contra la polio (*poliomyelitis*) ha salvado muchas vidas.
4. Hay muchas _____________ de carros: Ford, Chevrolet, Toyota.
5. Aquí está el bar. Vamos a tomar unos _____________ mientras esperamos.
6. La mejor ayuda a los pobres es _____________ les educación y trabajo.
7. El chocolate es uno de los _____________ que más engorda.
8. Mi hermana espera un bebé. Hace seis meses que está _____________.
9. Las hojas de afeitar son de aluminio o de _____________ inoxidable.
10. El techo (*roof*) de mi casa ya es muy viejo; cuando llueve _____________ en mi dormitorio.
11. Los _____________ engordan porque tienen mucha azúcar.
12. Lávate bien las manos con agua caliente y _____________.
13. Mi tío no quiere saber nada de las máquinas modernas, excepto el teléfono, que no es tan moderno. Él es muy _____________.
14. ¡Qué agradable sentarse en la _____________ y respirar la brisa fresca de la noche!

C. La derivación: el sufijo: *ería*

La derivación es un proceso que existe en todos los idiomas. Se puede observar un ejemplo con uno de los sufijos más frecuentes del español, **-ería**. Este sufijo indica *un lugar donde se hace o se vende un producto*. Por ejemplo, en la **joyería** se vende o hace *joyas*. Usando esta fórmula, escriba los nombres de lugares derivados de estos productos. En algunos casos, hay cambios ortográficos que no puedes predecir (por ejemplo, en la **panadería** se vende/se hace pan).

1. fruta _____________
2. verdura _____________
3. pastel _____________
4. zapato _____________
5. pescado _____________
6. carne _____________
7. café _____________
8. libro _____________
9. reloj _____________
10. pelo _____________
11. barba _____________
12. marisco _____________
13. taco _____________
14. papel _____________
15. mueble _____________

GRAMÁTICA   Presente de subjuntivo

A. Estudie los esquemas de *hablar, comer, volver, perder y pedir.*

Sujeto	*habl ar*	*com er*	*volv er*	*perd er*	*ped ir*
yo	habl e	com a	vuelv a	pierd a	pid a
tú	habl es	com as	vuelv as	pierd as	pid as
él / ella / Ud.	habl e	com a	vuelv a	pierd a	pid a
nosotros(as)	habl emos	com amos	volv amos	perd amos	pid amos
vosotros (as)	habl éis	com áis	volv áis	perd áis	pid áis
ellos / ellas / Uds.	habl en	com an	vuelv an	pierd an	pid an

1. Para formar el subjuntivo, usamos la raíz de la forma de *yo* en el presente de indicativo (por ejemplo, *hablo: habl-; vuelvo: vuelv-*). Los verbos de la primera conjugación (terminados en **-ar**) usan terminaciones en *a* en vez de *e* en el presente de subjuntivo, y los verbos de la segunda y tercera conjugación (terminados en **-er, -ir**) toman la vocal *a* en vez de *e, i* en sus terminaciones: **hablar** → hable, **vivir** → viva.

2. Puesto que se usa la raíz del verbo en la forma de *yo* en el presente de indicativo, la mayoría de los verbos irregulares en presente de indicativo son también irregulares en presente de subjuntivo, con los mismos cambios:

   a) *Volver* diptonga la *o* en *ue* en las sílabas tónicas: **volver** → **vuelvo / vuelva.**

   b) *Perder* diptonga la *e* en *ie* en las sílabas tónicas: **perder** → **pierdo / pierda.**

   c) *Pedir* cambia la *e* en *i* en todas las personas: **pedir** → **pido / pida / pidamos.**

3. Recuerde que algunos cambios ortográficos de consonantes que Uds. han visto están presentes en el presente del subjuntivo también. Algunos se repiten en el *pretérito* y otros en el *presente de indicativo* (se presenta entre paréntesis otro tiempo verbal donde ocurre este cambio ortográfico).

   a) *z* cambia en *c*: **comenzar** → **comience** (en el pretérito: yo **comencé**) - *to start*

   b) *c* cambia en *z* **convencer** → **convenza** (en el presente de indicativo: yo **convenzo**)—*to convince*

   c) *g* cambia en *gu*: **pagar** → **pague** (en el pretérito: yo **pagué**)—*to pay*

   d) *gu* cambia en *g*: **seguir** → **siga** (en el presente de indicativo: yo **sigo**)—*to follow, keep up*

e) *gu* cambia en *gü*: averiguar → averigüe (en el pretérito: yo **averigüé** (*to find out*)

f) *g* cambia en *j*: recoger → **recoja** (en el presente: yo **recojo**)—*to pick up*

g) *c* cambia en *qu*: tocar → **toque** (en el pretérito: yo **toqué**)—*to touch, to play music*

h) *qu* cambia en *c*: delinquir → **delinca** (en el presente de indicativo: yo **delinco**)—*to break the law*

B. Observe los esquemas de *dormir, sentir, salir, conocer* y *huir.*

Sujeto	dorm ir	sent ir	salir	conoc er	hu ir
yo	duerm a	sient a	salg a	conozc a	huy a
tú	duerm as	sient as	salg as	conozc as	huy as
él / ella / Ud.	duerm a	sient a	salg a	conozc a	huy a
nosotros(as)	durm amos	sint amos	salg amos	conozc amos	huy amos
vosotros (as)	durm áis	sint áis	salg áis	conozc áis	huy áis
ellos / ellas / Uds.	duerm an	sient an	salg an	conozc an	huy an

1. Los cambios vocálicos aquí son predecibles; la diptongación que ocurre en el presente de indicativo se observa aquí también (por ejemplo: dormir → **duerma**; sentir → **sientan**). Y los cambios adicionales encontrados en los verbos de la tercera conjugación (en -ir) en la tercera persona (él/ella/Ud.; ellos/ellas/Uds.) del pretérito (**o** en **u**: **e** en **i**) están presentes aquí también, pero en la *primera* y *segunda* persona plural:

    dormir → **durmamos; durmáis** (en el pretérito: él **durmió**)
    sentir → **sintamos; sintáis** (en el pretérito: ella **sintió**)
    sugerir → **sugiramos, sugiráis** (en el pretérito: Ud. **sugirió**)
    Se verán estos cambios particulares de los verbos en -ir en otras formas más tarde.

2. Como la raíz está basada en el presente de indicativo, para las formas de *salir, tener, venir* y *valer,* se añade una *g* a la raíz en todas las personas. Recuerde que en el presente de indicativo, sólo se añade *g* en la primera persona singular: salir → yo **salgo**, pero **sales, sale**.

3. Para *conocer* (y la mayoría de los verbos en -cer, -cir) se añade una *z* delante de la *c*. En presente de indicativo, este cambio sólo ocurre en la primera persona del singular, pero en subjuntivo ocurre en todas las personas, porque la raíz de la forma en **yo** del presente de indicativo es la raíz en todas las formas del presente de subjuntivo: conocer → yo **conozco** (pero, yo **conozca**, tú **conozcas**, ella **conozca. . .** en el subjuntivo).

4. Para *huir* y todos los verbos terminados en *-uir* se añade una **y** a la raíz en todas las personas del subjuntivo. En el presente, esto ocurre solo con la forma de *yo*: **huir** → **huyo** (pero yo **huya**, tú **huyas**, él **huya**. . . en el subjuntivo).

C. Hay solo **seis** verbos cuyas formas en el subjuntivo no puedes predecir basado en las reglas anteriores: **dar, ir, ser, haber** (*hay*), **estar** y **saber**:

dar	**dé, des, dé, demos, deis, den**
ir	**vaya, vayas, vaya, vayamos, vayáis, vayan**
ser	**sea, seas, sea, seamos, seáis, sean**
haber	**haya, hayas, haya, hayamos, hayáis, hayan**
estar	**esté, estés, esté, estemos, estéis, estén**
saber	**sepa, sepas, sepa, sepamos, sepáis, sepan**

Con muchos de los verbos anteriores, las formas en el subjuntivo tienen una raíz que difiere significativamente de la forma de *yo* en presente de indicativo, por ejemplo ir → **vaya** (que no tiene la raíz *v* de *voy*); saber → **sepa** (que no tiene la raíz **s** de **sé**).

D. Los usos del presente de subjuntivo se explicarán en las lecciones siguientes.

PRACTIQUE LA GRAMÁTICA

RESPUESTAS p. 238

1. En la forma *hables* la parte que lleva el significado es la raíz ___________. La *-s* final de *hables* significa ___________.

2. En *comas* o *vivas*, la terminación que identifica al presente de subjuntivo es ___________.

3. Del verbo **contar** tenemos *yo* ***cuento*** en el indicativo, y en el presente de subjuntivo *yo* ___________. La *o* de *contar* diptonga en ___________.

4. *Dormir* diptonga la *o* en *ue*, pero solamente si la *o* es la sílaba ___________. En *durmamos* la *o* se cambia a ___________.

5. La forma de *yo* en presente de indicativo sirve como la raíz del presente de subjuntivo para casi todos los verbos en español. Entonces, el subjuntivo de **producir** es **yo produzca**; el subjuntivo de **conocer** es **yo conozca**. ¿Qué es el subjuntivo de **nacer**? yo ___________.

6. *Mecer* (*to rock*) es uno de los pocos verbos para los cuales no se añade *c* delante de *z*. ¿Cuál es el presente de subjuntivo? yo ___________.

7. De *huir* tenemos *huya*. Esta forma lleva la misma irregularidad como el presente de indicativo: se añade una ___________ a la raíz. Lo mismo pasa con todos los verbos en *-uir*, por ejemplo de *incluir* tenemos yo ___________.

8. De *pagar* no escribimos en subjuntivo **yo page** sino **yo** ___________'; se añade una *u* a la *g* para mantener el sonido [g] del infinitivo. Lo contrario pasa en *seguir*, que pierde la *u*. El subjuntivo es **yo** ___________. En este caso, la ortografía no requiere la *u* para mantener el sonido [g].

9. De *empezar* decimos en subjuntivo **yo** ___________, y en el pretérito, **yo** ___________. En los dos, hay un cambio de *z* a ___________.

10. En el verbo **averiguar** se pronuncia la *u*, y para que se pronuncie. en la forma *averigüe*, se necesitan dos puntos sobre la ___________.
    Lo mismo pasa en el pretérito, que además tiene acento: ___________.
    (*I found out*)

11. De *escoger* no escribimos **yo escoga** en subjuntivo sino yo ___________.
    Hay que cambiar la *g* en ___________ para mantener el sonido [h] de la forma **escoger**'.

12. *Pedir* cambia la *e* en *i* en subjuntivo. ¿Cómo es la forma en 'nosotros ___________'?

13. Si de *decir* se forma *diga*, de *bendecir* se formará yo___________.

14. De *tener* decimos **tenga**; de **detener** diremos ellos ___________.

15. De *hacer* decimos *haga*; de *satisfacer* diremos tú___________.

16. De *salir* decimos *salga*; de *sobresalir* diremos nosotros ___________.

EJERCICIOS

A. Complete las oraciones con la forma correcta del presente de subjuntivo del verbo entre paréntesis.

1. Mi amiga quiere que (yo) ___________ esta carta en el correo. (**poner**)
2. Es importante que Ud. ___________ bien su dirección. (**escribir**)
3. Luisito desea que Ana le ___________ en español. (**hablar**)
4. Necesito que Ud. me ___________ unos zapatos que duren. (**vender**)
5. Es mejor que nosotros ___________ a la farmacia ahora. (**ir**)
6. Es peor que tu hermano ___________ el carro; él no tiene licencia. (**manejar**)
7. Es conveniente que (tú) ___________ la carta hoy mismo. (**mandar**)
8. ¡Ojalá (*hope that*) que ___________ mucho sol mañana! (**hacer**)
9. Es necesario que Uds. ___________ los verbos. (**practicar**)
10. Mi madre quiere que Juanito no ___________ ese programa. (**ver**)
11. Me gusta que Uds. ___________ de hablar español siempre. (**tratar**)
12. Siento mucho que tu novia no ___________ ir a la fiesta. (**poder**)
13. ¿Quieres que (yo) te ___________ las compras? (**hacer**)

14. Las rejas no permiten que el criminal _____________ de la prisión. (**huir**)
15. Es más cómodo para los padres que el bebé _____________ toda la noche. (**dormir**)
16. El médico insiste en que Ud. _____________ dos días en el hospital. (**permanecer**)
17. Carlos sugiere que Anita les _____________ la verdad a sus padres. (**decir**)
18. ¿No te conviene que (**yo**) _____________ los libros a clase? (traer)
19. El jefe quiere que yo le _____________ una respuesta hoy mismo. (**dar**)
20. ¿Te gusta que Ernesto _____________ nuestra conversación? (**oír**)

RESPUESTAS p. 238

B. **Escriba el presente de subjuntivo de los siguientes verbos según la persona entre paréntesis.**

1. comenzar (yo) _____________
2. practicar (ella) _____________
3. tragar (vosotros) _____________
4. emplear (tú) _____________
5. seguir (yo) _____________
6. convencer (Uds.) _____________
7. conocer (Ud.) _____________
8. pagar (nosotras) _____________
9. coser (ellos) _____________
10. conseguir (tú) _____________
11. balancear (yo) _____________
12. empezar (vosotros) _____________
13. delinquir (él) _____________
14. vestir (nosotros) _____________
15. perder (ellas) _____________
16. padecer (yo) _____________
17. producir (él) _____________
18. decir (tú) _____________
19. pensar (vosotras) _____________
20. huir (ellos) _____________
21. ver (yo) _____________
22. ir (Uds.) _____________
23. estar (nosotros) _____________
24. leer (tú) _____________

¡ATENCIÓN!   Expresiones idiomáticas con preposiciones

Ud. ha encontrado en las lecciones anteriores algunas de las siguientes expresiones. Aquí tiene una lista más completa, que Ud. encontrará en lecturas de español intermedio.

a **cargo de** in charge of
a **causa de** because of
acerca de concerning,
   about
además de in addition to
a **falta de** for lack of
a **favor de** in favor of
a **fin de que** in order to
a **fuerza de** by means of
al lado de beside,
   alongside
alrededor de around
a **mediados de** in the
   middle of (*used as time
   expression*)

a **pesar de** in spite of
a **propósito de**
   concerning
arriba de over, on top of
conforme a according to
con motivo de with the
   purpose of
contrario a contrary to
debido a due to, because
   of
dentro de inside of,
   within
encima de over, on
   top of
en cuanto a as for

en frente de in front of
en lugar de instead of
en vez de instead of
frente a opposite, facing
fuera de outside of,
   except
junto a next to
por causa de because of
por razón de by reason of
respecto a with respect to
según (yo, tú, él, etc.)
   according to (me, you,
   him, etc.)
tocante a in reference to,
   as for

**RESPUESTAS
p. 238**

C.   Complete las oraciones siguientes.

1. Estacioné mi carro ____________ tu casa. (*alongside, by*)
2. No pudieron llegar a tiempo ____________ la lluvia. (*because of*)
3. ¿Qué sabe usted ____________ ese negocio? (*concerning, about*)
4. Saldremos de viaje ____________ junio. (*in the middle of*)
5. ____________ las ventajas de ese puesto, no lo tomaré. (*in spite of*)
6. El farmacéutico volverá a la farmacia ____________ una hora. (*within*)
7. Hay una pared alta ____________ jardín. (*around*)
8. El jabón está ____________ lavabo. (*on top of*)
9. No puedo hacer nada ____________ tu amigo. (*with respect to*)
10. ____________ jarabe, puedes tomar estas píldoras. (*for lack of*)
11. ____________ tus nervios y estrés, debes tomar un sedativo. (*as for*)
12. Pasaremos ____________ un mes en Puerto Vallarta. (*about*)
13. No puedes tomar antibióticos ____________ tu alergia. (*because of*)
14. Debes guardar cama ____________ tomar la medicina. (*in addition to*)
15. ____________ el médico, es mejor que no vayas a trabajar. (*according to*)
16. Pudo terminar el libro para enero ____________ muchas horas de trabajo. (*by means of*)
17. El farmacéutico está ____________ la farmacia. (*in charge of*)
18. ____________ lo que Ud. piensa, ella tiene razón. (*contrary to*)
19. Los hispanoamericanos dicen papas ____________ patatas. (*instead of*)
20. No pudo terminar el curso ____________ su enfermedad. (*due to*)

20 En la consulta del dentista
(At the Dentist's Office)

aconsejar	to advise	el grito	shout, shouting
la carie	cavity	impedir (i)	to prevent
cepillarse, lavarse	to brush	insistir en	to insist on
el cepillo (de dientes)	*(tooth)*brush	inútil	useless
la corona	crown	la muela	molar, tooth
la dentadura[1]	set of teeth, dentures	la muela del juicio[4]	wisdom tooth
el diente	tooth	la novocaína	novocaine
el diente de leche	milk tooth	la pasta, la crema (de dientes)	toothpaste
echarle el diente[2]	to try hard		
tener buen diente	to be a hearty eater	rogar(ue)	to beg, request
el dolor de muelas	toothache	el sacamuelas[5]	bad dentist
		sacar	to pull out
empastar	to fill *(a tooth)*	ser preciso	to be necessary
el empaste	filling *(for teeth)*	la súplica	petition, request
enderezar	to straighten	suplicar	to beg, request
el esmalte	enamel	el taladro	drill
la evidencia	evidence	temer; tener miedo de	to be afraid
evidente	evident		
los frenos[3]	braces, brakes	útil[6]	useful
gritar	to shout, scream		

NOTAS

1. *Dentadura* significa dos cosas: *set of teeth,* es decir, los dientes naturales y *dentures,* los dientes artificiales. En algunos casos es necesario especificar, diciendo **dentadura natural** y **dentadura postiza**, respectivamente.

2. *Echar los dientes* se traduce como *teething,* pero la forma singular **echarle el diente** es *to try hard,* aunque se usa más en la forma negativa: **no le echa el diente** es acusar a una persona de ser *very lazy.*

3. *Frenos* se aplica a los vehículos, pero también al mecanismo que ponen los ortodentistas para enderezar los dientes.

4. **La muela del juicio** significa *wisdom tooth*, que también se llama **muela cordal** o simplemente **la cordal.**

5. *Sacamuelas* significa literalmente *teeth puller,* e identifica no sólo a un *cheap dentist* sino también a un *charlatán* o *parlanchín*—una persona que habla demasiado. La expresión es **hablar como un sacamuelas.**

6. *Útil* significa *useful* como adjetivo. La forma plural, **los útiles,** se usa como nombre con el significado de **herramientas** (*tools, instruments*), no sólo del dentista sino de cualquier trabajo.

7. En el mundo de habla hispana, la comida siempre es importante, tanto desde el punto de vista literal como desde el punto de vista social; es casi un ritual para toda la familia, especialmente los domingos y días de fiesta, cuando la sobremesa (*after dinner talk*) se extiende por horas. Por esta razón, los dientes son un símbolo importante del folklore en el mundo de habla hispana. Uno de los dichos tradicionales enfatiza la idea de *food comes first, even before my relatives:* «Antes son mis dientes que mis parientes.»

PRACTIQUE LAS PALABRAS NUEVAS

RESPUESTAS p. 238

A. Complete el siguiente diálogo entre la dentista y su paciente y amigo, Carlos.

DENTISTA: ¡Hola!, Carlos, ¡ ___________ varios meses que no te veía!
(1.)
¿Cómo andas?

CARLOS: Muy mal. Hace dos días que tengo un dolor terrible de

____
(2.)

DENTISTA: Vamos a ver. Abre bien la boca. Creo que veo una ___________
(3. cavity)
en una muela. Y, ¡no es pequeña!

CARLOS: Lo que me temía. ¿Crees que podrás ___________ en vez
(4. to fill it)
de sacarla?

DENTISTA: Es fácil, pero tendré que limpiar la carie con el ___________.
(5. drill)

CARLOS: ¡Detesto esa palabra! Ponme una inyección de __________
(6.)

para anestesiarme bien la boca.

DENTISTA: La carie es bastante profunda; ya ha pasado del __________
(7. *enamel*)

de la muela.

CARLOS: ¿Eso quiere decir que tendrás que ponerme una__________?
(8. *crown*)

DENTISTA: Definitivamente. ¿No te parece que es mejor salvar la muela que

__________?
(9. *to pull it out*)

CARLOS: Sí, pero será peor para mi bolsillo, que tiene que pagar

__________.
(10. *the bill*)

DENTISTA: ¡No te quejes! Piensa que un implante te costaría __________
(11. *more than*)

dos mil dólares.

CARLOS: No, gracias. Me quedo con la corona de __________.
(12. *gold*)

RESPUESTAS p. 239

B. Subraye la palabra que completa correctamente la oración.

1. Para lavarnos los dientes usamos un / una (taladro, freno, cepillo, corona).
2. Para enderezar los dientes los ortodentistas usan (taladros, dentaduras, gritos, frenos).
3. Un sacamuelas es un dentista muy (útil, barato, preciso, evidente).
4. *Suplicar* es lo mismo que (impedir, rogar, aconsejar, insistir).
5. La parte más blanca de un diente es el / la (empaste, esmalte, corona, dentadura).
6. La primera dentadura de una persona son los / las (dientes de leche, muelas del juicio, dientes empastados, las muelas temporales).
7. *Ser necesario* es lo mismo que ser (obvio, evidente, preciso, útil).
8. Para aplicar anestesia local se usa (morfina, novocaína, cocaína, heroína).
9. Es mejor (impedir, insistir, enderezar, aconsejar) las caries que tener que curarlas.
10. Según el dicho, los dientes son más importantes que el / los (hijos, dinero, suegro, parientes).

RESPUESTAS p. 239

C. Use las siguientes palabras y expresiones para completar las oraciones. Haga los cambios que sean necesarios, según el contexto.

aconsejar	echarle el diente	muela del juicio	sacamuelas
cepillarse	empastar	obvio	ser preciso
dentadura	gritar	rogar	tener buen diente

1. A Carolina le gusta mucho comer; ella __________.
2. Si Ud. tiene una carie, es necesario __________ la muela para salvarla.
3. Los dentistas siempre __________ lavarse los dientes tres veces al día.
4. El pobre paciente tuvo que __________ porque la curación le dio un dolor terrible.
5. Una buena __________ es importante para comer.
6. Ese trabajo es muy difícil. Nadie quiere __________.
7. No te aconsejo ir al consultorio de ese dentista. Todo lo soluciona sacando los dientes. Es un verdadero __________.
8. El paciente le __________ al dentista que le ponga mucha anestesia.
9. Los primeros dientes en salir son los de leche; los últimos son las __________.
10. Es importante __________ los dientes después de cada comida.
11. Es __________ que el ortodentista es más caro que el dentista.
12. Para sacarte una muela, __________ que el dentista te ponga anestesia.

GRAMÁTICA Contraste de los usos del indicativo y el subjuntivo: información y certeza vs. influencia y duda

I. **La oración compuesta:**

Podemos unir dos oraciones independientes con la conjunción **que** para formar una frase compuesta (*compound sentence*). En esta oración nueva, tenemos dos cláusulas: una cláusula principal (*main clause*), y la frase subordinada (*subordinate clause*), que empieza con **que**. La segunda frase es la subordinada, porque depende gramaticalmente de la oración principal.

EJEMPLO: [Nosotros sabemos] *que* [Bolivia está en Sudamérica].
        PRINCIPAL   SUBORDINADA

II. **Los verbos de información y certeza: indicativo**

Si la oración principal tiene un verbo o expresión de información o de certeza (*certainty*), el verbo de la oración subordinada debe ir en indicativo.

EJS: El médico *afirma* que usted no *tiene* gripe.
     Es evidente que usted no *tiene* gripe.

He aquí una lista parcial de verbos y expresiones de certeza e información:

conocer	declarar	es evidente	gritar	oír	sentir
contar	es cierto	es obvio	informar	reconocer	ver
decir *(to say)*	escribir	es verdad	observar	saber	

III. Los verbos de influencia y duda: subjuntivo

Los verbos en la cláusula principal que significan alguna clase de influencia o duda se complementan en la cláusula subordinada con el verbo en subjuntivo. Dentro de la idea general de influencia, hay órdenes, mandatos, permiso, prohibición, deseo, voluntad, petición, sugerencia y consejo:

EJ: *Quiero* que los estudiantes aprendan.
(*Quiero* expresa mi deseo de influir las acciones de los estudiantes.)

He aquí una lista parcial de verbos de influencia:

aconsejar	desear		mandar	permitir	querer
decir *(to tell)*		impedir	ordenar	preferir	rogar
dejar	esperar	insistir	pedir	prohibir	sugerir

A. Hay muchas expresiones impersonales que expresan opiniones personales con adjetivos que también se complementan con el subjuntivo.

EJS: Es necesario que *llegues* a tiempo.
(*It's necessary that you arrive on time.*)

Es bueno que podamos practicar de antemano.
(*It's good that we can practice beforehand.*)

Hay muchas expresiones impersonales que ofrecen una opinión sobre las acciones de la cláusula subordinada; éstas requieren el subjuntivo. He aquí una lista de las más comunes:

es bueno	es importante	es mejor	es preciso
es deseable	es inútil	es necesario	es recomendable
es forzoso	es malo	es peor	es útil

IV. Verbos dobles: ¿indicativo o subjuntivo?

A. Hay unos verbos con dos interpretaciones posibles muy diferentes: una que indica certeza o da información, y se complementa con el indicativo; y la otra que indica influencia, y se complementa con el subjuntivo. Un verbo típico de esta doble interpretación es **decir**, que se puede usar para transmitir información, como en ejemplo 1, y también para dar una orden, y por eso, dar influencia, como en ejemplo 2.

EJS: 1. José dice que ella *viene* a la fiesta.
(*José says that she is coming to the party.*)
2. José dice que ella *venga* a la fiesta.
(*José says she must come to the party.*)

Hay algunos verbos de este tipo:

decir	escribir	recordar

Recordar puede significar dos cosas diferentes: *to remind* y *to remember*. Con el significado de *to remember* siempre toma indicativo, pero como *to remind* puede tomar indicativo y subjuntivo, según sea que predomine la idea de información o de influencia.

EJS: **Recuerdo que José no *va*.** (*I remember that José is not going.*)
Te recuerdo que no *vayas*. (*I remind you that you shouldn't go.*)

V. El infinitivo en lugar del indicativo y del subjuntivo

A. Cuando el sujeto de la oración principal y el de la oración subordinada es el mismo, se usa el *infinitivo* en la segunda oración, no importa si el verbo es de información o de influencia. Tampoco se usa la conjunción **que.** Si hay dos sujetos diferentes es obligatorio usar el indicativo o el subjuntivo y la conjunción **que**, excepto con algunos verbos que se mencionan en B, a continuación.

EJS: **Juan sabe *hablar* español.** *(Juan puede hablar el idioma; hay solo un sujeto para los dos verbos).* Juan knows how to speak Spanish.
Juan sabe que tú *hablas* español. *(Hay dos sujetos distintos.)* Juan knows that you speak Spanish.

Otros ejemplos:
Sofía quiere *comer* bien.
Sofía quiere que ellos *coman* bien.

B. Con verbos de mandato (**ordenar, mandar**), prohibición (**impedir, prohibir**) y permiso (**permitir, dejar**) hay dos consturcciones posibles cuando hay dos sujetos diferentes: el infinitivo y el subjuntivo. Se puede usar el pronombre de objeto indirecto y el verbo de mandado, prohibición o permiso, seguido por el infinitivo:
Manuel te manda salir.
O podemos formar una oración compuesta con **que**, mencionado en sección I:
Manuel manda que salgas.
Otros ejemplos:

EJS: **Araceli te manda *salir*.** = **Araceli manda que *salgas*.**
(Araceli tells you to leave.)
Nestor les prohíbe *ir*. = **Nestor prohíbe que *vayan*.**
(Nestor forbids them to go.)
Elisa me permite *jugar*. = **Elisa permite que *juegue*.**
(Elisa lets me play.)

PRACTIQUE LA GRAMÁTICA

1. El presente de subjuntivo principalmente se usa en la cláusula principal; siempre va en una oración ___________. Hay algunas excepciones, por ejemplo frases idiomáticas como **¡Que te vaya bien!** (*May all go well with you!*) y otras.

2. Los verbos de certeza/información en la oración principal requieren en la oración subordinada con el modo ___________.

3. Los verbos de influencia en la oración principal, se complementan en la oración subordinada con el modo ___________.

4. Una persona puede influir (*influence*) en otra de muchas maneras. Por ejemplo, puede prohibir o puede permitir, puede ordenar o puede desear. Todos estos verbos se complementan en la oración subordinada con el ___________.

5. Los verbos *ver, oír, observar* son ejemplos de verbos de ___________ por su significado. Se usa el ___________ en la cláusula subordinada porque no indican influencia.

6. La expresión **es importante** es una expresión impersonal que presenta una *opinión* sobre la cláusula subordinada y no es simplemente información o una certeza. Por eso, la forma de hacer en la siguiente frase es ___________: **Es importante que lo** ___________ **bien** (*hacer*).

7. Si tú le dices a tu amigo **Es mejor que vayas personalmente**, ¿le estás informando, o le ofreces una opinión sobre sus acciones? ___________ Por esta razón *vayas* es ___________.

8. El verbo **escribir** puede significar dos cosas: a) **informar por escrito** y b) **ordenar por escrito**. En el primer ejemplo se usa el ___________ y en el segundo ejemplo, el ___________.

9. Expresiones como **es obvio, es evidente** indican certeza. Por esta razón se requiere en la oración subordinada el modo ___________.

10. Completa la expresión **Ella no quiere** ___________ (*eat*) **ahora**. En este ejemplo, usamos el infinitivo porque *ella* es sujeto de los dos verbos. En cambio, en **Ella no quiere que tú** ___________ (*eat*) **ahora** se necesita el subjuntivo porque hay dos sujetos y porque *querer* es un verbo de influencia.

11. Con verbos de mandato, prohibición y permiso hay dos construcciones posibles: una con el *infinitivo* y otra con el *subjuntivo*.

    EJ: **Te prohíbo fumar.** = **Te** ___________.

12. *Dejar* significa *to leave, to place*; **dejar de** + *verbo* es *to stop, to quit* (*doing something*), pero **dejar** también significa **permitir** (*to allow, let*). Con el ejemplo anterior, también puede tomar un infinitivo o un subjuntivo:

    EJ: **Mi papá me deja salir.** = **Mi papá me deja** ___________.

EJERCICIOS

RESPUESTAS p. 239

A. Complete con el infinitivo, el presente de indicativo o de subjuntivo.

1. La abuela quiere que el niño ___________ pronto. (**dormirse**)
2. No es necesario que Carmina ___________ el abrigo. (**ponerse**)
3. Es verdad que nosotros ___________ poca ropa en verano. (**llevar**)
4. Espero que ustedes ___________ a tiempo. (**llegar**)
5. La mamá sugiere que Alfredo ___________ con las botas puestas. (**irse**)
6. Es mejor que Uds. ___________ pantalones gruesos para el invierno. (**comprar**)
7. Es cierto que Esteban ___________ la gripe desde ayer. (**tener**)
8. El jefe nos prohíbe ___________ en el trabajo. (**fumar**)
9. Ella se opone a que yo ___________ más horas. (**trabajar**)
10. Todos reconocemos que Andrés ___________ inocente. (**ser**)
11. Es evidente que un traje ___________ más caro que un pantalón. (**ser**)
12. No dejes que tu hijo ___________ tan tarde a la calle. (**salir**)
13. Mi padre me deja ___________ su carro todos los viernes. (**usar**)
14. Mi esposa prefiere que yo ___________ el suéter rojo. (**ponerse**)
15. Te sugiero que (tú) ___________ el traje de baño. (**traer**)
16. El dentista insiste en que te ___________ los dientes tres veces al día. (**cepillar**)
17. La ley nos manda ___________ impuestos. (**pagar**)
18. No es necesario que Ud. ___________ de mal humor. (**ponerse**)
19. Acabo de oír que el director ___________ enfermo. (**estar**)
20. Es mejor que Ud. ___________ un trabajo mejor remunerado. (**buscar**)
21. Juan me escribe que su novia ___________ con él. (**estudiar**)
22. ¿Sabe usted que Jorge ___________ con Elena? (**casarse**)

RESPUESTAS p. 239

B. *Expectativas I.* ¿Qué espera el maestro de sus alumnos en clase? ¡Muchas cosas buenas! Completa las frases con el subjuntivo de los verbos entre paréntesis.

Quiero que mis alumnos. . .

1. ___________ (llegar a tiempo).
2. ___________ (hablar español en clase).
3. ___________ (hacer bien sus tareas).
4. ___________ (venir preparados a clase).
5. ___________ (no dormirse en clase).
6. ___________ (no usar mucho el teléfono celular en clase).
7. ___________ (no comer en clase).
8. ___________ (no gritar en clase).

C. *Expectativas II.* Por supuesto, los alumnos también esperan que su maestro haga ciertas cosas. Completa las frases con el subjuntivo de los verbos entre paréntesis.

Los alumnos esperan que su maestro. . .

1. ____________ (preparar bien las clases).
2. ____________ (estar siempre de buen humor).
3. ____________ (tener mucha paciencia).
4. ____________ (estar lista/a conversar con los estudiantes).
5. ____________ (empezar la clase a tiempo).
6. ____________ (terminar la clase a la hora).
7. ____________ (hablar lo más español posible en clase).
8. ____________ (mantener la disciplina).
9. ____________ (ser ameno y agradable en clase).

¡ATENCIÓN!   El modo imperativo: los mandatos con *tú*, *usted* y *ustedes*

1. El imperativo es un modo (como el *indicativo* y el *subjuntivo*) que se usa explícitamente para dar mandatos (*commands*). Empezamos con los mandatos de **tu** y **usted**.

2. Los mandatos con ***usted***

   a) Estas formas son idénticas a la forma del presente de subjuntivo:
   Ejemplos: comer→coma; hablar→ hable

3. Los mandos con ustedes también son idénticas a la forma del presente de subjunctivo: Ejemplos: pensar → piensen; vestir → vistan

4. Los pronombres reflexivos, pronombres de objeto indirecto (*me, te, le, nos, os, les*) y pronombres de objeto directo (*me, te, lo, la, nos, os, los, las*) van <u>después</u> del verbo si es mandato **afirmativo**, formando una sola palabra y <u>antes</u> del verbo si es mandato **negativo**:

   Ejemplos: ***Dígame*** (usted) la verdad. *Tell me the truth.*
   No ***me diga*** nada. *Don't say anything to me.*
   Cómpremelo. (*Buy it for me.*)
   No ***me lo compre.*** (*Don't buy it for me.*)

5. Los mandatos afirmativos con **tú**

   a) tienen la misma forma de la *tercera persona singular del presente de indicativo*. Como los mandatos con **usted**, los pronombres van después del verbo en el afirmativo, formando una sola palabra:

   Ejemplos: hablar → habla; comer → come; vístate (get dressed); háblame (talk to me)

Hay ocho verbos con formas irregulares para el mandato de **tú**

salir → **sal**	venir → **ven**	tener → **ten**	poner → **pon**
decir → **di**	hacer → **haz**	ir → **ve**	ser → **sé**

b) Los mandatos negativos de **tú** tienen la misma forma del presente de subjuntivo. Si hay pronombres, se colocan antes del verbo como en el caso de los mandatos de usted:

EJS: No *me hables* de eso. (*Don't talk to me about that.*)
Nunca *te comas* esas frutas. (*Never eat those fruits.*)

Más ejemplos con los dos pronombres: tú / usted.

Ponte el sombrero. / No *te pongas* el sombrero.

Lávese las manos. / No *se lave* las manos.

RESPUESTAS p. 239

D. Conteste las preguntas siguientes afirmativa y negativamente. Use los pronombres *Ud. / Uds.*

EJ: ¿Compro esta camisa hoy? —Sí, cómprela. / —No, no la compre.

1. ¿Escribo la carta en la computadora?
   —Sí, _________________________.   —No, _________________________.
2. ¿Pido más café?
   —Sí, _________________________.   —No, _________________________.
3. ¿Sacamos las maletas del armario?
   —Sí, _________________________.   —No, _________________________.
4. ¿Me afeito con la máquina eléctrica?
   —Sí, _________________________.   —No, _________________________.
5. ¿Nos lavamos las manos aquí?
   —Sí, _________________________.   —No, _________________________.
6. ¿Le compro la soda al niño?
   —Sí, _________________________.   —No, _________________________.
7. ¿Les digo las verdad a mis padres?
   —Sí, _________________________.   —No, _________________________.
8. ¿Nos vamos ya para casa?
   —Sí, _________________________.   —No, _________________________.

RESPUESTAS p. 239

E. Conteste las preguntas siguientes afirmativa y negativamente. Use el pronombre *tú*. Sustituya los nombres por pronombres. (¡Tenga en cuenta que algunas oraciones no tienen pronombres!)

EJ: ¿Compro esta camisa hoy? —Sí, cómprala. / —No, no la compres.

1. ¿Contesto la llamada de tu amigo?
   —Sí, _________________________.   —No, _________________________.

2. ¿Me lavo las manos en la cocina?

   —Sí, ________________.   —No, ________________.

3. ¿Salgo de casa temprano?

   —Sí, ________________.   —No, ________________.

4. ¿Me voy ahora mismo para casa?

   —Sí, ________________.   —No, ________________.

5. ¿Te pongo los libros en tu cuarto?

   —Sí, ________________.   —No, ________________.

6. ¿Le hago la tarea a mi amigo?

   —Sí, ________________.   —No, ________________.

7. ¿Me quito los zapatos antes de entrar la sala?

   —Sí, ________________.   —No, ________________.

8. ¿Le digo toda la verdad a tu amiga?

   —Sí, ________________.   —No, ________________.

EXAMEN 3 LECCIONES 15–20

Parte I.   Practique el vocabulario (42 puntos)

RESPUESTAS
p. 240

A. Relacione las dos columnas.

1. ______ . . . de las acciones sube y baja todos los días.	**A.**	la cintura
2. ______ Los carros grandes. . . mucha gasolina.	**B.**	talla
3. ______ Entre la mano y el brazo tenemos la. . .	**C.**	maquillaje
4. ______ Me gusta. . . a la ventana para ver la gente que pasa.	**D.**	echo de menos
5. ______ El padre y el hijo. . . como un frijol a otro frijol.	**E.**	regatear
6. ______ ¿Qué. . . de pantalones usa usted?	**F.**	aprietan
7. ______ La parte de detrás del cuerpo se llama . . .	**G.**	en efectivo
8. ______ Las mujeres se ponen. . . en la cara para aparecer lindas.	**H.**	la cotización
9. ______ El director nunca está de acuerdo. Siempre. . . a los demás.	**I.**	presupuesto
10. ______ Aquí tenemos precios fijos; no se puede. . .	**J.**	se parecen
11. ______ Voy a pagar. . . No me gusta usar tarjetas de crédito.	**K.**	asomarme
12. ______ Se considera elegante que las muchachas tengan. . . muy estrecha.	**L.**	malgastan
13. ______ No lo hizo con gusto; al contrario, lo hizo. . .	**M.**	la espalda
14. ______ ¿Tiene Ud. . .. para los gastos de comida al mes?	**N.**	pone peros
15. ______ Necesito zapatos más grandes. Éstos me. . . demasiado.	**O.**	muñeca
16. ______ Mi perro murió hace un año, pero todavía lo. . .	**P.**	de mala gana

RESPUESTAS
p. 240

B. Subraye la selección correcta.

17. Para proteger los ojos contra el polvo y otros materiales, tenemos los / las (rodillas, cabellos, pestañas, orejas).

18. El sentido del tacto está especialmente localizado en los / las (uñas, dedos, muñecas, tobillos).

19. El trabajo siempre triunfa (de repente, a la larga, a pesar de, a tiempo).

20. El mejor remedio contra la pulmonía es (fumar menos, ponerse una vacuna, tomar antibióticos, comer bien).

21. Las enfermeras ponen a los niños recién nacidos en un / una (muñeca, cuna, encinta, mecedora), cuando no están con la madre.

22. Si tienes los ojos irritados, lo mejor es ponerse unos / unas (aspirinas, vacunas, jarabes, gotas).

23. Todos nos pusimos de acuerdo (en vez de, debido a, tocante a, a fuerza de) la manera de preparar los exámenes.

24. El tejado de la casa ya es muy viejo. Cada vez que llueve (padece, gotea, respira, alivia) en el garaje.

25. Si te aprietan los zapatos, compra un / una (etiqueta, ganga, talla, bota) más grande.

C. Complete las oraciones con una de las palabras o expresiones. Haga los cambios necesarios.

a medias	codo	partir de	sólo	taladro	tragar
a través	fuera de	según	solo(a)	toser	travesura
cepillo	pabellón	seno	suplicar		

26. No quiero compañía en este momento; déjame __________, por favor.

27. Para lavarte los dientes necesitas crema dental y __________.

28. Me da trabajo doblar el brazo derecho porque me duele.

29. Los niños recién nacidos están en el __________ de maternidad.

30. El dentista tiene que usar el __________ para curar y limpiar las caries.

31. __________ el médico, tu enfermedad no es muy seria.

32. Yo te __________ que no me molestes, por favor.

33. Ya veo que tú __________ las píldoras sin dificultad, pero yo no.

34. ¿Puedes ver las montañas __________ e los árboles?

35. Siempre que tengo una infección en la garganta, __________ muchísimo.

36. Los niños hacen __________ cuando no tiene nada que hacer.

37. Ya empecé la carta, pero no la he terminado; la tengo __________.

38. El crimen no ocurrió dentro sino __________ la iglesia.

39. Las señoras usan un sostén (brassiere) para cubrir __________.

40. Este carro no es caro; __________ cuesta como diez mil dólares.

41. Los precios de la gasolina van a subir a __________ enero.

Parte II. Practique la gramática (59 puntos)

A. Subraye la respuesta correcta entre las cuatro.

1. En realidad tu amigo no es gordo, (pero, sino, también, excepto) es bajito.

2. Aquí hay minas de plata, oro (y, e, o, i) hierro.

3. Prefiero que Uds. se (quedan, quedarán, queden, quedarían) a dormir aquí esta noche.

4. Si la secretaria sigue trabajando (tanta, tan, tan mucho, tanto), se va a enfermar.

5. Reconozco que Ud. (tiene, tenga, tendría, tuviera) toda la razón, y yo no.

6. El verano pasado no fui a California (sino, pero, sino que, pero que) volví a Cancún.

7. Espero que este regalo te (gusta, guste, gustaría, gustara) mucho.

8. Es una ventaja que este banco (hace, hará, haría, haga) préstamos.

9. Prefiero que tú (vienes, vengas, vendrás, vendrías) con abrigo porque hace frío.

10. Si las señoras fueron de compras, no volverán en (menos que, más que, tanto que, menos de) una hora.

11. Yo siempre tenía. . . dinero. . . tú. (tanto. . . que, más. . . que, más. . . como, tan. . . como).

12. Es conveniente que (compras, comprarás, compres, compraste) ese vestido; es barato.

13. Es verdad que José (abra, abriría, abría, abrió) una cuenta corriente en el banco.

14. ¿No ve Ud. que nosotros (somos, estamos, seamos, estemos) de Sudamérica?

15. Esa familia debe tener (más que, tantos como, más de, tantos que) dos carros.

16. Ya llevo dos años (sin fumar, sin fumando, fumando, fumar) un solo cigarrillo.

17. Me parece que Margarita no es. . . alta . . . su hermana. (tan. . . que, más. . . que, tan. . . como, tanta. . . como).

18. Aquí tiene Ud. el dólar que me pidió; no me quedan (más de, menos que, pero, más que) tres dólares para comer.

19. Es extraño que tu amigo no te (llama, llamaría, llame, llamó) por teléfono.

20. Yo no me acuerdo si fue Ulises (u, e, o, y) Homero el autor de la Odisea.

21. Visitamos la ciudad de Caracas (hacía dos años que, hace dos años, hace dos años que, hacía dos años).

22. Es importante que el muchachito (duerma, duerme, dormía, dormiría) ocho horas diarias.

23. Este señor desea que (le servirás, lo sirvas, le sirvas, lo servirías) café.

24. Si te desayunas más tarde, no te (daba, dará, dio, diera) tanto sueño.

25. Cuando yo vivía en Bogotá, (comería, comía, comiera, comiese) muy bien.

26. Estudió para el examen (más de cómo, tanto como, más de lo que, tan mucho como) usted se imagina.

27. No miré el reloj, pero (serían, fueran, eran, fuesen) las dos de la mañana cuando llegamos anoche.

28. Lolita quiere que (le lees, la lees, le leas, la leas) la novela este fin de semana.

29. Este traje no es para ti (pero para, sino para, sino que, pero que) tu hermano.

30. Tenía un billete de diez dólares y gasté siete. No que quedan (menos de, pero, más de, más que) tres dólares.

31. Te recomiendo que (lleves, llevas, llevarás, llevarías) pantalón en vez de falda.

32. Los Pérez me contaron que (tenían, tendrán, tuvieron, tienen) un verano fantástico el año pasado.

33. El gerente espera que todos (llegaremos, llegaríamos, llegamos, lleguemos) a tiempo.

34. El senador habló (claramente, claromente, clara, claro) y francamente.

35. Es evidente que el gerente del banco (trata, trataría, trate, tratara) de ayudarte.

RESPUESTAS p. 240

B. Escriba los acentos necesarios.

36. Estaba lloviendo cuando llegue a la estación del tren.

37. ¿A que hora se celebro la fiesta de tu cumpleaños?

38. Un avion es como un pájaro muy grande; los dos pueden volar.

39. Hay varias personas detras de la pared.

40. ¿Que dia llego tu amigo, el sabado o el domingo?

RESPUESTAS p. 240

C. Conteste las preguntas usando la forma *tú* de imperativo, primero afirmativa y luego negativamente. ¡Cuidado con los pronombres!

EJ: ¿Me lavo las manos? Sí, lávatelas. No, no te las laves.

41–42. ¿Abro la ventana?

—Sí, ___________________.   —No. ___________________.

43–44. ¿Pongo el libro aquí?

—Sí, ___________________.   —No. ___________________.

45–46. ¿Vengo mañana?

—Sí, ___________________.   —No. ___________________.

47–48. ¿Pago la cuenta?

—Sí, ___________________.   —No. ___________________.

49–50. ¿Le compro la soda a tu hijo?

—Sí, ___________________.   —No. ___________________.

RESPUESTAS p. 240

D. Conteste las preguntas usando la forma de *Ud. / Uds.* de imperativo. ¡Cuidado con los pronombres! Siga el modelo.

EJ: ¿Me lavo las manos? —Sí, láveselas. —No, no se las lave.

51. ¿Me compro el carro azul? —Sí, ___________________.

52. ¿Le hago la tarea a mi amiga? —No, ___________________.

53. ¿Nos quitamos los zapatos? —Sí, ___________________.

54. ¿Me pongo el abrigo ahora? —No, ________________________________.

55. ¿Le hablo a Ud. en español? —Sí, ________________________________.

56. ¿Les digo la verdad a ellos? —No, ________________________________.

57. ¿Le pido el carro a mi papá? —Sí, ________________________________.

58. ¿Me tomo las pastillas ahora? —No, ________________________________.

59. ¿Leemos esta novela para el lunes? —Sí, ________________________________.

RESPUESTAS LECCIONES 15–20 Y EXAMEN 3

Lección 15

Practique el vocabulario

A. 1. servirle   4. apretada   7. llevan   10. regatear   13. probar
    2. falda   5. probador   8. etiqueta   11. botas   14. ahora
    3. talla   6. corta   9. ganga   12. llevar

B. 1. echo de menos   5. regatea   9. corbata   13. prueba
    2. aprietan   6. camisa   10. calcetines   14. medias
    3. caja   7. pantalón   11. abrigo   15. Sin duda
    4. etiqueta   8. maquillaje   12. cintura   16. sostén

Practique la gramática

1. e / i, hi
2. y / y
3. u / o, ho
4. negativa
5. contrastar / sino
6. sino que / sino que
7. sino / sino
8. femenina / buenamente
9. sí / rápidamente
10. último / femenina
11. que / hace una hora
12. imperfecto / esperaba
13. Hace un año que
14. comer

Ejercicios

A. 1. y / e   6. u   11. dormir   16. manejando (conduciendo)
    2. e   7. sino   12. pero   17. sino
    3. u   8. hace tres años 13. pero   18. Hacía
    4. y   9. sino   14. sino que   19. hace una hora
    5. sino   10. sino que   15. sino también 20. llevas (lleva)

B. 1. tontamente   3. felizmente   5. cortésmente
    2. fácilmente   4. alegremente   6. malamente

C. 1. Hace dos meses que vivo aquí.
2. Hacía una hora que esperaba el autobús.
3. Hace dos años que ella visitó Madrid.
4. Hace 25 años que se casaron mis papás.
5. Hacía una hora que corrías por el parque.
6. Hace un día que se fueron tus papás.
7. Hacía un rato que ella regateaba el precio del pan.
8. Hace un mes que te echo de menos.

D. 1. me di cuenta
2. tocó
3. se marchó
4. desempeña
5. jugaste
6. dejaste de
7. jugaron
8. saliste de
9. realizó (logró)
10. dejé
11. desempeñó
12. realicé (logré)

Lección 16

Practique el vocabulario

A. 1. puedo
2. cambiar
3. divisas
4. cotización
5. subió
6. bolsa
7. en efectivo (al contado)
8. corriente
9. cartera (billetera)
10. cuenta
11. agradezco

B. 1. hipoteca
2. factura
3. sueldo
4. al contado
5. ahorrarlo
6. impuestos
7. lujosos
8. débil
9. endosarlo
10. despacho
11. bromas
12. préstamo
13. presupuesto
14. a plazos
15. gerente
16. vale la pena
17. cómicos
18. ganancias
19. pérdidas / ganancias
20. cajeros / -as

Practique la gramática

1. como
2. nombre / tantos
3. adverbios / tan
4. as much
5. as many
6. que / de / de
7. de / de
8. exactly two
9. sino
10. de
11. el peor posible
12. older / younger
13. older
14. lo más pronto
15. lindísima
16. lo mejor / lo peor
17. máxima

Ejercicios

A. 1. mayor
2. menor
3. más que
4. más que
5. más alta que
6. tanto como
7. menos dinero que
8. más alto de
9. altísimo (muy alto)
10. la mejor cocinera del
11. más que
12. más de

B.
1. mejor que
2. más. . .que
3. tanto como
4. tantas. . .como
5. tan. . .como
6. más de
7. menos de
8. más alto de
9. menor que
10. más de
11. tanta. . .como
12. lo más pronto
13. tanto como
14. más de
15. más que
16. grandísimo
17. rapidísimo
18. mayor

C.
1. rapidísimo
2. felicísimo
3. riquísimo
4. malísimo
5. velocísimo
6. simpatiquísimo
7. facilísimo
8. lujosísimo
9. débilísimo
10. sequísimo

D.
1. Mis abuelos tienen más dinero que mis padres.
2. Carlos no tiene tan buenas notas como Lola.
3. A mí me gusta el pollo más que la carne de vaca.
4. Ella oye más de diez discos todos los días.
5. Marta es la muchacha más alta de la clase.

E.
1. salvó
2. malgasta
3. cuidó
4. examina
5. ahorré
6. buscaron
7. se parece
8. se asomó
9. guardó
10. ¡Cuidado!
11. miró (vio)
12. pareció

Lección 17

Practique el vocabulario

A.
1. dedos
2. la rodilla
3. la nariz
4. el cuello
5. el hueso
6. los pulmones
7. las manos
8. la muñeca
9. el codo
10. las uñas

B.
1. olfato
2. pelo / cabello
3. pecho
4. la nariz
5. dedos
6. corazón
7. sangre
8. uñas
9. brazos
10. garganta
11. oreja
12. olfato
13. muslo
14. codo
15. pestañas

C.
1. cortarte el pelo
2. pone peros
3. dolió la garganta
4. empinar el codo
5. de mala gana
6. tomando el pelo
7. rompió el tobillo
8. habla por los codos
9. da la lata
10. rompe los codos
11. codo con codo
12. es (muy) codo

Practique la gramática

1. un / dis (penúltima, 'second-to-last')
2. última
3. s / no
4. última sílaba
5. penúltima
6. sílaba / s / sí (. . .dós)
7. antepenúltima
8. dos / sí (área)
9. í / sí
10. diptongo / sí (baúl)
11. sílaba / sí (-pié)
12. sílaba
13. sí (adiós)
14. fácilmente
15. donde=dónde
16. ¡Qué día!
17. no / África

Ejercicios

A.
1. quería / más / tenía
2. quién / lápices
3. íes
4. corazón / pulmón
5. país / más / petróleo
6. creía / tú / francés / sí
7. baúl / más / mío
8. qué / día / Ángela
9. oí
10. raíces / árbol
11. cuándo / miércoles
12. difícilmente
13. reúnen / sábado
14. quién / mí
15. Cristóbal / Colón / murió

B.
1. lud
2. te
3. mie
4. rri
5. no
6. ce
7. cié
8. cer
9. dis
10. nue
11. tor
12. tal
13. tu
14. tad
15. so / men
16. cla / men

C.
1. more
2. only
3. my
4. yet
5. the
6. your
7. if
8. be (command) / I know
9. yes / -self (reflexive suffix)
10. alone
11. but
12. give (command)

D.
1. a
2. de / de
3. de / de
4. a tiempo
5. de repente
6. a pesar de
7. a punto de / para
8. aprender a
9. de / para (a / hacia)
10. a la larga
11. a más tardar
12. de verdad (de veras)
13. a pie
14. está de
15. al pie de la letra
16. a cuánto
17. a lo loco
18. a principios de
19. a medias
20. a lo largo (por)

Lección 18

Practique el vocabulario

A.
1. pálida
2. resfriado (catarro)
3. impermeable
4. fiebre
5. pastillas (píldoras)
6. huesos
7. inyección
8. garganta
9. tosí
10. receta
11. mejorar
12. pulmonía
13. escalofríos
14. aliviar

B. 1. F 2. V 3. V 4. F 5. V 6. F 7. F 8. V 9. V 10. V 11. F 12. V

C.
1. recetas
2. la cuna
3. engordar
4. alergia
5. respirar
6. escalofríos
7. empeorar
8. gordo
9. tomar antibióticos
10. náuseas

Practique la gramática

1. infinitivo / comer
2. nosotros / tú
3. la primera persona plural
4. -ía / diptongo
5. sabré / pondré
6. diría / haría
7. futuro / condicional
8. condicional / querría
9. I wanted (I used to want) / I would want
10. imperfecto
11. satisfaré
12. supondré
13. bendiré
14. serían
15. Salimos
16. No matarás
17. íbamos

Ejercicios

A.
1. haría
2. compraría
3. viajaría
4. daría
5. pondría
6. saldría
7. seguiría
8. pagaría

B.
1. se mejorará
2. adelgazaremos
3. engordarás
4. mantendrá
5. haré
6. sabré

C.
1. se sentiría
2. me aliviaría
3. llegarían
4. entraría
5. gustaría
6. Quería

D.
1. irá
2. vendremos
3. pondrá
4. diré
5. detendrá
6. recibirá
7. estará
8. irías
9. serás
10. estaría
11. llegaría
12. habrá
13. hará
14. serían
15. gustaría
16. opondrá
17. tendrás
18. cabremos

E.
1. bajo
2. detrás de
3. so pretexto
4. ante
5. debajo de
6. antes del
7. delante de (ante)
8. bajo
9. ante
10. día tras día
11. después de
12. Página tras página

Lección 19

Practique el vocabulario

A.
1. qué
2. calmante
3. jarabe
4. tragar
5. medicina
6. sufro
7. gotas
8. hojas de afeitar
9. probar
10. chapado a la antigua
11. usa
12. acero
13. jabón
14. farmacia
15. por todo (en total)
16. centavos
17. adiós

B.
1. balancear
2. mecer
3. vacuna
4. marcas
5. tragos
6. conseguir(les)
7. alimentos
8. embarazada
9. acero
10. gotea
11. pasteles
12. jabón
13. chapado a la antigua
14. mecedora

C. 1. frutería   5. pescadería   9. relojería   13. taquería
      2. verdulería   6. carnicería   10. peluquería   14. papelería
      3. pastelería   7. cafetería   11. barbería   15. mueblería
      4. zapatería   8. librería   12. joyería

Practique la gramática

1. habl- / tú   5. c / nazca   9. empiece / empecé / c   13. bendiga
2. -as   6. meza   10. ü / averigüe   14. detengan
3. cuente / ue   7. y / incluya   11. escoja / j   15. satisfagas
4. tónica / u   8. pague / siga   12. pidamos   16. sobresalgamos

Ejercicios

A. 1. ponga   6. maneje   11. traten   16. permanezca
      2. escriba   7. mandes   12. pueda   17. diga
      3. hable   8. haga   13. haga   18. traiga
      4. venda   9. practiquen   14. huya   19. dé
      5. vayamos   10. vea   15. duerma   20. oiga

B. 1. comience   6. convenzan   11. balancee   16. padezca   21. vea
      2. practique   7. conozca   12. empiecéis   17. produzca   22. vayan
      3. traguemos   8. paguemos   13. delinca   18. digas   23. estemos
      4. emplees   9. cosan   14. vistamos   19. penséis   24. leas
      5. siga   10. consigas   15. pierdan   20. huyan

C. 1. al lado de   8. encima del   15. conforme a (según)
      2. a causa de (por)   9. con respecto a (respecto a)   16. a fuerza de
      3. acerca de   10. a falta de   17. a cargo de
      4. a mediados de   11. en cuanto a   18. contrario a
      5. a pesar de   12. alrededor de   19. en lugar de
      6. dentro de   13. debido a   (en vez de)
      7. alrededor del   14. además de   20. debido a

Lección 20

Practique el vocabulario

A. 1. hacía   4. empastarla   7. esmalte   10. la cuenta (la factura)
      2. muelas   5. taladro   8. corona   11. más de
      3. caries   6. novocaína   9. sacarla   12. oro

B. 1. un cepillo **3.** barato **5.** el esmalte **7.** preciso **9.** impedir
2. frenos **4.** rogar **6.** los dientes de leche **8.** novocaína **10.** los parientes

C. 1. tiene buen diente **4.** gritar **7.** sacamuelas **10.** cepillarse
2. empastar **5.** dentadura **8.** ruega **11.** obvio
3. aconsejan **6.** echar el diente **9.** muelas del juicio **12.** es preciso
(muelas cordales)

Practique la gramática

1. subordinada **6.** subjuntivo / hagas **11.** prohíbo que fumes
2. indicativo **7.** una opinión / subjuntivo **12.** que salga
3. subjuntivo **8.** indicativo / subjuntivo
4. subjuntivo **9.** indicativo
5. información o **10.** comer / comas
certeza / indicativo

Ejercicios

A. 1. se duerma **7.** tiene **13.** usar (que use) **19.** está
2. se ponga **8.** fumar (que fumemos) **14.** me ponga **20.** busque
3. llevamos **9.** trabaje **15.** traigas **21.** estudia
4. lleguen **10.** es **16.** cepilles **22.** se casa
5. se vaya **11.** es **17.** pagar (que paguemos)
6. compren **12.** salga **18.** se ponga

B. 1. lleguen **3.** hagan **5.** no se duerman **7.** no coman
2. hablen **4.** vengan **6.** no fumen **8.** no griten

C. 1. prepare **3.** tenga **5.** empiece **7.** dé buenas notas **9.** mantenga
2. esté **4.** no fume **6.** termine **8.** no hable **10.** sea

D. 1. escríbala / no la escriba **5.** lávenselas / no se las laven
2. pídalo / no lo pida **6.** cómpresela / no se la compre
3. sáquenlas / no las saquen **7.** dígasela / no se la diga
4. aféitese / no se afeite **8.** váyanse / no se vayan

E. 1. contéstala / no la contestes **5.** pónmelos / no me los pongas
2. lávatelas / no te las laves **6.** házsela / no se la hagas
3. sal / no salgas **7.** quítatelos / no te los quites
4. vete / no te vayas **8.** dísela / no se la digas

Examen 3

Practique el vocabulario

A. 1. H   3. O   5. J   7. M   9. N   11. G   13. P   15. F
   2. L   4. K   6. B   8. C   10. E   12. A   14. I   16. D

B. 17. las pestañas   20. tomar antibióticos   23. tocante a
   18. los dedos   21. una cuna   24. gotea
   19. a la larga   22. unas gotas   25. una talla

C. 26. solo(sola)   30. taladro   34. a través   38. fuera de
   27. cepillo   31. según   35. toso   39. los senos
   28. el codo   32. suplico   36. travesuras   40. sólo
   29. pabellón   33. tragas   37. a medias   41. a partir de

Practique la gramática

A. 1. pero   10. menos de   19. llame   28. le leas
   2. y   11. más que   20. u   29. sino para
   3. queden   12. compres   21. hace dos años 30. más que
   4. tanto   13. abrió   22. duerma   31. lleves
   5. tiene   14. somos   23. le sirvas   32. tuvieron
   6. sino que   15. más de   24. dará   33. lleguemos
   7. guste   16. sin fumar   25. comía   34. clara
   8. haga   17. tan. . .como 26. más de lo que 35. trata
   9. vengas   18. más que   27. serían

B. 36. llegué / estación   38. avión / pájaro   40. qué / día / llegó / sábado
   37. qué / celebró   39. detrás

C. 41. ábrela   45. ven   48. no la pagues
   42. no la abras   46. no vengas   49. cómprasela
   43. ponlo   47. págala   50. no se la compres
   44. no lo pongas

D. 51. cómpreselo   54. no se lo ponga   57. pídaselo
   52. no se la haga   55. hábleme   58. tómeselas
   53. quítenselos   56. no se la diga   59. léansela

21 Cine y teatro
(Movies and Theater)

el actor	actor	la estrella de cine	movie star
la actriz	actress	estrenar[2]	to present for the first time (*a film or play*)
aplaudir	to applaud		
el aplauso	applause		
bailar	to dance	el estreno	premiere
el baile	dance	la ficción	fiction
el balcón	balcony	filmar, rodar (ue)[3]	to film
la butaca	seat, armchair	la función	show (*movies, theater*)
el boleto	ticket		
el cine, el cinema[3]	movies, movie theater	el misterio	mystery
		la obra de teatro	play
la comedia	comedy	el oeste	west
el / la comediante	comedian	la pantalla	screen
la discoteca	club	la película, el film[3]	film, movie
el drama	play, drama	reír (i)	to laugh
el documental	documentary	la risa	laughter
dramático (a)	dramatic	sonreír (i)	to smile
el dramaturgo	playwright	tal vez, quizá(s)	perhaps, maybe
ensayar	to rehearse	el telón[4]	curtain
la entrada	ticket, entrance	el vaquero	cowboy
el escenario	stage		

NOTAS

1. *El chaperón* y *la chaperona* eran las personas encargadas de supervisar al hijo o la hija cuando estaban en compañía de una persona de otro sexo. Ya están

241

desapareciendo en la familia moderna, por el ritmo acelerado de vida. Sin embargo, esa costumbre se conserva en los pueblos y pequeñas ciudades, donde la vida ha cambiado poco. Pero una tradición de siglos no cambia así de fácil. En consecuencia, donde ya no hay chaperones, ha quedado la sospecha (*suspicion*) de que dos personas de diferente sexo van a hacer algo inmoral cuando están solas.

2. *Estrenar* se usa con espectáculos que se repiten para indicar *to present for the first time*, *to debut*, y el sustantivo **estreno** significa *premiere, debut*. **Estrenar** se usa también con la ropa y los zapatos para indicar que uno los usa por primera vez.

3. *Filmar* fue tomado del inglés, igual que **un film**. Sin embargo, esas palabras están desapareciendo. En la actualidad se usa *película* más que *film* y *rodar* (**una película**) en vez de *filmar*. **Cinema** es otra palabra que ya no se oye en el habla coloquial. La voz común prefiere **cine**.

4. *Telón* significa *curtain*, pero solamente se usa para el escenario del teatro. *Cortina* es la palabra para *curtain*, con función decorativa y práctica, en la casa y los edificios. En sentido figurado, se habla de **cortina de humo**, **de fuego, de hierro**.

PRACTIQUE LAS PALABRAS NUEVAS

A. *¡Vamos al cine!* Un joven norteamericano habla con su amiga mexicana. Se conocieron en clase y decidieron ir al cine juntos. El siguiente es el diálogo que sostienen por teléfono.

JOHNNY: ¡Hola, Lupita! ¿Quieres ir al __________ conmigo esta noche?
(1. *movies*)

LUPITA: Sí, me gustaría. Parece que en el cine *Estrella* están poniendo una

__________ muy buena.
(2. *film*)

JOHNNY: ¿Es de ciencia ficción, de horror, histórica, de __________?
(3. *cowboys*)

LUPITA: Nada de eso. Es de __________, pero a la vez es muy romántica.
(4. *mystery*)

JOHNNY: Está bien. Después del cine podemos ir a bailar a una __________,
(5. *club*)

y tomarnos unas margaritas.

LUPITA: Me encantaría, pero tengo que regresar a las doce y media, o

__________ a la una de la mañana a más tardar.
(6. *perhaps*)

JOHNNY: Si vamos a la ___________ de las nueve, nos quedará tiempo sufi-
                   (7. *show*)

            ciente para ir a bailar.

LUPITA: Pero te ___________ que en mi casa cenamos a las nueve todas las
                  (8. *you forget*)

            noches. Sin embargo, creo que puedo escaparme por una noche, y

            siempre es una buena excusa ___________ de peso.
                                             (9. *to lose*)

JOHNNY: ¡Qué imaginación, Lupita! Paso ___________ ti a las ocho y media.
                                                 (10. *to get*)

LUPITA: ¡Perfecto! Nos vemos más tarde.

RESPUESTAS p. 307

B. Conteste verdadero o falso (V / F).

1. ________ Las películas de vaqueros son ejemplos de películas de
   ciencia ficción.
2. ________ La mayoría de las películas sobre Drácula son documentales.
3. ________ La meca del cine norteamericano es Hollywood.
4. ________ Uma Thurman ha sido una gran estrella del cine italiano por
   mucho tiempo.
5. ________ Si quieres comprar discos (*records*), casettes y discos compactos,
   tienes que ir a una peluquería.
6. ________ En Estados Unidos el teatro se identifica con Broadway.
7. ________ Miguel de Cervantes escribió una obra de teatro llamada *Don
   Quijote de la Mancha*.
8. ________ Una gran película de ciencia ficción se tradujo al español como
   Guerra de las Galaxias.
9. ________ Los artistas de teatro actúan en el escenario.
10. ________ Una entrada de cine es más cara que una entrada de un partido
    de futbol americano profesional.
11. ________ Cuando termina una función de teatro se sube el telón.
12. ________ Para comprar las entradas uno se dirige a la taquilla.

RESPUESTAS p. 307

C. Complete las oraciones con una de las palabras siguientes. Haga los cambios
que sean necesarios.

actriz	balcón	estrella	pantalla
aplaudir	butaca	estrenar	sonreír
bailar	ensayar	filmar	telón

1. Cuando terminó la obra de teatro, el público ___________ a los actores.
2. Los actores necesitan ___________ la obra antes de estrenarla.
3. Cuando un actor es importante decimos que es una ___________ de cine
   o de teatro.

4. La secretaria simpática siempre les ___________ a los clientes.

5. La película *El laberinto del fauno* no se ___________ en EEUU, sino en España.

6. Las casas tradicionales de España y sus colonias tenían ___________ en las ventanas.

7. Los asientos del teatro no se llaman sillas sino ___________.

8. Quiero ver esa película a la que le hacen tanta propaganda. ¿Sabes cuándo la película ___________?

9. Vemos el cine y la televisión en una ___________.

10. Al final de una obra de teatro se baja o se cierra el ___________.

11. Jennifer Lawrence, Gal Gadot y Jodie Foster, son ___________ de cine.

12. Para ___________ flamenco hay que saber mover rápidamente los pies.

GRAMÁTICA   El gerundio • La forma progresiva y sus usos

I. El gerundio

A. **Formación.** El gerundio se forma por quitar la terminación -ar, -er o -ir del infinitivo y reemplazándola con la terminación *-ando* (para los verbos en -ar) o *-iendo* (para los verbos en -er e -ir) Esta forma corresponde más o menos con la forma en *-ing* en inglés, con algunas excepciones importantes. Por ejemplo:

hablar → hablando (*speaking*)
comer → comiendo (*eating*)
vivir → viviendo (*living*)

B. **Gerundios irregulares.** Los verbos de la tercera conjugación (o sea, -ir) que tienen cambios en la tercera persona del pretérito (y en la primera y segunda persona plural del presente del subjuntivo) observan este cambio en esta forma también. Por ejemplo:

dormir: *durmiendo*
sentir: *sintiendo*
vestir: *vistiendo*

He aquí una lista de verbos en -ir con este cambio:

corregir → corrigiendo	reír → riendo
decir → diciendo	repetir → repitiendo
divertir → divirtiendo	seguir → siguiendo
dormir → durmiendo	sentir → sintiendo
freír → friendo	servir → sirviendo
mentir → mintiendo	sonreír → sonriendo

morir → muriendo   sugerir → sugiriendo
pedir → pidiendo   venir → viniendo
poder → pudiendo   vestir → vistiendo

C. **Cambio ortográfico.** En los verbos que tienen una *i* sin acento entre dos vocales, la *i* cambia en *y*. Esto ocurre también en el pretérito, en las terceras personas. En el verbo **ir**, la *i* también cambia en *y*: no se escribe **iendo** sino **yendo** (*going*).

EJS: caer → cayendo / cayó; leer → leyendo / leyó

II. **Forma progresiva y sus usos**

A. Los tiempos progresivos se forman con el verbo auxiliar **estar** y el gerundio. La construcción en inglés es semejante: *to be + -ing*).

EJ: ***Estamos hablando*** con María. (*We are talking* with María.)

B. En inglés es obligatorio usar la forma progresiva con acciones que están en desarrollo. En español usamos el presente simple, y solamente usamos la forma progresiva para poner énfasis en el desarrollo de la acción.

EJS: *He's writing a letter now.*
    1. ***Escribe*** una carta ahora. (en *el habla común*)
    2. ***Está escribiendo*** una carta ahora. (*con énfasis*)

C. En inglés se usa el presente progresivo para indicar intención en una acción futura. En español **nunca** usamos la progresiva del presente para el futuro. Recuerde que hay tres maneras de indicar «futuro» en español, pero ninguna es la progresiva del presente.

I am leaving tomorrow for . . .
Salgo / Saldré / Voy a salir mañana para. . .

D. La forma progresiva en los otros tiempos —pretérito, imperfecto, futuro— indica énfasis en el desarrollo de la acción, igual que en el presente. La forma normal es la forma simple en el habla común, no la progresiva como en inglés.

EJS: *I was studying for one hour.*
    1. **Estudié** una hora. (*normal*)
    2. **Estuve estudiando** una hora. (*énfasis*)

E. Los pronombres reflexivos, de objeto directo y de objeto indirecto pueden ponerse antes del auxiliar estar o después del gerundio. Es el mismo significado. Si hay dos pronombres, se quedan juntos; no se pueden separar.

EJS: Mi hermanito _se está bañando._ = Mi hermanito _está bañándose._
Ella _se lo estaba comprando._   = Ella _estaba comprándoselo._

Cuando agregamos pronombres, el acento ortográfico se escribe donde recae el acento en el gerundio

F. Hay algunos verbos auxiliares que se puede usar en vez de estar. Cada uno modifica un poco la acción del gerundio; he aquí una lista de los verbos comunes de se puede usar con el gerundio:

andar	to go around. . . _Él anda buscando sus llaves._ (He is going aruond looking for his keys.)
continuar/ seguir	to keep on/continue. . . _Los chicos siguen jugando._ (The children keep playing.)
_ir_	sugiere un proceso lento _La tasa (rate) va creciendo año tras año._ (The rate keeps rising year after year.)
llevar	indica una cantidad de tiempo que una acción ha durado (has lasted): _Llevo tres años viviendo en esta casa._ (I have been living in this house for three years.)

III. Otros usos del gerundio

A. El gerundio funciona como adverbio de modo en español cuando no es el verbo principal de la oración (como en la forma progresiva estudiada anteriormente). Cuando se usa así, indica cómo ocurre la acción:

EJ: **Te vi saliendo del cine.** (I saw you _leaving_ the theater.)

B. El gerundio en inglés se usa mucho más que su equivalente español.

1. ACCIÓN EN PROGRESO: He's _walking_ fast now.

2. ADVERBIO: I saw you _leaving_ the house.

3. NOMBRE: _Swimming_ is good exercise.

4. ADJETIVO: A _swimming_ pool, (**una piscina**)

   En español sólo existen el primero y el segundo de esos cuatro usos y el primero sólo se emplea para enfatizar el progreso de la acción. Como nombre usamos el infinitivo, y como adjetivo el participio pasado: **herido, comido.** Por ejemplo:

   (_El_) **Correr** es muy saludable. (_Running_ is very healthy.)
   Encontramos un pájaro herido. (We found a wounded bird.)

PRACTIQUE LA GRAMATICA

RESPUESTAS
p. 308

1. Todos los gerundios de los verbos en -ar terminan en __________ y en -er e -ir terminan en __________. En inglés terminan en __________.

2. El verbo auxiliar más común de la forma progresiva en español es __________, aunque hay otros verbos posibles que se puede usar. En inglés solo hay un verbo: __________.

3. Hay unos verbos de la 3ª conjugación (verbos en -ir) que cambian alguna vocal en la raíz; por ejemplo, el gerundio de *seguir* es __________—cambia la *e* en __________.

4. '*Reír*' cambia la *e* en *i* en muchos tiempos. ¿Cómo se dice en presente *I laugh*? __________ ¿Y cómo se dice '*laughing*' __________?

5. *Freír* experimenta el mismo cambio de *e* en *i*. ¿Cómo se dice en el pretérito *he fried*? __________. ¿Y el gerundio *frying*? __________.

6. *Sonreír* es un verbo compuesto de *reír*. ¿Cómo se dice *smiling*? __________.

7. El gerundio de *decir* experimenta el cambio de *e* en *i*. ¿Cómo es esta forma? __________ . ¿Cuál es el gerundio de *bendecir*? __________.

8. En inglés se debe usar la forma __________cuando una acción está en desarrollo, mientras que en español __________es obligatorio usarla.

9. ¿Cuál forma es más enfática, **hablo** o **estoy hablando**? __________.

10. El gerundio de *creer* no es *creiendo*, sino __________.

11. El gerundio de *oír* no es *oiendo*, sino __________, y el de *ir*, __________.

12. En inglés es común usar la forma progresiva para una acción futura. ¿Y en español? __________. Por ejemplo: *We are leaving tomorrow* en español es __________ *mañana*.

13. En una oración como *Te encontré comiendo*, ¿qué es la función gramatical de *comiendo*? __________.

14. En una oración como *Traveling will help you to know the world*, ¿cómo se traduce *traveling*?__________.

15. El gerundio de *dormir* no es *dormiendo*, sino __________.

16. En la oración *Cuando llegué a casa, sonaba / estaba sonando el teléfono*, ¿cuál de las dos formas enfatiza más la acción en desarrollo? __________.

17. Los pronombres de objeto indirecto e objeto directo (por ejemplo, *me, te, lo, le, nos*, etc.), pueden ir antes del verbo estar o después del gerundio. Por ejemplo:

Ellos se están muriendo. / Ellos __________.

EJERCICIOS

RESPUESTAS p. 308

A. Complete las oraciones siguientes con el presente progresivo del verbo entre paréntesis, excepto los números 19–22, que tienen indicado el tiempo.

1. Creo que Juanito le ___________ a su madre. (**mentir**)
2. Muchas personas se ___________ de hambre. (**morir**)
3. Lolita ___________ una novela de Borges. (**leer**)
4. Los alumnos le ___________ al profesor. (**sonreír**)
5. El comprador ___________ el precio de esos zapatos. (**regatear**)
6. Anita la blusa nueva. (**probarse**)
7. ¡Ya voy! ____ ahora. (**vestirse**)
8. No me gusta lo que (tú) ___________. (**decir**)
9. ¿Quién ___________ la comida hoy? (**preparar**)
10. En estos momentos la familia ___________ a la mesa. (**sentarse**)
11. Por estos días ella no ___________ bien. (**sentirse**)
12. Mi padre ___________ en la caja. (**pagar**)
13. Ya hace dos horas que el profesor ___________ los exámenes. (**corregir**)
14. (Nosotros) ___________ mucho en la fiesta. (**divertirse**)
15. Hace ya dos horas que ___________. (**llover**)
16. El cura (*priest*) ___________ a los feligreses. (**bendecir**)
17. Mi esposa ___________ el maquillaje. (**ponerse**)
18. La secretaria ___________ la carta porque tenía muchos errores. (**repetir**)
19. Cuando llegué a casa, mi esposo ___________ un arroz con pollo muy sabroso. (**cocinar**, en imperfecto)
20. El presidente ___________ por más de una hora a todo el país. (**hablar**, en pretérito)
21. Tu amiga ___________ la tarea de español cuando llegues a buscarla, (**terminar**, en futuro)
22. Carlos llegó borracho a su casa. ___________ tequila en algún bar. (**tomar**, en condicional [de probabilidad])
23. Otra manera de decir **Me estoy afeitando** es ___________.
24. Una manera más enfática de decir **El equipo juega muy bien.** es El equipo ___________ muy bien.

RESPUESTAS p. 308

B. Escriba el gerundio de estos verbos.

1. ensayar ___________
2. servir ___________
3. reír ___________
4. oír ___________
5. ser ___________
6. mentir ___________
7. seguir ___________
8. poder ___________
9. decir ___________
10. huir ___________

<table>
<tr><td>11. ir _______________</td><td>16. impedir _______________</td></tr>
<tr><td>12. leer _______________</td><td>17. dormir _______________</td></tr>
<tr><td>13. bailar _______________</td><td>18. incluir _______________</td></tr>
<tr><td>14. ver _______________</td><td>19. traer _______________</td></tr>
<tr><td>15. divertir _______________</td><td>20. recoger _______________</td></tr>
</table>

¡ATENCIÓN!   Los mandatos de *nosotros* y *vosotros*; los mandatos indirectos

1. Hay dos maneras de indicar un mandato de **nosotros**, equivalente al inglés *Let's* + (verb).

   a) VAMOS A + *verbo*: **Vamos a comer.** (*Let's eat.*); **Vamos a salir.** (*Let's leave.*). Una expresión como *Vamos a comer* puede significar dos cosas: (**1**) *Let's eat* y (**2**) *We are going to eat.* Solamente el contexto aclara el significado.

   b) NOSOTROS EN EL PRESENTE DE SUBJUNTIVO: **Comamos.** (*Let's eat.*); **Salgamos.** (*Let's leave.*)

2. Como los otros mandatos, los pronombres átonos, es decir, los pronombres indirectos y directos como **me, te, lo, las,** se ponen después del verbo en un mandato afirmativo, y antes del verbo en un mandato negativo.

   EJS: **Comámoslo / o ahora.** (*Let's eat it now.*) **No *lo* comamos ahora.** (*Let's not eat it now.*)
   Veámos*la* hoy. (*Let's see it today.*) **No *la* veamos hoy.** (*Let's not see it today.*)

   Con los verbos reflexivos se pierde la *s* final al añadir el pronombre reflexivo **nos**. En cambio, si se añade otro pronombre como **lo, la, los, las, le, les,** se conserva la *s* final. En los casos en que haya dos eses, una de las eses desaparece.

   EJS: levantemos + nos = levantemo + nos = *levantémonos*
   vamos + nos = vamo + nos = *vámonos*
   compremos + los = *comprémoslos*
   compremos + se + lo = compremos + se + lo = *comprémoselo*

3. Para formar el mandato afirmativo de 'vosotros', que solo se usa en España, se reemplaza la **r** del infinitivo con **d**. No hay formas irregulares de los mandatos de vosotros:

   hablar → hablad
   comer → comed
   vivir → vivid

Los mandatos negativos usan el subjuntivo, como los otros mandatos:

hablar → **no habléis**
comer → **no comáis**
vivir → **no viváis**

4. Para los mandatos indirectos de tercera persona, se usan las formas del *presente de subjuntivo* con la conjunción *que* al principio de la oración. Se traduce como let o may en inglés y requiere la forma de la tercera persona singular o plural en el subjuntivo. Los pronombres indirectos y directos siempre van antes del verbo.

EJS: ***Que lo haga*** Juan. (*Let Juan do it.*)
Que me lo diga ella. (*Let her tell it to me.*)
Que se vayan los niños. (*Let the children go away.*)

Este tipo de construcción se usa mucho para desear (***to wish***) algo a otras personas. De aquí se derivan algunas expresiones muy antiguas, como éstas:

¡Que aproveche(n)! (Al empezar a comer: «*Good appetite!*»)
¡Que te vaya bien! (*May everything go well with you!*; «*Farewell!*»)
¡Que tenga(s) suerte! (*Good luck to you!*)

C. Cambie de una forma de mandato a otra, según el ejemplo.

EJ: **Vamos a llamarla. = Llamémosla.**

1. Vamos a salir ahora. _______________________________.
2. Vamos a sentarnos aquí. _______________________________.
3. Vamos a comprarlos. _______________________________.
4. Vamos a decirle la verdad. _______________________________.
5. Vamos a dormir. _______________________________.
6. Vamos a acostarnos. _______________________________.
7. Vamos a bañarnos. _______________________________.
8. Vamos a comprarle un helado. _______________________________.
9. Vamos a hacer la tarea. _______________________________.
10. Vamos a ver la película. _______________________________.
11. Vamos a tomar café. _______________________________.
12. Vamos a pasear un rato. _______________________________.

D. Traduzca las siguientes oraciones de mandato indirecto.

1. Let Mary do it. _______________________________.
2. Let him play. _______________________________.
3. Let them say it. _______________________________.

4. Let them say it to us. ____.
5. Let her work. ____.
6. Let him come in. ____
7. Let her sleep. ____.
8. "Enjoy your meal!" ____.
9. Good luck to you! ____.
10. Good trip to you! ____.

22 Buscando trabajo
(Looking for a Job)

el / la abogado(a)	lawyer	la entrevista	interview
agradecer (zc)	to thank	entusiasmar	to delight, to thrill
anual	annual	el / la ingeniero(a)	engineer
el / la banquero(a)	banker	el / la juez(a)[2]	judge
los bienes raíces; los inmuebles	real estate	la lástima	pity
		la pena	penalty, sorrow
brindar por	(*make a*) toast to	a duras penas; apenas	barely, hardly
el bufete	law office, law firm		
el / la cantinero(a), camarero(a), mesero(a)	bartender	el pluriempleo	working more than one job, moonlighting
la carrera	career, race, run	el profesorado[3]	faculty
charlar	to chat	el puesto, el trabajo	job, position
el chiste	joke		
el / la corredor(a), bolsista	broker, runner	el / la programador(a)	programmer
el desempleo, el paro[1]	unemployment	semanal	weekly
		solicitar[4]	to apply
emplear	to employ	la solicitud[4]	application
el empleo	employment, job	sorprendente	surprising
el / la enfermero(a)	nurse	sorprender	to surprise
		la sorpresa	surprise
enojarse	to get angry	la tertulia[5]	social gathering

NOTAS

1. *Desempleo* se usa en Hispanoamérica para *unemployment,* pero en España se usa *paro.* Las personas sin trabajo son *desempleados* y *parados.* Hace ya años que el desempleo en España está entre el veinte y el veinticinco por ciento, y una razón es que muchos españoles tienen pluriempleo, quitando así el trabajo de otra persona. En Latinoamérica el problema es también serio: por falta de trabajo muchas personas venden cosas en las calles para sobrevivir. Miles de personas emigran a Estados Unidos en busca de trabajo.

2. La palabra tradicional *juez* hoy día tiene la forma femenina, *jueza,* como usan términos como **médica, veterinaria, abogada.**

3. *Profesorado* es *faculty,* es decir, el conjunto de maestros y profesores de una escuela primaria, secundaria o de la universidad. En cambio, *facultad* se usa para referirse a una sección o división de la universidad, equivalente a 'school' o *college.* Por ejemplo, **facultad de medicina, de derecho.**

4. *Solicitar* significa *to apply* para un trabajo, admisión a una universidad o club. El verbo *aplicar* significa también *to apply* y se usa para reglas, leyes; en sentido figurado el reflexivo *aplicarse* significa *to try hard* en los estudios o el trabajo. *Solicitud* significa *application* para un trabajo, club, escuela, y las personas que buscan empleo son los **solicitantes.**

5. *Tertulia* es una reunión de familia o de amigos para conversar, jugar cartas, ajedrez o dominó. En algunas regiones se llama *velada* a esta reunión. Con el predominio de la televisión en la vida moderna casi ha desaparecido la costumbre de las tertulias.

PRACTIQUE LAS PALABRAS NUEVAS

A. Subraye la palabra que completa correctamente la oración.

1. Los abogados trabajan en un / una (consulta, pluriempleo, bufete, tertulia).
2. Quien sabe cuidar a pacientes es un / una (enfermero[a], corredor[a], banquero[a], ingeniero[a]).
3. La noche del treinta y uno de diciembre todos (sorprendemos, charlamos, brindamos, agradecemos) por el Año Nuevo.
4. Si Ud. enseña en la universidad, Ud. es parte del (profesorado, pluriempleo, bufete, empleo).
5. El (enfermera, corredor, ingeniero, juez) trabaja siempre en el tribunal.
6. Una tertulia es una buena ocasión para (emplear, sorprender, entusiasmar, charlar) con los amigos.
7. Una de las carreras más modernas es la de (ingeniero, banquero, programadora, corredor).

8. Jorge trabaja en un bar porque es (abogado, cantinero, corredor, maletero).

9. Antes de conseguir un empleo tendrás un / una (puesto, entrevista, pluriempleo, chiste).

10. En algunos estados existe el / la (tertulia, pena, abogado, juez) capital.

11. Antes de firmar el / la (puesto, tertulia, solicitud, pena) hay que llenarlo(a)

12. El antónimo de *calmarse* es (agradecer, entusiasmar, enojarse, sorprender).

RESPUESTAS p. 309

B. ¿Qué profesión tienen estas personas?

1. Prepara bebidas y cocteles. ____________________.
2. Construye puentes, edificios y escuelas. ____________________.
3. Sabe mucho de ahorros, préstamos e hipotecas. ____________________.
4. Defiende a sus clientes ante el tribunal y ante el jurado. ____________________.
5. Atiende a los clientes en un restaurante. ____________________.
6. Atiende a los pasajeros en un avión. ____________________.
7. Decide la sentencia en el tribunal después del juicio. ____________________.
8. Sabe mucho de compra-venta de bienes raíces. ____________________.
9. Maneja un coche. ____________________.
10. Maneja un avión. ____________________.
11. Maneja un barco. ____________________.

RESPUESTAS p. 309

C. Complete las oraciones con una palabra o expresión del vocabulario o de las notas.

1. El documento que Ud. llena para pedir un trabajo es una ____________.
2. Una persona que cuenta ____________ nos hace reír y pasar un buen rato.
3. Otra expresión para **bienes raíces** es ____________.
4. Los maestros de una escuela, colegio o universidad forman el ____________.
5. *Banquero* proviene de *banco*. *Cantinero* proviene de ____________.
6. *Semanal* proviene de *semana*, *anual* proviene de ____________, y *mensual* de ____________.
7. En Año Nuevo, es costumbre ____________ con champán.
8. María consiguió una B en el último examen ____________. (*barely*)
9. El médico trabaja en su consultorio. El abogado trabaja en su ____________.
10. Una manera para ganar dinero extra es el ____________ . (*moonlighting*)
11. Las personas que se dedican a vender casas son ____________.
12. De *entusiasmar* se deriva *entusiasmo*. De *enojar* se deriva ____________.
13. De *estudiar* se deriva *estudiante*. De *sorprender* se deriva ____________.
14. Cuando decimos que «nadie está por sobre la ley», estamos diciendo que la ley se ____________ a todo el mundo —ricos y pobres.

15. Es una __________ que tantos niños mueran de hambre en el mundo.

16. Hay varias palabras en español para *job*, *position*: **puesto, plaza, trabajo,** __________.

GRAMÁTICA   Subjuntivo de emoción y con desconocimiento: cláusulas adjetivales

I. Subjuntivo de emoción

A. En el capítulo anterior, hemos hablado del uso del subjuntivo después de verbos de **influencia** en la cláusula subordinada. Después de verbos de **certeza** o de **información**, se usa el indicativo en la cláusula subordinada.

   EJS: **El maestro *quiere* que nosotros *hablemos* español en clase.** (*influencia = subjuntivo*)
   El maestro *afirma* que nosotros *hablamos* español en clase. (*certeza = indicativo*)

B. Hay muchos verbos que significan diferentes **emociones:** alegría, tristeza, felicidad, gusto (*like*), disgusto (*dislike*), temor, sorpresa. Si estas emociones están en la cláusula principal, el verbo de la oración subordinada debe estar en subjuntivo. También, como en los ejemplos de influencia se necesita dos sujetos distintos.

   EJS: *Me alegro / Me gusta / Me sorprende* **que tu amigo no *venga*.**
   Es una pena (*pity*) **que no *vayas* con nosotros de vacaciones.**

C. Aquí tiene una lista parcial de verbos y expresiones de emoción.

agradar to please	**enojarse** to get mad	**molestar** to bother
agradecer to thank	**entristecer** to sadden	**ponerse furioso** to get
alegrarse de to be	**es extraño** it's strange	mad
happy	**es triste** it's sad	**satisfacer** to satisfy
apenar to make	**es una pena** it's a pity	**sentir** to be sorry
someone sad	**extrañar** to be	**sorprender** to surprise
asustar to scare	surprised	**temer** to be afraid
dar pena to make	**gustar** to please	**tener miedo de** to be
someone sad	**lamentar** to be sorry	afraid of

D. *Sentir* significa dos cosas diferentes: **1.** *to feel, sense,* y en este caso toma el indicativo porque es un verbo de **información u observación;**
   2. *to be sorry,* una **emoción,** y en este caso toma el subjuntivo.

   EJS: *Siento* **mucho que no *vengas* a la fiesta.** (*emoción = subjuntivo*)
   Siento **que Juanito *viene* por el corredor.** (*percepción = indicativo*)

E. *Ojalá* significa *I (strongly) hope/wish that* y toma el subjuntivo porque es una **emoción** (esperanza). Puede tomar la conjunción **que** o no; la tendencia actual es a omitirla. Se puede usar el presente de subjuntivo con el mismo significado para un deseo **presente** o **futuro**.

EJ: *Ojalá* (que) tu amigo *llegue* a visitarnos.

II. Subjuntivo de desconocimiento e inexistencia: las cláusulas adjetivales

A. Una cláusula que explica o describe un sustantivo es una cláusula subordinada adjetival porque funciona igual que un adjetivo con su nombre. El uso del indicativo o subjuntivo depende de la existencia del sustantivo. Compare estos dos ejemplos:

EJS: 1. Tengo una *casa* que *es* pequeña. (*indicativo*)
       2. Busco una *casa* que *sea* pequeña. (*subjuntivo*)

Aquí tenemos dos casas diferentes: en el primer ejemplo la casa es conocida por el hablante, y por eso toma el indicativo (**es**); en el segundo tenemos una casa desconocida por el hablante, y por eso toma el subjuntivo (**sea**). De aquí se deriva una regla muy simple: si el sustantivo de la oración principal es conocido por el hablante, se usa el indicativo; si el nombre es desconocido, se usa el subjuntivo.

EJS: Necesitamos una secretaria que *hable* español e inglés. (*subjuntivo*)
Conozco a una secretaria que *habla* español e inglés. (*indicativo*)

B. También usamos el subjuntivo cuando negamos la existencia de algo o alguien. Compare estos ejemplos para ver el contraste indicativo / subjuntivo:

1. *Hay* una alumna que *sabe* chino. (*conocida = indicativo*)

2. *No hay* ninguna alumna que *sepa* chino. (*inexistente = subjuntivo*)

3. ¿Hay una alumna que sepa chino? (*una pregunta = subjuntivo*)

En ejemplo 1 la **existencia** de la alumna supone su **conocimiento** por parte del hablante: indicativo. En ejemplo 2 la **inexistencia** de la alumna implica **desconocimiento**. Por eso se usa el subjuntivo. Esto incluye si se hace una pregunta sobre la existencia de algo o alguien, como en el ejemplo 3.

C. El uso del artículo definido **el, la, los, las,** o el artículo indefinido **un, una** no implica ni supone conocimiento o desconocimiento del nombre (aunque es común ver el artículo indefinido (un, una, etc.) en los casos de un sustantivo desconocido). He aquí unos ejemplos más:

EJS: Papá le dio el carro *al hijo* que lo *pidió* primero.
(*indicativo = conocido*)
Papá le dará el carro *al hijo* que lo *pida* primero.
(*subjuntivo = desconocido*)

PRACTIQUE LA GRAMÁTICA

1. *Asegurar* significa dos cosas: *to insure* y *to assure*. En este segundo caso es un verbo de información: se complementa con el ___________ .

2. Los verbos de emoción de la cláusula principal se complementan en la oración subordinada con el ___________ . Por ejemplo: **Me gusta que tú** ___________ **conmigo.** *(ir)*

3. *Sorprender* (*to surprise, be surprised*) es un verbo de _____, y puede tomar un objeto indirecto como *gustar*. ¿Cómo se completa la oración: **Nos sorprende que el banco** ___________ **cerrado a esta hora?** *(estar)*

4. *Agradecer* es un sentimiento de gratitud y se complementa con el ___________ en la cláusula subordinada. Por ejemplo: **Le agradezco mucho que usted me** ___________ . *(ayudar)*

5. *Lamentar* es una emoción de tristeza y arrepentimiento. Complete la oración: **Lamentamos mucho que usted no** ___________ **venir con su esposa.** *(poder)*

6. *Es una pena* (*It's a pity*) es una expresión que refleja tristeza (*sadness*). Complete la oración **Es una pena que tu amigo no** ___________ **trabajo.** *(encontrar)*

7. *Gustar* es una emoción que lleva la idea de gusto y agrado. Complete la oración **A Juan le gusta que su novia le** ___________ **pasta.** *(cocinar)*

8. *Molestar* no significa *to molest*, sino *to bother*; es la emoción contraria a *gustar*. Complete la oración: **¿Te molesta que (yo)** ___________ **mi maleta aquí?** *(poner)*

9. Una cláusula que describe o explica un sustantivo se llama una cláusula ___________ porque funciona igual que un adjetivo. Si el nombre que se describe es ___________ por el hablante, el verbo estará en indicativo.

10. Si Ud. tiene un perro, se sabe que Ud. y el perro se conocen. Complete la oración: **Ud. tiene un perro que** ___________ **mucho.** *(comer)*

11. Si el nombre de la cláusula principal es desconocido por el hablante, la cláusula adjetival tiene el verbo en ___________ por ejemplo: **Quiero un libro que** ___________ **interesante.** *(ser)*

12. Cuando una persona dice **Hay un libro que. . .**, sabemos que esa persona conoce ese libro. Por eso se requiere en la cláusula adjetival el ___________ . Por ejemplo: **Hay un libro en la biblioteca que** ___________ **trescientos años.** *(tener)*

13. Nadie conoce las cosas o personas que no existen. Por eso, después de expresiones como **No hay. . .**, se complementan con el ___________ en la cláusula adjetival. Por ejemplo: **No hay ningún banco en este pueblo que** ___________ **dólares.** *(cambiar)*

14. Si hacemos una pregunta sobre una persona o cosa, es porque no la conocemos. Complete la oración: **¿Hay algún empleado que __________ italiano?** *(saber)*

EJERCICIOS

RESPUESTAS p. 309

A. *¡Emociones y sorpresas!* Complete la siguiente historia con indicativo o subjuntivo, según el contexto.

En el patio de mi casa tenemos un canario que __________ muy bien. El
                                                (1. cantar)
otro día el gato del vecino __________ de comérselo. ¡Qué susto para el
                              (2. cantar)
pobre canario! ¡Me alegra tanto que __________ por las mañanas antes
                                       (3. cantar)
de yo salir para la universidad! Tenemos también un perro viejo que nunca

__________ al canario, pero sí le molesta mucho que los gatos del vecino
(4. molestar)

__________ a nuestro patio. Me sorprende que los vecinos no __________
(5. entrar)   (6. cuidar)
mejor a sus gatos. Mi madre sugiere que (nosotros) __________ al canario
                                                     (7. meter)
en la sala, donde estará más seguro, pero es mejor que se __________ en el
                                                           (8. quedarse)
patio. Allí puede respirar mejor y oír a los otros pájaros que lo __________ de
                                                                   (9. visitar)
vez en cuando. La semana pasada no __________ comer por dos días, y por
                                     (10. querer)
supuesto, no __________ absolutamente nada. Pero ya está bien, y ¡nos alegra
              (11. cantar)
tanto que otra vez __________ todas las mañanas!
                     (12. cantar)

RESPUESTAS p. 309

B. Complete con el presente de indicativo o el presente de subjuntivo.

1. Es una lástima que tu padre no nos __________ el carro para la fiesta. (**dar**)
2. Conozco un parque nacional que __________ un lago muy lindo. (**tener**)
3. Me sorprende que tu amigo no __________ vino ni cerveza. (**beber**)
4. El año pasado compré una camisa que me __________ mucho. (**gustar**)
5. Todos buscamos una felicidad que __________ para siempre. (**durar:** *last*)
6. Luisa no __________ de México sino de Chile. (**ser**)
7. No hay muchos españoles que __________ italiano. (**saber**)
8. ¿Tienen ustedes un amigo que __________ en Nueva York? (**vivir**)
9. Me satisface mucho que __________ un banco en este pueblito. (**haber**)

10. En Estados Unidos hay más de veintiocho millones de personas que _____________ español. (**hablar**)

11. ¡Ojalá que la cajera me _____________, porque es muy linda! (**sonreír**)

12. Es necesario que Ud. _____________ la cuenta en efectivo. (**pagar**)

13–14. Es una pena que tu novia _____________ enferma y no _____________ a la fiesta de cumpleaños. (**estar / venir**)

15. Es mejor que Ud. _____________ este cheque en el banco que en el cajero automático. (**cobrar**)

16. Veo que el gerente del banco _____________ un despacho enorme, (**tener**)

17. A mi esposa le pone furiosa que la gente _____________ en lugares públicos. (**fumar**)

18. ¿Temes que tu carro _____________ antes de llegar a casa? (**romperse**)

19. ¿Es cierto que en Florida _____________ mucho en otoño? (**llover**)

20. Aquí no hay bancos que _____________ dinero a los extranjeros. (**prestar**)

RESPUESTAS p. 309

C. Combine las dos oraciones en una. Use el indicativo o el subjuntivo según el contexto.

> EJ: Te gusta mucho. Yo salgo contigo.
> **Te gusta mucho que yo salga contigo.**

1. Me alegro mucho. Usted ya tiene empleo.

   ____

2. Ella se enoja mucho. Ud. maneja demasiado rápido.

   ____

3. Está claro. Ella busca un puesto de maestra.

   ____

4. Es sorprendente. Rosaura trabaja de banquera.

   ____

5. Es evidente. Necesitamos una secretaria nueva.

   ____

RESPUESTAS p. 309

D. Modifique las oraciones de acuerdo con el ejemplo y use las claves (*clues*) dadas en paréntesis. La palabra o frase que necesitas reemplazar ha sido subrayada (*underlined*).

> EJ: Tienen un empleo bueno. (buscar)
> **Buscan un empleo que sea bueno.**

1. Tenemos un profesor que nunca llega tarde. (querer)

   ____

2. Hay alguien aquí que es trilingüe. (no hay nadie aquí)

   ____

3. <u>Conocemos</u> una persona que escribe bien. (necesitamos)

   ____

4. <u>Hay un empleado</u> que sabe español. (no hay ningún empleado)

   ____

5. <u>Hay una persona</u> aquí que habla portugués. (¿Hay alguna persona. . .?)

   ____

¡ATENCIÓN!   Subjuntivo con adverbios hacia el futuro: cláusulas adverbiales

1. Observe estos dos ejemplos con la conjunción **cuando.**

   EJS: a) Te *vi* cuando *saliste* de clase. (*I saw you when you came out of class.*)
          b) Te *veo* cuando *salgas* de clase. (*I'll see you when you come out of class.*)

   En el primer ejemplo tenemos dos acciones reales, ya experimentadas, y por esa razón los dos verbos están en indicativo. En el segundo ejemplo tenemos dos acciones futuras; todavía no han ocurrido. En la cláusula principal tenemos un futuro (**veré**) y en la subordinada el presente de subjuntivo (**salgas**). Son cláusulas adverbiales porque la frase subordinada (la conjunción y lo que sigue) funciona como un adverbio. Describe la acción del verbo, diciendo cuando ocurre la acción. Más ejemplos:

   EJS: **Después que** *llegaba* a casa, se *tomaba* un vaso de vino. (*indicativo*)
          Después que *llegue* a casa, se *tomará* un vaso de vino. (*subjuntivo*)

2. Una costumbre es una acción que se repite. Es muchas acciones ya experimentadas. Por eso usamos el indicativo.

   EJS: Juan se *siente* mejor cuando *se toma* una aspirina. (Juan feels better whenever he takes an aspirin) —*una costumbre*
          Después que *llega* a casa se *toma* un vaso de vino.

   Recuerde que el presente de indicativo se usa muchas veces para indicar una acción futura. En este caso la subordinada toma el subjuntivo.

   EJ: Te *veo* más tarde cuando *vaya* a tu casa.
         (*I'll see you later when I go to your house.*)

3. Los adverbios-conjunciones que toman indicativo o subjuntivo son los siguientes:

aunque although	**donde** where	**luego que** after
como as, the way	**en cuanto** as soon as	**mientras (que)** while
cuando when	**enseguida que** as soon as	**siempre que** whenever
después (de) que after	**hasta que** until	**tan pronto como** as soon

4. *Antes* (*de*) *que* siempre necesita subjuntivo. La preposición *de* se usa cada vez menos en las conjunciones *antes de que*, *después de que*. También se suele omitir la palabra *que* de *mientras que*.

    EJS: Te llamo todos los días antes que tu esposa *llegue*. (*costumbre*)

RESPUESTAS p. 310

E. Complete las oraciones con un tiempo del indicativo o del subjuntivo.

1. Hablaremos de eso después que mi abogado ___________. (**llegar**)
2. Necesito comer algo siempre que ___________ hambre. (**tener**)
3. Vamos a hablar con el enfermo luego que él ___________ un calmante. (**tomar**)
4. Llámame por teléfono tan pronto como ___________ a casa. (**volver**)
5. Teresita habló con José después que ___________ de clase. (**salir**)
6. Después que mi hermana mayor ___________, me casaré yo. (**casarse**)
7. Siempre que me ___________ la cabeza tomo dos aspirinas. (**doler**)
8. Mientras yo ___________ el periódico, tú preparas la comida. (**leer**)
9. Ven a verme tan pronto como ___________ tu trabajo. (**hacer**)
10. Mi madre cocinaba muy bien cuando nosotros ___________ en Cuba. (**vivir**)
11. Buscaré empleo por todas partes hasta que lo ___________. (**encontrar**)
12. Trabaje usted donde ___________. (**gustarle**)
13. Ella lo esperaba todos los días hasta que ___________ de su trabajo. (**llegar**)
14. Sí, lo haré con mucho gusto en cuanto ___________ tiempo. (**tener**)
15. Todos los días tomo dos vasos de vino cuando ___________ (**cenar**) porque creo que es bueno para el corazón.
16. Mañana hablamos sobre eso antes que (yo) ___________ a la oficina, (**irse**)

23 Mi deporte favorito
(My Favorite Sport)

el ajedrez	chess	el frontón[4]	fronton, wall
el / la atleta	athlete	el fútbol[5]	football, soccer
el balompié	soccer	el gol	goal, point
el balón, el esférico	ball	el jonrón	home run
		la jugada	play
el baloncesto[1]	basketball	la medalla	medal
la bandera	flag	la natación[6]	swimming
el béisbol[2]	baseball	el partido, la partida	game, set
el / la campeón (ona)	champion		
		patear	to kick
el campeonato	championship	la pelota	ball
la canasta	basket	la portería	goalpost; lobby
la cancha	court, field	el portero	goalkeeper; doorman
las damas	checkers		
el equipo	team; equipment	la raqueta	racket
la espada	sword	la raya	line
el esquí[3]	ski	la red	net
esquiar	to ski	el tenis[7]	tennis

NOTAS

1. El **baloncesto** también se llama en español **básquetbol** y **basquetbol**. Es cada día más popular, especialmente en España, donde la mayoría de los jugadores profesionales son de Estados Unidos. Cada vez que un equipo anota es una canasta.

2. *Béisbol* también se escribe y pronuncia **beisbol**, y es un deporte muy popular en todos los países del Caribe y México desde hace muchos años. En algunos países se le llama **pelota**. Toda la terminología del inglés ha pasado al español: **bate, batear, pícher, pichear, cácher, cachear, jonrón** (*home run*). En las Grandes Ligas de Estados Unidos juegan muchos latinos.

3. Las palabras *esquí* y *esquiar* se usan en español desde hace muchos años. Es un deporte con aficionados en algunos países de habla hispana. El tenis también es popular; España ha tenido varios campeones mundiales a través de los años. Se juega con raqueta, red y pelota de color verde o amarillo.

4. **Frontón** o **pelota vasca** es un deporte de origen vasco, y se llama **jai-alai** en lengua vasca. Se juega con una especie de raqueta que llaman **cesta** (*basket*). Es un deporte rapidísimo y peligroso porque la pelota es muy dura. Los mejores jugadores son vascos y están en Las Vegas, donde se pueden hacer apuestas (*bets*) legales, según las leyes de Nevada. Hay otro tipo de frontón que se juega sin raqueta, con la mano y es más suave que el jai-alai.

5. *Fútbol* (o *futbol*, sin acento) es una palabra derivada del inglés, pero es un deporte muy diferente del *football* norteamericano (que se llama *futbol americano* en español). En inglés se llama *soccer* y en español también se llama **balompié**. Es un deporte que se juega sobre todo con los pies, pero la cabeza también es importante. Es el deporte universal. Cada cuatro años se celebra la Copa Mundial en la que participan muchos países.

6. La **natación** (*swimming*) es uno de los deportes olímpicos más importantes, junto con el **patinaje** sobre hielo, que se practica con **patines** que tienen una **cuchilla** (*blade*).

PRACTIQUE LAS PALABRAS NUEVAS

A. Identifique los siguientes deportes o juegos.

1. Se juega con raquetas, una pelota y una red. _____________.

2. Se juega en un tablero, con piezas llamadas rey, dama, torres y peones (*pawns*). _____________.

3. Se juega con cinco jugadores por equipo, dos canastas y un balón. _____________.

4. Se juega sólo con los pies, la cabeza, un balón. _____________.

5. Se juega con un tablero y doce fichas por jugador. _____________.

6. Se lleva el balón con las manos hasta pasar la raya final, para hacer seis puntos. _____________.

7. Se juega con una pelota dura, bate y guantes. ____________.

8. Se practica sobre la nieve, en las montañas. ____________.

9. Se juega en un frontón, con una pelota muy rápida. ____________.

10. Es deporte muy rápido sobre el hielo que se juega en los Juegos Olímpicos. ____________.

11. Es deporte que se practica en una piscina. ____________.

RESPUESTAS p. 310

B. Subraye la palabra o expresión correcta.

1. La pelota vasca o el jai-alai se juega en un / una (canasta, jugada, frontón, red).

2. El baloncesto se juega con un / una (portería, gol, canasta, red).

3. Los ganadores en los juegos olímpicos reciben (banderas, capas, raquetas, medallas).

4. Un gol es un punto en (baloncesto, béisbol, ajedrez, balompié).

5. Se juega uno contra uno o dos contra dos: (ajedrez, damas, frontón, tenis).

6. Para jugar al baloncesto profesionalmente se usa una cancha de (cemento, tierra, madera, hielo).

7. El jonrón es un punto en (baloncesto, béisbol, fútbol, tenis).

8. El equipo de (baloncesto, fútbol americano, balompié, frontón) tiene cuatro oportunidades para adelantar diez yardas.

9. En el (baloncesto, béisbol, balompié, football) se patea continuamente la pelota.

RESPUESTAS p. 310

C. Conteste verdadero o falso (V/ F).

1. ________ El ajedrez es un juego difícil porque tiene muchas piezas y reglas diferentes.

2. ________ Cuando la pelota toca la red en tenis, la jugada todavía es buena si pasa por arriba.

3. ________ En baloncesto se les permite a los jugadores patear el balón.

4. ________ Un partido de tenis generalmente es más largo que uno de béisbol.

5. ________ La bandera norteamericana es roja, blanca y amarilla.

6. ________ La pelota de béisbol es blanca y la de tenis es amarilla o verde.

7. ________ Los juegos olímpicos se celebran cada cuatro años.

8. ________ El béisbol y el fútbol norteamericano son los deportes favoritos en Estados Unidos.

D. Escriba un verbo derivado de cada uno de los siguientes sustantivos.
Por ejemplo: de *pata* = *patear*; de *vuelo* = *volar*.

1. gol _________________________
2. raya _________________________
3. equipo _________________________
4. gracias _________________________
5. enojo _________________________
6. empleo _________________________
7. sorpresa _________________________
8. entusiasmo _________________________

9. solicitud _________________________
10. temor _________________________
11. alegría _________________________
12. brindis _________________________
13. lástima _________________________
14. entrevista _________________________
15. charla _________________________

GRAMÁTICA   Los participios pasados y Los tiempos perfectos (o compuestos)

I. Participios pasados

A. Los participios pasados regulares terminan en *-ado* para los verbos en
con el infinitivo en -ar (hablar → hablado), y en *-ido* para los verbos en
-er e -ir (comer → comido; vivir → vivido). A su vez, la mayoría de participios irregulares terminan en *-to*, y dos terminan en *-cho*: hacer → hecho;
decir → dicho. En inglés, los participios pasados regulares terminan en
-ed: *walk* → *walked*. La siguiente es una lista parcial de participios
pasados irregulares en español.

abrir → **abierto**	escribir → **escrito**	revolver → **revuelto**
componer **compuesto**	freír → **frito**	romper → **roto**
deshacer → **deshecho**	morir → **muerto**	suponer → **supuesto**
devolver → **devuelto**	poner → **puesto**	ver → **visto**
envolver → **envuelto**	resolver → **resuelto**	volver → **vuelto**
decir → **dicho**	hacer → **hecho**	satisfacer → **satisfecho**

B. El verbo **freír** tiene dos participios: **freído** y **frito**. El participio regular
freído se usa como parte del verbo en los tiempos perfectos, por ejemplo:
he **freído** (*I have fried*). **Frito** se usa como adjetivo: **pollo frito**
(*fried chicken*).

C. Los participios pasados tienen dos funciones o usos importantes:

1. Como parte del verbo en *los tiempos perfectos* (o compuestos).

   EJ: *Hemos hablado* con él. (<u>*We have spoken* with him.</u>)

2. Como adjetivos se usan para describir sustantivos igual que otros
   adjetivos, y por eso concuerdan con el sustantivo en género y número.
   Este uso es paralelo en inglés y en español.

EJ: **La lengua *hablada* es diferente de la lengua *escrita*.**
(*Spoken* language is different from *written* language.)

D. Algunos participios pasados se han convertido en sustantivos.

comida food	**hecho** fact	**puesto** job, stand
dicho a saying	**herida** wound	**salida** exit
entrada entrance	**muerto** dead person	**vuelto** change (*money*)

II. Los tiempos perfectos o compuestos

A. Los tiempos perfectos se forman con el verbo auxiliar **haber** (*to have*) y el participio pasado. El auxiliar cambia para las distintas personas y tiempos; el participio no cambia. Vea el siguiente esquema de tres tiempos perfectos.

Sujeto	Presente Perfecto (*I have eaten*)	Pluscuamperfecto (*I had eaten*)	Futuro Perfecto (*I will have eaten*)
yo	he	había	habré
tú	has	habías	habrás
él/ella/Ud.	ha	había	habrá
nosotros(as)	hemos — comido	habíamos — comido	habremos — comido
vosotros(as)	habéis	habéis	habéis
ellos/ellas/Uds.	han	habían	habrán

B. ¡OJO! El verbo **haber** tiene las siguientes formas impersonales: **hay** (*there is / there are*) **había** (*there was / there were*), **hubo** (*there was / there were*), **habrá** (*there will be*), **habría** (*there would be*).

III. Usos de los tiempos perfectos del indicativo

A. PRESENTE PERFECTO: **He comido.** Indica una acción ya terminada, pero continúa hasta el presente o es importante todavía para el momento presente. El pretérito también indica una acción pasada, pero sin relevancia para el momento actual. El inglés y el español son paralelos en este sentido:

EJ: **No voy a comer contigo porque ya *he comido*.** (*I am not going to eat with you because I have already eaten.*)

B. PLUSCUAMPERFECTO: ***Había comido.*** (*I had eaten.*) Pone en orden dos eventos en el pasado: se usa para la acción anterior a otra en el pasado. Si no enfatizas una orden o secuencia entre dos eventos, es común usar el pretérito en lugar del pluscuamperfecto.

EJ: **Cuando llegaste los niños se *habían ido* a dormir.**

(*When you got there the children <u>had gone</u> to sleep.*). *La acción que ocurrió antes de la acción en el pretérito está en el pluscuamperfecto.*

C. FUTURO PERFECTO: **Habré comido.** (*I will have eaten.*) Como el pluscuamperfecto ordena dos eventos, pero en el futuro —una acción después al momento actual, pero ya experimentada antes de otro evento futuro. Es común sustituirlo por el futuro simple, si no hay un orden de eventos. Por ejemplo:

EJ: **Ya *habré comido* cuando llegues esta noche.**
(*I'll <u>have</u> already <u>eaten</u> when you arrive tonight.*). *La acción de comer (en el futuro) será completada (will be completed) para cuando llegues (también un evento en el futuro).*

En diez años, ya habrás recibido el doctorado.
In 10 years, you will have already completed the PhD. (*en diez años —un tiempo future— una acción será completada: recibir el doctorado*)

D. CONDICIONAL PERFECTO: **Habría comido.** (<u>*I* would have eaten.</u>) Indica una acción completada, pero hipotética en el pasado y en alguna relación temporal con otro evento. Es común sustituirlo con el condicional simple si no hay dos eventos para ordenar:

EJ: **Te prometí que *habríamos terminado* antes de las cinco.**
(*I promised you <u>we would have finished</u> before five.*).

Yo habría comido, pero tuve que salir inmediatamente.
(*I would have eaten, but I had to leave immediately.*)

IV. Tiempos perfectos del subjuntivo

A. Como los tiempos perfectos en el indicativo, los tiempos en el subjuntivo se forman en la misma manera —con el subjuntivo del verbo **haber** y el participio pasado. Hay dos tiempos perfectos en subjuntivo: el presente perfecto y el pluscuamperfecto.

Sujeto	Presente Perfecto del subjuntivo	Participio pasado	Pluscuamperfecto del subjuntivo	Participio pasado
yo	haya	hablado	hubiera/hubiese	hablado
tú	hayas		hubieras/hubieses	
él/ella/Ud.	haya		hubiera/hubiese	
nosotros(as)	hayamos		hubiéramos/ hubiésemos	
vosotros(as)	hayáis		hubierais/hubieseis	
ellos/ellas/Uds.	hayan		hubieran/hubiesen	

B. El presente perfecto se forma con el presente de *haber* y el participio perfecto del verbo principal. Se usa después de verbos de influencia, emoción, duda, igual que todos los subjuntivos.

> EJS: El maestro *espera* que *hayamos hecho* la tarea.
> *Me alegro* mucho de que *hayas ganado* la lotería.
> *Ojalá* que ustedes *hayan tenido* suerte en el examen.

C. El pluscuamperfecto se forma con el imperfecto del subjuntivo de *haber* (veremos este tiempo en *Capítulo 25*) y con el participio pasado del verbo principal. Se usa igual que el presente de subjuntivo, después de un verbo de influencia, emoción, duda, pero cuando el verbo principal está en algún tiempo del *pasado* de indicativo.

> EJS: *Ojalá* que ustedes se *hubieran ganado* la lotería.
> (*I wished you had won the lottery.*)
> El maestro *esperaba* que *hubiéramos hecho* la tarea.
> (*The teacher expected us to have done our homework.*)
> *Me alegré* mucho que *hubieras ganado* la lotería.
> (*I was very glad that you had won the lottery.*)

PRACTIQUE LA GRAMÁTICA

1. La terminación para los participios pasados de los verbos en -ar es __________; para los verbos en -er e ir la terminación es __________. Los participios regulares del inglés terminan en __________.

2. *Dicho* es el participio del verbo __________, y *hecho* el participio de __________.

3. Si de *escribir* decimos *escrito*, de *transcribir* diremos __________.

4. Si de *ver* decimos *visto*, de *prever* diremos __________.

5. Originalmente *frito* es el participio pasado irregular del verbo __________. El participio pasado regular es __________.

6. En inglés existe la palabra *tostada* de origen español. ¿Cuál es el verbo original de ese sustantivo? __________.

7. Los tiempos perfectos necesitan el verbo auxiliar *to have* en inglés; en español el verbo auxiliar es el verbo __________, que es el mismo verbo para traducir *there is / there are*: __________.

8. En los tiempos perfectos, ¿cambia el participio pasado? __________. Cuando el participio se usa como adjetivo, cambia para el género y el __________.

9. No decimos en español **Yo he ya comido** sino Yo ___________.

10. Tampoco decimos en español **¿Has tú ido a México?**, sino
    ¿ ___________ a **México?**

11. El presente perfecto indica una acción terminada y a la vez relevante para
    el momento ___________. En cambio, el pluscuamperfecto indica una
    acción anterior y relevante para un momento ___________.

12. El pretérito sustituye a menudo, tanto en inglés como en español, al
    ___________. Por ejemplo, **comí** por **había comido.**

13. El futuro perfecto indica una acción posterior al presente, pero anterior
    a un punto ___________. Es común sustituir el futuro perfecto con el
    ___________.

EJERCICIOS

A. *Un poco de mi vida personal.* Complete las oraciones con el presente perfecto
o el pluscuamperfecto de los verbos indicados entre paréntesis.

Hoy (yo) ___________ más temprano que de costumbre porque tenía un
(1. levantarse)

difícil examen de biología. ___________ con agua bien fría y ___________
(2. bañarse)   (3. afeitarse)

con jabón bien caliente. Mi madre ya estaba en la cocina porque ___________
(4. despertarse)

antes que yo, y me ___________ un delicioso desayuno que no disfruté como
(5. preparar)

todos los días porque el examen me tenía nervioso. Repasé mis notas por una

hora y salí hacia la universidad con bastante confianza, listo para el examen.

___________ a la clase a las nueve menos cuarto y todavía no había nadie. A
(6. llegar)

las nueve en punto ya ___________ todos, incluyendo al profesor, quien nos
(7. entrar)

dio los exámenes inmediatamente. Todo el mundo ___________ a escribir en
(8. ponerse)

silencio, el silencio sepulcral que acompaña siempre a los primeros minutos de

un examen. A las diez y media yo ___________ mi examen, que encontré más
(9. terminar)

fácil de lo que esperaba.

B. Complete las siguientes oraciones. Ponga atención a los tiempos o adjetivos
sugeridos en inglés.

1. Ellos todavía no ___________ la composición. (*have written*)

2. Nosotros nunca ___________ a China. (*have gone*)

3. ¿Quién ___________ la ventana de la sala? (*has broken*)

4. Muchos millones de personas ___________ en las guerras. (*have died*)

5–6. Parece que tú ___________ bien los huevos, pero la verdad es que no me gustan los huevos ___________. (*have fried / fried*)

7. Salí de mi país hace veinticinco años y no ___________ nunca. (*have returned*)

8. Los dos candidatos ___________ cosas interesantes. (*have said*)

9. Creo que nunca ___________ en San Diego. (*has snowed*)

10. Con la boca ___________ podemos respirar mejor. (*open*)

11. Cuando llegué a casa, mi hijo ya ___________ dos horas. (*had slept*)

12. Muchos idiomas todavía no tienen un sistema ___________. (*written*)

13. Mi mamá está ___________ con el resultado de la operación de su nariz. (*satisfied*)

14. Éste es un trabajo ___________. (*well done*)

15. Esta sinfonía fue ___________ por Beethoven. (*composed*)

16. ¿Quién ___________ las noticias en el periódico? (*had read*)

17. Antes de este verano, ella se ___________. (*will have graduated*)

18. Marcos ___________ un accidente anteriormente. (*had had*)

19. Antes del lunes él ___________ su tarea. (*will have finished*)

20. Carlitos, ¿dónde ___________ los libros? (*have put*)

RESPUESTAS p. 311

C. Conteste las siguientes preguntas en presente perfecto. Use los pronombres indirectos y directos cuando sean necesarios.

EJS: ¿Quiere comer conmigo? —No, ya he comido.
¿Vas a hacer la tarea? —No, ya la he hecho.

1. ¿Vas a lavarte las manos? —No, ya ___________.

2. ¿Deseas comprar el libro? —No, ya ___________.

3. ¿Quieres desayunar ahora? —No, ya ___________.

4. ¿Vas a escribir la carta? —No, ya ___________.

5. ¿Vas a leer la novela de Cervantes? —No, ya ___________.

6. ¿Quieres resolver el problema? —No, ya ___________.

7. ¿Vas a hacer la tarea más tarde? —No, ya ___________.

8. ¿Vas a decirle la verdad a mamá? —No, ya ___________.

¡ATENCIÓN! Pronombres relativos: *que, cual, quien, cuyo*

1. El pronombre relativo más común es *que* (*that, which, who, whom*). Se puede usar siempre, con preposición y sin ella, para personas o cosas. Puede sustituir al pronombre relativo *quien* siempre, pero necesita los artículos definidos (**el / la, los / las**) en casos específicos.

EJS: La señora *de que* (*de quien*) te hablé es mi madre.
El señor *que* entró es mi tío.
La casa *de la que* te hablé está allí.

2. *Quien* (*who, whom*) sólo se usa para personas. Necesita una preposición delante, o bien una coma, y en este caso tiene carácter explicativo. Esto significa que es una cláusula relativa que solo ofrece información y que puedes eliminar sin afectar el significado de la oración. El plural es **quienes**.

   EJS: La señora *de quien* te hablé es mi madre.
   El hombre, *quien* trabaja con mi tío, es el jefe de este negocio. (*ejemplo de una cláusula explicativa*)
   Hablé con el director, *quien* parece estar de acuerdo.

   Un error frecuente es usar *quien* en los casos en que no hay una preposición: Por ejemplo, no se dice **la persona** <u>quien</u> **habló**, debe ser **la persona** <u>que</u> **habló**.

3. El pronombre *cual / cuales* (*which, who, whom*) se usa con personas y cosas, pero necesita siempre uno de los artículos definidos (**el / la, los / las**). También se necesita delante una preposición o una coma, exactamente lo mismo que con *quien*. Este pronombre es más formal que los pronombres **que** o **quien**.

   EJS: La señora *de la cual* (*quien, la que*) te hablé es mi madre.
   La casa *de la cual* (*de la que*) te hablé está allí.
   Saludé al director de la escuela, *el cual* (*el que, quien*) recibió un premio por su labor.

4. *Cuyo(a)*, *cuyos(as)* (*whose*) concuerda con el sustantivo que modifica, como un adjetivo:

   EJS: El niño *cuya madre* conociste es Carlitos.
   El señor *cuyas llaves* encontraste es Don Miguel.

   Recuerde que la pregunta *whose?* en inglés no se traduce por la palabra **cuyo**, sino por **¿De quién?**:

   EJ: ¿De quién es este libro? (<u>*Whose*</u> *book is this?*)

5. *Lo que / lo cual* (*what, that, which, the thing*) son pronombres neutros y se refieren a una idea, una acción o un concepto general.

   EJS: *Lo que* me molesta de Juan es su modo de hablar.
   (<u>*What*</u> *bothers me about Juan is his way of talking.*)
   Dijo que quería perder peso, *lo cual* (*lo que*) es muy difícil.
   (*He said he wanted to lose weight,* <u>*which*</u> *is very difficult.*)

RESPUESTAS
p. 311

D. Complete las oraciones con la traducción de las palabras que están en paréntesis. En varios casos hay respuestas múltiples.

1. ¿Para ___________ es esa raqueta de tenis? (*whom*)
2. El atleta ___________ ganó la medalla de oro en boxeo es cubano. (*who*)
3. Lorena es la muchacha ___________ yo estudié en México. (*with whom*)
4. Un proverbio antiguo dice: « ___________ mal empieza, mal acaba». (*he who*)
5. La persona ___________ casa tanto admiras es Don Enrique. (*whose*)
6. Te devuelvo el libro ___________ me he divertido mucho. (*with which*)
7. Te presento al director ___________ yo trabajo. (*for whom*)
8. La enferma ___________ corazón fue operado ya está mejorando. (*whose*)
9. Hablamos con el campeón, ___________ está muy contento. (*who*)
10. ¿___________ son estas raquetas? (*whose*)
11. ___________ más me gusta de esta casa es la piscina y el jacuzzi. (*what*)
12. Jorge quiere ganar mucho dinero, ___________ le dará muchos dolores de cabeza. (*which*)
13. Compraron una casa grande, ___________ tiene dos pisos. (*which*)
14. No entiendo ___________ me estás diciendo. (*what*)
15. El baloncesto es un deporte ___________ requiere mucha rapidez. (*that*)
16. La profesora ___________ te hablé ayer me invitó hoy a tomar café. (*about whom*)

<u>24</u> Barbería y peluquería
(Barbershop and Salon)

acaso, tal vez	perhaps	el moño	bun, topknot
a los costados	on the sides	la patilla	sideburn
a menos que	unless	el peinado	hairdo
apostar (ue)	to bet	peinarse	to comb one's hair
la barbería[1]	barbershop	el peine	comb
el barbero	barber	la peluca	wig
el bigote[2]	mustache	la peluquería[1]	hairdressing salon
la caspa	dandruff	el / la peluquero(a)	hairdresser
la certeza	certainty	puede ser que	maybe
el champú	shampoo	recortar	to trim
la coleta, la trenza[3]	pigtail, braid	el rizador	curler
con tal de que	provided that	rizar	to curl
el corte de pelo	haircut	el salón de belleza	beauty parlor
estar de moda	to be in fashion	el secador[5]	dryer (*for hair*)
hacer la vista gorda	to overlook	secar	to dry
hacerse el tonto[4]	to play dumb	la(s) tijera(s)[6]	scissors
hacerse tarde	to get late	trenzar	to braid

NOTAS

1. *Barbería* se usa comúnmente para *barbershop*, pero en algunos países se usa *peluquería*. En esos países no existe **el barbero** sino **el peluquero**. Para las señoras será *peluquera*, *hairdresser*. *Salón de belleza* es un término más moderno y se está usando en todos los países. En general, en todos los países de habla hispana el precio de un corte de pelo o de una permanente de señora

o un trabajo de uñas es más barato que en Estados Unidos, porque el salario medio es mucho más bajo.

2. *Bigote* es *moustache* y sin duda es muy común llevar bigote entre los hispanos, mucho más en Hispanoamérica que en España. Hay dos teorías sobre la razón de llevar bigote: bien como símbolo del machismo latinoamericano, o bien para diferenciarse de los indígenas, que por naturaleza no tienen bigote.

3. *Coleta* se usa en España para *pigtail* o *ponytail* (cola de caballo). En América se usa **trenza** cuando es *braid* y **cola de caballo** cuando es recta.

4. *Hacerse el tonto* significa *to play dumb,* pero en México dicen simplemente hacerse. La expresión más típica es **¡No te hagas!**, *don't play dumb, don't fake.*

5. *Secador* se usa para *hair dryer,* y también para el secador automático de los baños, mientras que **secadora** se usa para la máquina de secar ropa.

6. Tradicionalmente **tijeras** se usaba en plural, como **pantalones** y *calzoncillos,* pero en las últimas décadas se usa más el singular que el plural: **tijera, pantalón.**

PRACTIQUE LAS PALABRAS NUEVAS

A. *Eduardo y su barbero.* Complete el diálogo entre Eduardo y su barbero de toda la vida.

BARBERO: ¡Hola, Eduardo! ¿Qué ha ______________ de tu vida últimamente?
                      (1. *been*)

EDUARDO: Nada en particular. Trabajo y más trabajo, como ______________
                                                                                      (2. *as usual*)

BARBERO: Dime. ¿Cómo quieres el ______________ hoy?
                                                              (3. *haircut*)

EDUARDO: Como de costumbre; más corto ______________
                                                                            (4. *on the sides*)

BARBERO: ¿Te dejo las ______________ largas o cortas?
                                            (5. *sideburns*)

EDUARDO   Cortas. Nunca me gustaron largas, ni siquiera cuando

                      ______________ y todo el mundo las llevaba largas.
                      (6. *were in style*)

BARBERO: Como tú digas. ¿Te lo corto con la máquina eléctrica o con

                      ______________?
                      (7. *scissors*)

EDUARDO: ______________ quieras y te sea más fácil. Pero también quiero que
                      (8. *whatever*)

                      me ______________ un poco el bigote.
                              (9. *trim*)

BARBERO: Está bien. ¿Quieres también un ______________?
                                                                        (10. *shampoo*)

EDUARDO: No, pero quiero que me recomiendes algo bueno contra la

____
(11. *dandruff*)

BARBERO: ¡Cómo no! Tengo un champú especial que previene la caspa si

lo usas regularmente. Está _____________ en Alemania y es
(12. *made*)

excelente.

RESPUESTAS
p. 311
B. Complete las oraciones con una de las siguientes palabras o expresiones. Haga los cambios que sean necesarios.

a menos que	hacer la vista	peinado	secador
apostar	gorda	peine	secarse
certeza	hacer el tonto	puede ser que	tijeras
estar de moda	hacer tarde	recortar	trenza

1. No iré a la peluquería _____________ vayas conmigo.
2. Para cortar el pelo se usa una máquina eléctrica o unas _____________.
3. Después de bañarme _____________ con una toalla.
4. Esa señorita lleva unas _____________ muy lindas.
5. La minifalda parece que siempre _____________.
6. Vamos para casa porque ya _____________ y mañana hay que trabajar.
7. Está muy nublado hoy. _____________ llueva.
8. Necesito usar el _____________ porque tengo el pelo mojado (*wet*).
9. Sé con _____________ que tu amigo va a llamarte esta tarde.
10. Tú sabes cocinar muy bien la paella. No te _____________.
11. Esa señora lleva un _____________ muy extraño. (*hairdo*)
12. Tienes el pelo en desorden; aquí tienes un _____________ para que te lo arregles.
13. El jefe _____________ cuando los empleados cometen errores sin importancia.
14. No me deje el pelo muy corto; sólo quiero que me lo _____________ un poco.
15. En inglés *you bet your life*; en español **nosotros** _____________ **la cabeza**.

RESPUESTAS
p. 311
C. Conteste verdadero o falso (V / F).

1. _______ Una persona calva (*bald*) puede usar pelucas que parecen pelo de verdad.
2. _______ En varios estados es legal apostar a las carreras de caballos.

3. ______ La caspa se ve muy fea porque es negra.

4. ______ Algunos hombres se dejan crecer el bigote debajo de la boca.

5. ______ Las jóvenes llevan más coletas; las señoras maduras llevan más moños.

6. ______ Las modas de llevar pelo largo o pelo corto van y vienen.

7. ______ Una peluquera hace pelucas, como un zapatero hace y arregla zapatos.

8. ______ El champú es un tipo de jabón líquido.

9. ______ Cortar el pelo de un caballero es más caro que cortar el cabello de una señora.

10. ______ La sección de cosméticos para el pelo de señoras es más grande que la sección paralela para caballeros.

GRAMÁTICA   Subjuntivo de duda y de causa-efecto

I. Subjuntivo de duda vs. indicativo de certeza

A. Como hemos visto en el primer capítulo sobre el subjuntivo, un verbo que tiene significado de **certeza** (*certainty*) se complementa en la oración subordinada en **indicativo**. En cambio un verbo de **duda** en la cláusula principal se complementa en subjuntivo en la cláusula subordinada.

> EJS: *Sé / Creo / Pienso* que Rosa *está* enferma. (*certeza = indicativo*)
> *Dudo / No creo* que Rosa *esté* enferma. (*duda = subjuntivo*)

B. En general, cuando el verbo en la cláusula principal es uno de certeza, se usa el **indicativo**. He aquí una lista de verbos de este tipo (en algunos casos, el significado del verbo puede parecer más como una duda, pero el indicativo es común con estas expresiones y verbos):

apostar to bet	**estar convencido** to be convinced	**no hay duda de** there's no doubt
creer to believe		
es cierto it's certain	**es verdad** it's true	**opinar** to think
es claro it's clear	**imaginarse** to imagine, think	**parecer** to seem
es que the fact is		**pensar** to think
es seguro it's sure	**no cabe duda de** there's no doubt	**suponer** to suppose
está claro it's clear		**tener por seguro** to be sure
	no dudar not to doubt	

C. Se usa el subjuntivo en la cláusula subordinada después de los verbos y expresiones siguientes porque para la mayoría de los hispanohablantes, estas frases y palabras indican duda, y por eso toman el subjuntivo. Observe que la mayoría de las expresiones es la parte negativa de los verbos o expresiones anteriores (y en algunos casos, hay variación regional):

dudar to doubt	**no es que** it's not that
es dudoso it's doubtful	**no es seguro** it's not certain
es imposible it's impossible	**no está claro** it's not clear
es improbable it's improbable	**no estar convencido** not to be convinced
es posible it's possible	
es probable it's probable	**no es verdad** it's not true
hay duda de there is doubt that	**no imaginarse** not to imagine
no creer not to believe	**no parecer** not to seem
no es cierto it's not true	**no pensar** not to think, not to believe
no es claro it's not clear	**no suponer** not to suppose

D. Los adverbios de duda como **quizá(s)**, **tal vez, acaso, puede ser que** (*perhaps, maybe*), toman el indicativo y el subjuntivo según el grado de certeza o de duda. Por ejemplo:

EJS: **Tal vez *gana* mucho dinero en Las Vegas.** (*Maybe he is going to win (and I'm pretty sure of it.*)
Tal vez *gane* mucho dinero en Las Vegas. (*Maybe he is going to win (but I have my doubts about it.*)

II. Subjuntivo con conjunciones de causa-efecto

A. Cuando la cláusula subordinada empieza con una conjunción de causa y efecto, el verbo aparece en el subjuntivo. Nota que si no hay cambio de sujetos, se puede usar el infinitivo (esto es posible con solo algunos verbos):

EJS: **Carlos *trabaja* <u>para que</u> su esposa *compre* un carro.** (*subjuntivo*)
Carlos *trabaja* para *comprarse* un carro. (*infinitivo*)
No voy a decir nada a menos que me digas que sí. (*subjuntivo*)

B. La lista de conjunciones que indican causa-efecto es limitada:

a fin de que in order to	**de manera que** so that	**para que** in order to
a menos que unless	**de modo que** so that	**sin que** without
con tal de que provided that / as long as	**en caso de que** in case that	

EJS: **No iré a la fiesta *sin que* Ud. *vaya* conmigo.** (*I won't go unless.. . .*)
Iré *con tal de que* usted *vaya* conmigo. (*I'll go provided that.. . .*)
Trabajé mucho *de manera que* mis hijos *tengan* una buena educación. (*I worked hard so that. . . .*)

PRACTIQUE LA GRAMÁTICA

1. Los verbos y expresiones que implican duda se complementan en la cláusula subordinada con el ______________. Por ejemplo:
   Es posible que Ud. ______________ fiebre. (tener)

2. Los verbos y expresiones que significan certeza, seguridad, se complementan con el modo ______________. Por ejemplo:
   Me parece que Ud. ______________ fiebre. (tener)

3. Algunos verbos significan certeza en la forma afirmativa y ______________ en la forma negativa, como **creer** y **no creer**.
   Por ejemplo:
   No creo que María ______________ a Guillermo (conocer)

4. Cuando decimos **Es posible que. . .**, ¿tenemos duda o certeza? ______________. Por ejemplo:
   Es posible que el médico ______________ a mi abuelo. (operar)

5. El verbo *suponer* (*suppose*) se complementa con el ______________ en la cláusula subordinada, aunque no es una certeza muy fuerte. Por ejemplo:
   Suponemos que ella ______________ bien de salud. (estar)

6. Los adverbios de duda como **quizá(s)** y **tal vez**, ¿se complementan con el indicativo o con el subjuntivo en la cláusula subordinada? ______________.

7. Una manera de dar énfasis a un hecho es presentarlo con la expresión **es que. . .** (*it's that. . .*). Después de esta expresión, en la cláusula que sigue, ¿va en indicativo o en subjuntivo? ______________. Por ejemplo:
   Lo siento, es que yo no ______________ alemán. (saber)

8. Otra manera de dar énfasis a la negación de un hecho es presentar la cláusula subordinada con la frase **no es que. . .**, con la frase que sigue en subjuntivo. En la frase después, se usa el indicativo. Por ejemplo:
   No es que Paquito ______________ enfermo, sino que no ______________ ir al colegio. (estar / querer)

9. El verbo **apostar** (*bet*) este verbo se complementa con el ______________ porque es normal tener certeza y estar seguro para apostar.
   EJ: **Te apuesto que él ______________ tarde. (llegar)**

10. *Para que* es una conjunción de causa y efecto. Por eso el verbo de la cláusula subordinada aparece en el ______________.

11. *sin que* es otra conjunción de causa y efecto. Complete la oración: **No puedo abrir la ventana sin que ______________ los mosquitos. (entrar)**

12. *A fin de que* es más enfático que *para que*, pero es la misma idea. Complete la oración: **Iremos a Colombia a fin de que mi hijo ______________ a sus abuelos. (conocer)**

13. El verbo **imaginarse** es también curioso, porque usamos el
    _______________ aunque no hay una certeza muy fuerte en el significado
    del verbo.

     EJ: **Ella se imaginaba que yo____ mucho dinero. (ganar)**

14. La expresión *de manera que* (*so that*) es otra expresión de consecuencia
    o efecto de la acción que va delante; por eso esta expresión requiere el
    _______________.

    EJ: **Mi padre trabajó mucho de manera que sus hijos _______________ una
    buena educación. (tener)**

15. *A menos que* (*unless*) es otra conjunción de causa y efecto. Complete: **No
    volveré a menos que Ud. _______________ de la gripe. (mejorar)**

EJERCICIOS

**RESPUESTAS
p. 311**

A. Complete con el presente de indicativo o de subjuntivo.

1. Pienso que mis padres _______________ ahora en casa. (estar)
2. Te apuesto que Josefina no _______________ con Roberto. (casarse)
3. El profesor no cree que yo _______________ un resfriado desde el
   lunes. (tener)
4. Tomo una aspirina para que la fiebre me _______________. (bajar)
5. Estoy seguro que mi perro _______________ bien mi casa. (proteger)
6. No hay duda que Marcos _______________ ganas de ver a Julita. (tener)
7. Ella se imagina que nosotros _______________ llevarla de compras.
   (poder)
8. Marta no está convencida de que tú la _______________ de verdad (querer)
9. Iré contigo con tal de que tú me _______________ el viaje. (pagar)
10. Suponemos que la salud de papá _______________ buena. (ser)
11. No es que yo _______________ todo correcto, pero es que usted siempre
    _______________ tener la razón. (decir / querer)
12. Es imposible que (tú) _______________ tanta sed sin haber comido. (tener)
13. Me parece que Ud. _______________ demasiado; no es bueno para los
    pulmones. (fumar)
14. Puede ser que esta balanza no _____ el peso exacto. (indicar)
15. ¿Por qué crees que yo te _______________ algún día? (abandonar)
16. Hace frío hoy. Tal vez _______________ esta noche. (llover)
17. El médico opina que el enfermo _______________ descanso. (necesitar)
18. No voy a ir al cine sin que Ud. me _______________. (acompañar)
19. Es dudoso que tu amigo _______________ a jugar tenis esta tarde. (ir)
20. Es muy probable que yo _______________ una *A* en este curso. (sacar)

21. Mi madre trabaja mucho para que sus hijos _______________ una carrera. (tener)
22. Vamos a comprar una casa a menos que _______________ demasiado. (costar)
23. Supongo que tu novio(a) _______________ al cine contigo. (ir)
24. No es seguro que (ellos) le _______________ el puesto a Javier. (dar)

RESPUESTAS p. 312

B. Combine la oración con la expresión en paréntesis, según el ejemplo. Seleccione el indicativo o subjuntivo, según sea necesario.

> EJ: **Ese champú no es caro. (dudo) = Dudo que ese champú sea caro.**

1. La peluquera trabaja bien. (suponemos)
   Suponemos que la peluquera _______________.
2. Eduardo se va a dejar crecer el bigote. (puede ser que)
   Puede ser que Eduardo se _______________.
3. Carmina se pone furiosa. (es probable)
   Es probable que Carmina _______________.
4. Tú te haces un peinado elegante. (estamos seguros)
   Estamos seguros de que tú te _______________.
5. Esa señora lleva peluca. (no estoy convencido de)
   No estoy convencido de que esa señora _______________.
6. Las dos hermanas se rizan el pelo. (es dudoso)
   Es dudoso que las dos hermanas se _______________.

¡ATENCIÓN! Nombres contables y no contables (*Count Nouns and Mass Nouns*)

1. Hay sustantivos que podemos contar (por ejemplo podemos contar libros, países y niños) y sustantivos que no podemos contar (por ejemplo, agua, arena, leche y paciencia). Estas dos clases de nombres existen tanto en inglés como en español, pero no siempre son los mismos nombres en los dos idiomas. Por ejemplo, en español decimos ***tres muebles***, pero en inglés no se dice *three furnitures* sino *three pieces of furniture*. De este contraste surgen algunos errores.

2. Estudie la siguiente lista de palabras contables en español y no contables en inglés.

amor love	**helado** ice cream	**noticia** news
aplauso applause	**jabón** soap	**pan** bread
chicle chewing gum	**joya** jewelry	**relámpago** lightning
consejo advice	**lechuga** lettuce	**tiza** chalk
dulce candy	**locura** foolishness	**tontería** nonsense
equipo equipment	**mueble** furniture	**trueno** thunder

3. Para traducir el plural del español en los casos que siguen, se añade en inglés una palabra que indica una «unidad» más o menos arbitraria, como *piece*, *bit*, *act*, *thing*, *item*. En algunos casos hay una palabra especial: *head*, *loaf*, *affair*, *round*. Por ejemplo:

EJS: **Tres noticias** = *Three news items*   **Dos lechugas** = *Two heads of lettuce*

Dos panes = *Two loaves of bread*   **Dos aplausos** = *Two rounds of applause*

Cuatro amores = *Four love affairs*   **Cinco joyas** = *Five pieces of jewelry*

Dos consejos = *Two bits of advice*   **Tres jabones** = *Three bars of soap*

4. Observe los dos ejemplos siguientes entre nombres contables y no contables.

EJS: **1. Necesito lápiz.** (*I need a pencil.*)
    2. Quiero pan. (*I want some bread.*)

En el primer ejemplo se usa *a* en inglés porque *pencil* es contable, y en el segundo se usa *some* porque *bread* es no contable. En español no es necesario usar el artículo. Aunque *lápiz* es contable normalmente en español, lo convertimos en no contable al eliminar el artículo **un** o **una**.

5. Observe los dos ejemplos siguientes.

EJS: **1. Juan es maestro.** = *Juan is a teacher.*
    2. Juan no es *un* dentista, es *un* maestro. = *Juan is not a dentist; he's a teacher.*

No usamos en español el artículo **un / una** para identificar a una persona con su profesión, afiliación política, religiosa, como en el primer ejemplo, solamente para contrastar y enfatizar esa profesión, como en el segundo. Si el nombre tiene un adjetivo o una cláusula adjetival, también se usa el artículo. Por ejemplo:
Juan es un maestro excelente. (*John is <u>an</u> excellent teacher.*)

6. En inglés se usa el artículo indefinido en expresiones como *What a day!* que es **¡Qué día!** y *such a book* es **tal libro**. Para enfatizar añadimos *más* o *tan*, pero nunca el artículo indefinido. Por ejemplo:

EJS: **¡Qué día tan (más) maravilloso!** (*What a wonderful day!*)
    Tal novela es muy buena para niños. (*Such a novel is very good for children.*)

RESPUESTAS p. 312

C. Traduzca del inglés al español. ¡Tenga cuidado con los nombres contables y no contables!

1. We bought two heads of lettuce. ____.
2. Don Juan had many love affairs. ____.
3. What a nice day! ____.
4. I'll give you two bits of advice. ____.
5. Caroline is a hairdresser. ____.
6. Give me a piece of candy. ____.
7. She has a pen and a pencil. ____.
8. Buy me two loaves of bread. ____.
9. I have four pieces of furniture at home. ____.
10. Did you hear (a) thunder(clap)? ____.
11. She is a great teacher. ____.
12. Don't do any more foolish things. ____.

25 La casa de mis ensueños
(My Dream House)

Spanish	English	Spanish	English
la alcoba, el cuarto, la habitación, la recámara (*México*)[1]	Bedroom	el estante	stand, bookcase
		el hall[4]	entrance hall, lobby
la alfombra	carpet, rug	el / la inquilino(a)	Tenant
alquilar[2]	to rent, lease	mojado(a)[5]	Wet
el alquiler[2]	rent, lease	mojar[5]	to dampen, wet
amueblar	to furnish	mover(se)[6]	to move (*in general*)
el armario[3]	closet, cabinet	la mudanza[6]	Move
el ático	Attic	mudarse[6]	to move (*to change residences*)
la azotea, la terraza	Terrace		
el / la barrendero(a)	street sweeper	mullir	to fluff (*a pillow*)
barrer	to sweep	el polvo, los polvos	dust, powder
bullir, hervir (ie, i)	to boil	polvoriento(a)	Dusty
la cómoda	chest, cabinet	reñir (i)	to scold
el condominio	Condominium	la sacudida	Shake
el corredor, el pasillo[4]	hall, corridor	sacudir	to shake
		sacudir el polvo	to dust
el corredor de bienes raíces, agente de bienes raíces	real estate agent	el sótano[7]	Basement
		el techo	Ceiling
		el tejado	Roof
		teñido(a)	Dyed
		teñir (i)	to dye
empacar	to pack	zambullirse	to dive
la escoba	Broom		

NOTAS

1. *Alcoba* es la palabra tradicional para *bedroom,* pero también se usa *dormitorio,* que no es *dormitory* (que se traduce como *residencia estudiantil*). En México y otros países, se usa mucho *recámara* y también se usan *cuarto* y *habitación.* La palabra *pieza* existe como otra alternativa

2. *Alquilar* significa *to rent* y *to lease.* En español no se diferencia entre alquilar por un tiempo fijo (*to lease*), y alquilar en general, sin especificar el tiempo (*to rent*). Lo mismo pasa con el nombre *alquiler* que significa *lease* y *rent.* Hoy día *rentar* existe como alternativa en algunas comunidades; el sustantivo *renta* es común también. Se puede usar la palabra *renta* también como *income*

3. Un *armario* es originalmente de madera, como *cabinet* o *chest,* un mueble que se puede mudar, pero actualmente se usa también como *closet,* hecho de cemento o fijo de madera. La palabra *cómoda* sí es un mueble que se puede mudar: *chest, cabinet.* Hoy día se usa mucho *guardarropa* para referirse tanto a *armario* como a *cómoda.*

4. La palabra *hall* ha pasado al español, pero no con el significado de *corredor* o *pasillo* sino como *entrance hall* o *lobby* (que también se traduce como *vestíbulo* en español).

5. *Mover(se)* significa *to move* en el sentido físico en general, como una persona, un vehículo, los árboles con el viento, la cola del perro, pero *to move (from one house to another)* es *mudarse (de casa, de apartamento,* etc.). El sustantivo para indicar cambio de casa es *mudanza.* Para decir *to move* en una manera emocional, se dice *conmover* en español.

6. *Sótano* significa *basement.* En Estados Unidos solamente en algunas regiones las casas tienen ese tipo de construcción. En España solamente las casas viejas tienen *sótano.*

PRACTIQUE LAS PALABRAS NUEVAS

RESPUESTAS p. 312
A. Un señor habla con el corredor de una agencia de bienes raíces.

CORREDOR:	Buenas tardes, señor. ¡ ______________ a nuestra agencia! (1. *welcome*) ¿Está interesado en comprar o en ______________ una casa? (2. *sell*)
CLIENTE:	Tal vez en las dos cosas. Mi esposa y yo tenemos una casa demasiado grande para nosotros dos. Querríamos ______________ por una más pequeña. (3. *change it*)

CORREDOR: Un condominio no les iría mal. ¿Tiene una idea exacta del tamaño de la casa que quieren comprar?

CLIENTE: Estamos pensando en una casa con dos ________ y dos baños.
(4. *bedrooms*)

CORREDOR: Una posibilidad es ________ la casa grande a una familia y a la vez comprar una pequeña para ustedes. Puede ser una buena inversión.
(5. *to rent*)

CLIENTE: No queremos problemas de ________. Mejor es vender la casa.
(6. *tenants*)

CORREDOR: Aquí tiene la foto de una casa en venta, con ________ de pared a pared (*from wall to wall*) en las dos habitaciones.
(7. *carpet*)

CLIENTE: ¿Tiene ________ grandes? Porque mi esposa y yo tenemos muchísima ropa.
(8. *closets*)

CORREDOR: Bueno, ya la verán. Por ahora ________ esta planilla sobre su propia casa. Lo mejor será visitar varias casas para que Uds. comparen y decidan.
(9. *fill out*)

CLIENTE: Tiene Ud. mucha razón. Mi esposa se ________ muchísimo si yo tomara la decisión solo.
(10. *would get mad*)

CORREDOR: Vuelva Ud. con su esposa y podremos actuar.

RESPUESTAS p. 312

B. Complete las oraciones con una palabra del vocabulario o de las notas.

1. Usamos una escoba para ________ el piso.
2. Ponemos los libros en un ________.
3. Si Ud. alquila una casa, tiene que pagar el ________ mensualmente.
4. La parte más alta de la casa es el ________.
5. Guardamos la ropa en los armarios y en las ________.
6. Usamos el baño para bañarnos, y la ________ para dormir.
7. La parte más baja de la casa es el ________, pero muchas casas modernas ya no lo tienen.
8. Para ________ la casa necesitamos mesas, sillas y sofás.
9. Cuando el piso está ________ hay que caminar con cuidado.
10. Cuando uno cambia de casa es necesario ________ todas las cosas.
11. Hay que ________ los muebles cuando tienen polvo.

12. Las señoras están en los aseos (cuartos de baño) poniéndose
______________. (*powder*)

RESPUESTAS p. 312

C. Use los siguientes verbos en presente de indicativo, sin repetirlos, para completar las oraciones.

alquilar	barrer	mojar	mullir	sacudir	teñir
amueblar	bullir	mudarse	reñir	tocar	zambullirse

1. Hace tres años que nosotros ______________ esta casa. (*rent*)
2. La mamá ______________ a su hijito porque está haciendo demasiado ruido.
3. Yo mismo ______________ el piso de mi apartamento todas las semanas.
4. Carlitos se ______________ todas las tardes en la piscina y nada por una hora sin parar. Quiere ser campeón de natación de su colegio.
5. A Lucía le gusta mucho la música; ______________ la guitarra y el arpa.
6. Siempre que Julita se baña, ______________ el piso del baño.
7. El color natural del pelo de mamá es negro, pero se lo ______________ de rubio.
8. Mi abuelita trabaja mucho en casa; ______________ el polvo de los muebles todas las semanas.
9. Algunos alumnos ______________ de apartamento cada año; siempre buscan uno más barato.
10. Las aceras de Nueva York siempre están llenas de personas; la gente ______________ como hormigas (*ants*).
11. No tenemos que comprar los muebles para esta oficina; la compañía para la que trabajamos ______________ la oficina.
12. Mi esposa ______________ bien las almohadas (*pillows*) para que estén muy suaves.

GRAMÁTICA   El imperfecto de subjuntivo

I. **Verbos regulares.** Repase el siguiente esquema.

Sujeto	*hablar*		*comer*		*vivir*	
yo	habla ra	habla se	comie ra	comie se	vivie ra	vivie se
tú	habla ras	habla ses	comie ras	comie ses	vivie ras	vivie ses
él / ella / Ud.	habla ra	habla se	comie ra	comie se	vivie ra	vivie se
nosotros(as)	hablá ramos	hablá semos	comié ramos	comié semos	vivié ramos	vivié semos
vosotros(as)	habla rais	habla seis	comie rais	comie seis	vivie rais	vivie seis
ellos / ellas / Uds.	habla ran	habla sen	comie ran	comie sen	vivie ran	vivie sen

A. Para formar el imperfecto del subjunctivo, usamos la tercera persona plural del pretértito para la raíz, quitando la terminación *-ron*, y agregando las terminaciones arriba (*-ra*, *-ras*, *-ra*, etc.). Por ejemplo:

pensar → pensa~~ron~~; pensa-

perder → perdie~~ron~~; perdie-

B. Observe que en el esquema anterior hay dos formas diferentes en este tiempo. Se las llama la forma en -ra y la forma en -se por ser ésa la única diferencia: la forma **comiera** es idéntica en significado como **comiese**. La única variación es regional; en Hispanoamérica se usa más la forma -ra que la forma -se en el habla común. En España se oyen las dos, posiblemente más -se que -ra. En la literatura de todo el mundo de habla hispana se usan las dos formas.

C. La única persona con acento escrito es la primera persona del plural: **habláramos / hablásemos.** Observe que los verbos en -**ar** tienen varias formas iguales en el futuro y en el imperfecto de subjuntivo, excepto por el acento.

hablarás = *you will talk*	**hablaras** = (*that*) *you talked*
hablarán = *they will talk*	**hablaran** = (*that*) *they talked*
hablará = *he will talk*	**hablara** = (*that*) *he talked*

D. Las irregularidades en el imperfecto del subjuntivo son predicibles; las irregularidades presentes en la tercera persona plural del pretérito se observan también en todas las formas del imperfecto del subjuntivo. Por ejemplo: **leer:** *leyera* (*ellos leyeron*, en pretérito); **vestir:** *vistiera* (*ellos vistieron*, en pretérito). Otros ejemplos:

Sujeto	hacer	dec ir	ir / ser	andar	querer	ped ir
Pretérito (ellos)	hicieron	dijeron	fueron	anduvieron	quisieron	pidieron
yo	hicie ra	dije ra	fue ra	anduvie ra	quisie ra	pidie ra
tú	hicie ras	dije ras	fue ras	anduvie ras	quisie ras	pidie ras
él / ella / Ud.	hicie ra	dije ra	fue ra	anduvie ra	quisie ra	pidie ra
nosotros(as)	hicié ramos	dijé ramos	fué ramos	anduvié ramos	quisié ramos	pidié ramos
vosotros(as)	hicie rais	dije rais	fue rais	anduvie rais	quisie rais	pidie rais
ellos / ellas / Uds.	hicie ran	dije ran	fue ran	anduvie ran	quisie ran	pidie ran

II. Usos del imperfecto de subjuntivo. Los usos del imperfecto de subjuntivo son paralelos a los del presente de subjuntivo. Después de los verbos de **influencia, emoción, duda, causa-efecto** y **algunas conjunciones adverbiales** en un tiempo pasado en la cláusula principal, se usa el imperfecto del subjuntivo en la cláusula subordinada. Por ejemplo:

El profesor quería que los estudiantes hicieran el trabajo. (*influencia*)

No creíamos que Eduardo dijera la verdad. (*duda*)

Nos enfadamos de que los chicos ensuciaran (*ensuciar-to get dirty*) **la sala.** (*emoción*)

La señora salió de la fiesta sin que la viéramos. (*conjunciones adverbiales*)

Como se ha mencionado, si la cláusula principal está en un tiempo en el pasado de indicativo, la oración subordinada del subjuntivo estará en imperfecto del subjuntivo. En la próxima lección daremos más detalles sobre este tema.

PRACTIQUE LA GRAMÁTICA

1. El imperfecto de subjuntivo tiene ______________ formas diferentes, pero éstas tienen los mismos usos. Las dos formas del verbo **hablar** son ____________ / ____________.

2. En Hispanoamérica se usa más la forma en ______________ que la forma en ____________ en el habla diaria. En España se oyen las dos, pero se usa un poco más la forma ____________. En literatura se usan las dos formas en el mundo hispanoparlante.

3. *Dar* es un verbo del grupo -**ar**, pero no decimos **dara**, sino ____________, y no decimos **dase**, sino ____________. Este verbo toma las terminaciones de los verbos en -**er** o -**ir**.

4. Todas las formas del imperfecto del subjuntivo se forman de la tercera persona plural del ____________, quitando las letras ____________.

5. Del verbo **decir** tenemos *dijera* en imperfecto de subjuntivo: vemos que cambia la raíz **dec-** en ____________, y la terminación -**iera** / -**iese** cambia a ____________.

6. Los verbos como *leer, caer* y *oír*, que tienen dos vocales juntas, no tienen la terminación -**iera**/ -**iese**, sino ____________, porque la *i* entre dos vocales cambia a ____________. Por ejemplo, de *leer* tenemos **yo** ____________ en el imperfecto del subjuntivo.

7. De *pedir* no decimos **pedió**, sino ____________ en el pretérito. En subjuntivo tampoco decimos **pediera**, sino ____________. Cambia la *e* en ____________.

8. Del verbo *andar* no decimos **andé** sino ____________ en el pretérito. Por lo tanto en imperfecto de subjuntivo decimos **yo** ____________.

9. La única diferencia entre *hablarás* y *hablaras* es el acento (fonético y escrito). ¿Cuál de las dos formas significa *you will talk*? ____________.

10. *Divertir* es como *pedir*: el subjuntivo no es **divertiera**, sino ____________.

11. Los verbos compuestos experimentan los mismos cambios de los verbos simples. Si de *hacer* decimos **hiciera**, de *deshacer* diremos ________________. ¿Y de *satisfacer*? ________________.

12. El imperfecto de subjuntivo de *producir* no es **produciera** sino ________________, y el imperfecto de subjuntivo de *conducir* no es **conduciera**, sino ________________ .

13. Del verbo *oír* no decimos **yo oiera** en el imperfecto de subjuntivo, sino ________________. De *huir* (*to flee*) tampoco decimos **yo huiera**, sino ________________.

14. Del verbo *componer* (*to fix, compose*) no decimos **componiera**, sino ________________ y del verbo **mantener** no decimos **yo manteniera**, sino yo ________________.

15. Las reglas para usar el imperfecto de subjuntivo son las mismas del presente. Los verbos de influencia requieren subjuntivo, por ejemplo: **Ella me pidió que** ________________ **a tiempo.** *(llegar)*

16. Como se ha mencionado, los verbos de emoción también necesitan subjuntivo. Por ejemplo: **Ella se alegró de que Ud.** ________________ **bien en el examen.** *(salir)*

EJERCICIOS

RESPUESTAS p. 312

A. Repase el pretérito y el imperfecto. Escriba la tercera persona del plural del pretérito y la primera persona plural del imperfecto de subjuntivo.

EJ: comer → comieron / comiéramos

	Pretérito	Imperfecto del subjuntivo
1. decir	________________	________________
2. producir	________________	________________
3. saber	________________	________________
4. creer	________________	________________
5. teñir (*dye*)	________________	________________
6. morir	________________	________________
7. divertir	________________	________________
8. zambullir	________________	________________
9. mantener	________________	________________

	Pretérito	Imperfecto del subjuntivo
10. suponer	_______________	_______________
11. prevenir	_______________	_______________
12. maldecir	_______________	_______________
13. estar	_______________	_______________
14. andar	_______________	_______________

RESPUESTAS p. 313

B. Complete las oraciones con el imperfecto de subjuntivo.

1. El gerente te pidió que no_______________ tarde. (llegar)
2. Fue necesario que el dentista me _______________ un diente. (sacar)
3. Me alegré mucho de que Ud. me _______________ ese libro de cuentos. (dar)
4. Era probable que Margarita _______________ ese día en la fiesta. (estar)
5. Te traje la novela para que la _______________ antes del examen. (leer)
6. Tenía miedo de que el doctor me _______________ una inyección. (poner)
7. Abrí la ventana para que _______________ aire fresco. (entrar)
8. Fue una lástima que tu novio no _______________ venir. (poder)
9. Todos nos pidieron que _______________ a guitarra. (tocar)
10. Manolita se fue antes que _______________ la reunión. (concluir)
11. El público le pidió a Lorenzo que _______________ el arpa (*harp*). (tocar)
12. Mi padre permitió que (nosotros) _______________ su carro. (usar)
13. El novio quiso que su novia _______________ de blanco. (vestirse)
14. Yo nunca me imaginaría que Ud. _______________ hablar ruso. (saber)
15. Fue mucho mejor que ella _______________ a ver al médico. (ir)
16. El profesor de natación me dijo que _______________ (zambullirse) en la piscina.
17. Ella nunca iba a la playa a menos que yo _______________ con ella. (ir)
18. Pedro sugirió que tú _______________ el coche. (conducir)
19. Dudábamos que Juanito _______________ la verdad. (decir)
20. Tomé un calmante para que la carie no me _______________. (molestar)
21. Fue conveniente que Ud. _______________ el cheque antes del día veinte. (mandar)
22. ¡Qué pena que ustedes no _______________ a sus hijos! (traer)
23. José no vino a clase ayer. Tal vez _______________ enfermo. (estar)
24. Mi novia me llamó antes que _______________ de su trabajo. (salir)

¡ATENCIÓN!   Cláusulas con *si* (*if-clauses*): indicativo vs. subjuntivo

1. **Condiciones reales.** Cuando tenemos una condición o acción probable, posible o que ya ha pasado, podemos usar el presente de indicativo en la cláusula con si. En la cláusula principal, podemos usar el presente, el futuro o un mandato:

   Si *tengo* dinero, *viajaré* a China. (*If I have the money, I'll travel to China.*)
   Si *llueve,* podemos usar la sala. (*If it rains, we can use the living room.*)
   Si ella *viene,* sal inmediatamente. (*If she comes, leave immediately.*)

2. **Condiciones hipotéticas.** En estas oraciones, se presenta una situación hipotética, o contrafactual (*contrary to fact*). Hay dos fórmulas diferentes:

   a) Para un evento hipotético en el momento presente o futuro, se usa el *imperfecto del subjuntivo* en la cláusula con si, y el *condicional* en la cláusula principal. El orden de las dos cláusulas se puede cambiar tanto en español como en inglés.

      EJS: Si *tuviera* dinero, *compraría* un carro nuevo.
      If I __had__ money. I __would buy__ a new car.
      Ud. *podría hablar* portugués, si lo *estudiara* (o *estudiase*).
      (*You __would be able__ to speak Portuguese if you __studied__ it.*)

   b) Para un evento hipotético en el pasado, se usa el pluscuamperfecto del subjuntivo en la cláusula con si, y el condicional perfecto en la cláusula principal. Como en a), el orden de las cláusulas puede cambiarse:

      EJS: Si *hubiera / hubiese tenido* dinero el año pasado, *habría comprado* un carro nuevo.
      (*If I __had had__ the money last year. I __would have bought__ a new car.*)
      Ud. *habría aprendido* portugués, si lo *hubiera / hubiese estudiado* de joven.
      (*You __would have learned__ Portuguese, if you __had studied__ it as a young person.*)

3. La expresión **como si** (*as if*) indica siempre una condición contrafactual. Siempre necesita el imperfecto o el pluscuamperfecto de subjuntivo.

   EJS: Ella habla español como si fuera de Chile.
   (*She speaks Spanish as if she were from Chile.*
   José camina como si hubiera estado enfermo.
   (*José is walking as if he had been sick.*)

C. *¿Qué haría Ud. de millonario?* Si Ud. ganara dos millones de dólares en la lotería, ¿qué haría? Complete las frases con las formas correctas de los verbos.)

1. (comprar una mansión para mis padres) _______________
2. (viajar durante un año por Sudamérica) _______________
3. (dar medio millón a los niños pobres) _______________
4. (dejar de trabajar definitivamente) _______________
5. (hacer una fiesta enorme con mis amigos) _______________
6. (salir de viaje para Brasil) _______________
7. (regalar un anillo de diamantes a mi novia) _______________
8. (casarme con mi novio) _______________
9. (comprar una limusina) _______________
10. (invertir medio millón en la bolsa de valores) _______________

D. *Yo haría muchas cosas si. . ..* Complete las frases con la forma apropiada del verbo.

1. (tener tiempo y dinero disponibles) _______________
2. (ser presidente del país) _______________
3. (hay tiempo) _______________
4. (mis padres / ayudarme) _______________
5. (querer divertirme) _______________
6. (ganar la lotería) _______________
7. (heredar millones de mis padres) _______________
8. (estudiar para un doctorado) _______________

E. Complete las oraciones con indicativo (*condiciones reales*) o subjuntivo (*condiciones hipotéticas*).

1. Si hacía calor, nosotros _______________ a la playa. (ir)
2. Si hiciera calor, nosotros _______________ a la playa. (ir)
3. Si hubiera hecho calor, nosotros _______________ a la playa. (ir)
4. Si hace calor, nosotros _______________ a la playa. (ir)
5. Si Ud. _______________ español, se divertiría mucho en México. (saber)
6. Si Ud. _______________ español, debe hablarlo en clase. (saber)
7. Si Ud. _______________ el español, lo aprenderá más rápido. (practicar)
8. Jorge se ve muy pálido, como si _______________ enfermo. (estar)
9. Si Ud. _______________ _______________ el español desde la escuela primaria, lo habría pronunciado/lo pronunciaría ahora muy bien. (estudiar)
10. Cuando era joven, si Carlota ganaba mucho dinero, lo _______________ a lo loco. (gastar)

11. Voy a comprar un carro nuevo en verano, si mis padres me
    _______________. (ayudar)
12. Compraría un carro nuevo, si mis padres me _______________. (ayudar)
13. Si yo hubiera sido tú, _______________ ese trabajo. (aceptar)
14. Si Ud sale en este momento, _______________ a tiempo. (llegar)
15. Ud llegaría a tiempo si _______________ en este momento. (salir)

26 La familia hispana[5]
(The Hispanic Family)

la adultez	adulthood	el marido	husband
el/la ahijado(a)	godchild	el/la nieto(a)	grandchild
el bautismo,	baptism	la niñez	childhood
el bautizo		la nuera	daughter-in-law
bautizar	to baptize	el padrastro	stepfather
la bisabuela	great-grandmother	los padres[3]	parents, fathers
el/la bisnieto(a)[1]	great-grandchild	el padrino	godfather
cuñado(a)	brother/sister-in-law	el/los pariente(s)	relative(s)
		perezoso(a)	lazy
divorciarse	to divorce	el/la primo(a)	cousin
el divorcio	divorce	la sobrina	niece
enviudar	to become a widow(er)	el sobrino	nephew
		soltero(a)	single
el/la joven	young person, young man (woman)	el solterón / la solterona[4]	old bachelor / old maid
		la suegra	mother-in-law
la juventud	youth	el suegro	father-in-law
listo(a)[2]	smart, clever; ready (con *estar*)	la vejez	old age
		el/la viudo(a)	widower, widow
la madrastra	stepmother	la viudez	widowhood
la madrina	godmother	el yerno	son-in-law
la madurez	maturity, adulthood		

NOTAS

1. *Bisnieto*(a) también se escribe *biznieto*(a), mientras que *bisabuelo*(a) sólo se escribe de una manera. Para *great-great-grandfather* se usa *tatarabuelo*(a), y para *great-great-grandchildren* se usa *tataranietos*.

2. *Listo*(a) puede significar dos cosas: a) *smart* con el verbo **ser** o cuando está con un sustantivo: **un joven listo** (*a smart youngster*), b) *ready,* con el verbo **estar.** Por ejemplo:

   El joven listo resolvió el acertijo. *(The clever young man solved the riddle.)*
   Podemos salir cuando estén listos. *(We can leave when you are ready.)*

3. La palabra *padres* puede significar dos cosas: *parents* o dos o más *fathers.* Esto pasa con todos los términos relativos a la familia: **sobrinos:** *a) niece(s) and nephew(s), b) nephews;* **hermanos:** *a) brother(s) and sister(s) / siblings, b) brothers.* Es más común el uso de *papás* como parents que padres, especialmente en Latinoamérica.

4. *Solterona* significa *old maid* y *solterón*, old *bachelor.* Estas palabras suelen usarse con una connotación negativa, igual que en inglés.

5. La familia tradicional en los países de habla hispana es extensa, es decir, que además de los padres y los hijos incluye a otros miembros, como los abuelos, tíos o tías, viudos o solteros. La familia norteamericana es nuclear: padres e hijos. La familia en los países de habla hispana ofrece apoyo y ayuda a sus miembros, y generalmente los hijos solteros viven con sus padres.

PRACTIQUE LAS PALABRAS NUEVAS

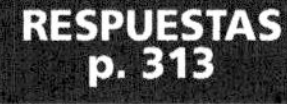

A. Complete las siguientes oraciones con la palabra adecuada.

1. Mi padre y mi madre son mis _______________.
2. Mis tíos, primos, sobrinos, y abuelos, son mis _______________.
3. La hija de mis tíos es mi _______________, y su hijo es mi _______________.
4. Los hijos de mi hermano son mis _______________.
5. Los hijos de mis hijos son mis _______________.
6. Los padres de mis padres son mis _______________.
7. La madre de mi esposa es mi _______________, y el padre es mi _______________.
8. Yo soy el _______________ del hijo que tuvo mi esposa en un matrimonio anterior.
9. El hombre que se hace responsable de un niño en el bautismo es su _______________.
10. Un niño es el _______________ de su padrino.

11. La esposa de mi hijo es mi ______________.

12. Mi hija está casada con Hector. Entonces, Hector es mi ______________.

13. Los hijos de los hijos de mis hijos son mis ______________.

14. Una señora se queda ______________ cuando muere su esposo.

15. Un señor que nunca se ha casado y ya es mayor es un ______________.

RESPUESTAS p. 313

B. Palabras derivadas: Hay miles de ejemplos de palabras derivadas en español. Por ejemplo, de *niño* tenemos *niñez,* de *joven, juventud.* ¿Puedes identificar un sustantivo derivado de estos adjetivos? Use el diccionario si lo necesita.

1. maduro ______________
2. viudo ______________
3. viejo ______________
4. bello ______________
5. perezoso ______________
6. dulce ______________
7. feliz ______________
8. negro ______________
9. blanco ______________
10. verde ______________
11. bueno ______________
12. malo ______________
13. pesado ______________
14. delgado ______________
15. escaso ______________
16. pálido ______________

RESPUESTAS p. 313

C. Como en B, escriba los verbos derivados de los siguientes nombres o adjetivos. Use el diccionario si lo necesita.

1. maduro ______________
2. viejo ______________
3. divorcio ______________
4. casa ______________
5. mueble ______________
6. alfombra ______________
7. alquiler ______________
8. venta ______________
9. sorpresa ______________
10. dulce ______________
11. rojo ______________
12. dolor ______________
13. delgado ______________
14. escaso ______________
15. padrino ______________
16. pálido ______________
17. risa ______________
18. sonrisa ______________
19. techo ______________
20. tierra ______________
21. seco ______________
22. trenza ______________
23. peine ______________
24. almuerzo ______________

GRAMÁTICA   Repaso de los usos del subjuntivo

Podemos clasificar los usos del subjuntivo en la manera siguiente:

1. **Influencia.** El verbo de la cláusula principal que indica algún tipo de influencia se complementa en la cláusula subordinada con el subjuntivo. Si el verbo principal está en presente o futuro se complementará con el presente de

subjuntivo, y si está en un tiempo pasado se complementará con el imperfecto de subjuntivo. Por ejemplo:

EJS: *Quiero* que *vayas* conmigo. / *Quería* (*quise*) que *fueras* conmigo.
     Es mejor que *vayas* conmigo. / *Era* (*fue*) *mejor* que *fueras* conmigo.

Recuerde que los verbos de certeza, información y observación se complementan con el indicativo en la cláusula subordinada:

EJS: Te *aseguro* que él *está* bien. / Te *aseguré* (*aseguraba*) que él *estaba* bien.

2. **Emoción.** Después de los verbos de emoción se complementan en la cláusula subordinada con el subjuntivo. La concordancia de tiempos no es estricta, sin embargo; por ejemplo, una acción pasada puede causar una emoción presente. Normalmente presente va con presente y pasado con pasado:

   EJS: Me *gusta* que *vayas* conmigo. / Me *gustó* (*gustaba*) que *fueras* conmigo.
        Es *una lástima* que *muriera* (*haya muerto*) tan joven.

3. **Duda / negación.** Después de los verbos de duda y negación, se usa el subjuntivo en la cláusula subordinada; en cambio, los verbos de certeza se complementan con el indicativo en la cláusula subordinada. Normalmente hay concordancia de tiempos: presente con presente y pasado con pasado, pero esto no es estricto. Por ejemplo, uno puede dudar ahora de un hecho del pasado. Recuerde los contrastes de **creer** y **no creer** y de **pensar** y **no pensar**, que marcan un contraste entre el indicativo y el subjuntivo:

   EJS: No *creo* que tú *seas* chileno. / No *creía* (*creí*) que tú *fueras* chileno.
        Yo *creo* que tú *eres* chileno. / Yo *creía* (*creí*) que tú *eras* chileno.
        Es *probable que* José *estuviera* enfermo.

4. **Cláusulas adjetivales: sustantivos desconocidos.** Los sustantivos conocidos se describen o explican con una cláusula subordinada en **indicativo**. En cambio, un nombre desconocido se describe con un verbo en subjuntivo. La inexistencia (**no hay / había**) implica desconocimiento y requiere el subjuntivo. Recuerde que los artículos definidos / indefinidos no ayudan a identificar conocimiento o desconocimiento del nombre.

   EJS: *Tengo* una casa que *es* grande. / *Tenía* una casa que *era* grande.
        (conocido)
        Busco una casa que *tenga* tres habitaciones. / *Buscaba* una casa que
        tuviera tres habitaciones. (desconocido)
        Hay un joven que *habla* catalán. / *Había* un joven que *hablaba* catalán.
        (conocido)
        No *hay* nadie que *hable* catalán. / No *había* nadie que *hablara* (*hablase*)
        catalán. (desconocido)

5. **Causa-efecto.** Después de conjunciones adverbiales de causa y efecto, se requiere el subjuntivo. Hay una secuencia de tiempos: presente con presente y pasado con pasado, pero no es estricta. Por ejemplo, una acción pasada puede causar un efecto en el presente. Las conjunciones que llevan la idea de causa son pocas: **para que, sin que, a fin de que, a menos que, de manera que, con tal (de) que**:

EJS: *Trabajo* para que mis hijos *estudien.*
    Trabajé (*trabajaba*) para que mis hijos *estudiaran / estudien.*
    No lo *haré* (*hago*) a menos que tú me lo *pidas.*
    No lo *haría* a menos que tú me lo *pidieras / pidieses.*

6. **Cláusulas adverbiales: acciones no experimentadas.** Las conjunciones de tiempo, lugar y modo (también conjunciones adverbiales) se complementan con el subjuntivo cuando la acción es futura, es decir, no está experimentada; en cambio, si la acción es pasada o es una costumbre vigente, se complementa con el indicativo porque ya está experimentada o conocida. *Antes* (*de*) *que* siempre requiere subjuntivo, aunque sea acción pasada y experimentada.

EJS: Te *saludé* cuando te *vi.* (I greeted/said hello to you when I saw you.)
    Te *saludaré* cuando te *vea.* (I will greet/will say hello when I see you.)
    Te *saludo* cuando te *veo.* (I greet you/say hello to you when(ever) I see you.) (*costumbre*)
    Te *saludaba* cuando te *veía.* (I used to greet you/say hello to you whenever I would see you.) (*costumbre*)
    Trabajaré en esa oficina, aunque no me *gusta.* (I will work in that office, even though I don't like it.)
    Trabajaré en esa oficina, aunque no me *guste.* (I will work in that office, even if I don't like it.)
    Te *escribiré* antes de que *vuelvas.* (I will write it before you return.)
    Te *escribí* antes de que *llamaras.* (I wrote it before you returned.)

7. **Cláusulas con si.** Las condiciones hipotéticas, es decir, contrarias a la realidad, necesitan el imperfecto de subjuntivo en la cláusula subordinada (la cláusula con **si**) y el condicional en la cláusula principal. Esta condición es para un evento hipotético en el **presente** o **futuro**. Si el evento es para el **pasado**, la cláusula con **si** toma el pluscuamperfecto de subjuntivo y la cláusula principal toma el condicional perfecto. La expresión *como si* también toma el imperfecto de subjuntivo:

EJS: Si *estudiaras* más, *sacarías* mejores notas. (*contrafactual*)
    Si *hubieras estudiado* más, *habrías sacado* mejores notas. (contrafactual en el *pasado*)
    Mi amigo se viste como si *fuera* millonario.

Recuerde que las condiciones reales toman el indicativo:

EJ: Si *estudias* seriamente, *aprobarás* (*apruebas*) el curso.

PRACTIQUE LA GRAMÁTICA

1. La frase **Si yo fuera presidente, yo haría muchos cambios** presenta una situación hipotética. Por eso son condiciones «contrarias a la realidad», es decir, se llaman condiciones ______________.

2. ¿Qué tiempo verbal es *fuera* en la cláusula subordinada anterior Si yo fuera. . .? ______________ de subjuntivo.

3. En la oración **Si tengo tiempo, voy al mercado,** se usa el indicativo en la cláusula con **si** porque es una condición ______________.

4. En la cláusula subordinada, **si yo hubiera tenido dinero. . .** quiere decir que en aquel pasado yo no tenía dinero y es una situación hipotética. Por eso, se usa el pluscuamperfecto del subjuntivo. Para completar la oración, se usa el ______________ en la cláusula principal.

5. Después de los verbos de una influencia de una persona en otra, se complementan en la cláusula subordinada con el ______________. Pero si es un verbo de certeza, se complementa con el ______________.

6. Después de los verbos de emoción, se complementan en la cláusula subordinada con el ______________. Por ejemplo: **Sentí mucho que Ud. no** ______________. *(venir)*

7. Después de la conjunción adverbial *antes que* siempre se necesita el ______________. Por ejemplo: **Saludé a tu amiga antes que él/ella** ______________ **para casa.** *(irse)*

8. *Cuando, después que, hasta que, luego que* requieren el ______________ cuando se refieren a eventos en el futuro, porque es una acción no experimentada. Por ejemplo: **Hablaremos cuando ustedes** ______________. *(llegar)*

9. Después de conjunciones de causa y efecto, como **para que** o **en caso de que** se usa el ______________ en la cláusula subordinada. Por ejemplo, **Te lo expliqué otra vez para que lo** ______________ **mejor.** *(entender)*

10. *Ojalá* expresa un deseo con emoción; siempre se complementa con el ______________. Es posible usar todos los tiempos del subjuntivo después de *ojalá.*

11. Si el hablante tiene certeza de un hecho se usa el ______________ en la cláusula subordinada. Por ejemplo: **Ana me aseguró que ella** ______________ **rumano.** *(hablar)*

12. Después de un verbo o expresión de duda y negación se complementa con el ______________ en la cláusula subordinada. Por ejemplo, *creer* se complementa con el ______________ y *no creer* con el ______________.

13. En la oración **Compré una casa que me gustó,** el verbo *gustó* aparece en indicativo porque *la casa* es un sustantivo **conocido / desconocido** para el hablante. (Circule una respuesta.)

14. En la oración **Paco buscaba una casa que** _______________ (estar) **cerca de su trabajo,** es necesario usar el subjuntivo porque esa casa es **conocida / desconocida** para Paco. (Circule una respuesta.)

15. En la oración **Te vi cuando** _______________ (salir) **de la cantina,** se usa el _______________ porque es una acción que ocurrió en el pasado y es ya experimentada.

EJERCICIOS

RESPUESTAS p. 314

A. Complete con la forma correcta del indicativo o subjuntivo del verbo entre paréntesis.

1. Si Pepito estudiara más, _______________ mejores notas. (tener)
2. Fue necesario que el médico le _______________ el pie al paciente. (amputar)
3. Observé que tu amiga no _______________ alcohol en la fiesta. (tomar)
4. Esperábamos que Ud. _______________ buenas relaciones con ella. (mantener)
5. La actriz sonreía cuando el público la _______________. (aplaudir)
6. Es cierto que Roberto _______________ enfermo ayer. (estar)
7. No entiendo por qué tu amigo _______________ para Chicago. (irse)
8. No pudimos entrar hasta que Mario _______________ con la llave. (llegar)
9. Si usted _______________ al teatro, me vería actuar en la obra. (ir)
10. Si los actores trabajan bien, el público los _______________. (aplaudir)
11. Si hubiera tenido dinero entonces, _______________ la casa hace varios años. (comprar)
12. El jefe nos avisó que _______________ a tiempo a la oficina. (llegar)
13. Terminé todo el trabajo sin que nadie me _______________. (ayudar)
14. Cómpreme dos entradas si usted _______________ a la taquilla del cine. (ir)
15. No hables hasta que (ellos) _______________ el telón del escenario. (bajar)
16. Antes de que Ud. me _______________, ya había comprado los boletos. (llamar)
17. No había en la clase ni un solo alumno que _______________ portugués. (saber)
18. Los romanos tenían una diosa que _______________ Venus. (llamarse)
19. Tú teléfono estaba ocupado cuando yo te _______________. (llamar)
20. Si Ud. _______________ más cuidado, no habría ocurrido ese accidente. (tener)
21. El boletero dice que ya no _______________ más entradas. (haber)

22. En Atenas conocí a un taxista que ______________ cuatro idiomas. (hablar)

23. Hay una comedia de Cervantes que me ______________ mucho. (gustar)

24. El maestro nos sugirió que ______________ las palabras nuevas. (escribir)

RESPUESTAS p. 314

B. Complete con el pretérito o el imperfecto de subjuntivo.

1. Ya yo sabía que ustedes ______________ las vacaciones en Miami. (pasar)

2. Mis padres querían que yo ______________ a mi hermana. (acompañar)

3. Hablé con tu suegra antes de que (tú) ______________. (llegar)

4. Es cierto que (nosotros) ______________ esa novela en clase. (leer)

5. Trabajé mucho para que mi hijo ______________ una profesión. (tener)

6. Buscaba unos pantalones que me ______________ bien. (quedar)

7. Ayer me dijeron que Ud. ______________ buena suerte en la lotería. (tener)

8. Es una lástima que el escritor ______________ tan joven. (morir)

9. Hablamos con tu prima después que (tú) ______________. (irse)

10. Teresa no se iba de compras sin que su mamá ______________ con ella. (ir)

11. El presidente declaró que la reunión ______________ muy productiva. (ser)

12. Mi tía me pidió que ______________ más paciencia con ella. (tener)

13. Era muy probable que el criminal ______________ de la prisión de noche. (huir)

14. Reconocí que el accidente se ______________ por mi culpa. (producir)

15. ¿Viajaría usted mucho si ______________ la lotería? (ganar)

16. Compré una computadora que me ______________ casi dos mil dólares. (costar)

¡ATENCIÓN!   Pronombres con preposiciones

Sujetos	*según / entre / excepto* (ejemplos entre paréntesis)	*con*	Otras preposiciones
yo	yo (entre *tú* y *yo*)	conmigo	a / para / de... *mí*
tú	tú (según *tú*)	contigo	a / para / de... *ti*
él	él (entre *él* y *yo*)	con *él*	a / para / de... *él*
ella	ella (según *ella*)	con *ella*	a / para / de... *ella*
usted	usted (excepto *usted*)	con *usted*	a / para / de... *usted*
nosotros(as)	nosotros(as) (según *nosotros(as)*)	con *nosotros(as)*	a / para / de... *nosotros(as)*

vosotros(as)	vosotros(as) (según *vosotros(as)*)	con *vosotros(as)*	a / para / de. . . vosotros(as)
ellos	ellos (entre *ellos*)	con *ellos*	a / para / de. . . *ellos*
ellas	ellas (entre *ellas*)	con *ellas*	a / para / de. . . *ellas*
ustedes	ustedes (entre *ustedes*)	con *ustedes*	*a* / para / de. . . *ustedes*

1. Observe que los sujetos **yo** y **tú** tienen formas distintas después de las preposiciones: **mí** y **ti**. Los otros sujetos se mantienen iguales. Sin embargo, las preposiciones **entre, excepto** y **según** toman *tú* y *yo* en lugar de *ti* y *mí*.

   EJS: *Yo* trabajo para *mí* mismo. (*I work for myself.*)
   Ella trabaja para *ti*. (*She works for you.*)
   Entre tú y yo lo hicimos todo. (*We did everything between you and me.*)
   Según tú llegaremos bien. (*According to you we'll be on time.*)

2. La preposición **con** forma contracciones con las dos primeras personas en singular: **conmigo, contigo**. También se usa **consigo** en tercera persona cuando la construcción es reflexiva: *with himself/herself/ themselves/ yourself/yourselves.*

   EJ: Ella habla *consigo* misma. (*She is talking <u>to herself</u>.*)

3. El pronombre **sí** no aparece en el cuadro. Siempre es reflexivo y necesita una preposición delante, pero normalmente se sustituye por el pronombre del sujeto: **él, ella, usted, ellos, ellas, ustedes**.

   EJS: Ella se vio *a sí misma*. = Ella se vio *a ella misma*.
   Carlos trabaja *para sí mismo*. = Carlos trabaja *para él mismo*.

4. *Mí, ti* y *sí* son los únicos pronombres después de preposición que son diferentes de los pronombres de sujeto. Si hay dos pronombres de sujeto consecutivos es necesario repetir la preposicion con cada uno. En inglés, en cambio, se omite la preposición.

   EJ: Esto es *para ti, para él y para mí*. (*This is for you, him and me.*)

5. El objeto directo y el indirecto se pueden duplicar y enfatizar con la preposición *a* y el pronombre equivalente.

   EJS: *Lo* mataron *a él*. (*enfático*) = *Lo* mataron.
   Me lo dieron *a mí*. (*enfático*) = *Me* lo dieron.

RESPUESTAS
p. 314

C. Complete las siguientes oraciones con la traducción de las palabras que están entre paréntesis.

1. Terminamos el trabajo _______________. (*between you and me*)

2. Prefiero ir con ella que ir _______________. (*with you [familiar]*)

3. _______________ es mejor comprar una cosa que alquilarla. (*according to him*)

4. Todos tuvieron problemas con la hipoteca excepto _______________. (*you [familiar]*)

5. Ese hombre parece loco. Está hablando _______________ mismo. (*to himself*)

6. Estos tacos son _______________. (*for you and me*)

7. Entre José y _______________ hemos limpiado toda la casa. (*me*)

8. La casa está alfombrada, pero _______________ los pisos de madera son más elegantes. (*to me*)

9. Este carro no es _______________ sino _______________. (*his / hers*)

10. Si no puedes lavar el coche, yo lo lavo _______________. (*for you [familiar]*)

11. A Luis no le gustan las enchiladas; _______________ tampoco. (*neither do I*)

12. Compramos dos alfombras iguales _______________. (*for him and her*)

13. Todos se zambulleron en la piscina de la casa _______________. (*except her and me*)

14. No sólo te vi a ti, sino que también _______________ vi _______________. (*her*)

15. Ellos tienen su propio negocio. Trabajan _______________ mismos. (*for themselves*)

EXAMEN 4 LECCIONES 21–26

Parte I.   Practique el vocabulario (37 puntos)

RESPUESTAS
p. 314

A. Relaciones las dos columnas.

1. _____ Esta semana no puedo tomar vacaciones. Tengo mucha. . .	A.	ensayar
2. _____ No iré a la fiesta. . . tú me lleves en tu carro.	B.	estrenar
3. _____ Necesitas un champú especial contra la. . .	C.	bailar
4. _____ Mi alcoba tiene. . . de pared a pared.	D.	agradecer
5. _____ Los actores tienen que. . . antes de representar la obra.	E.	a duras penas
6. _____ Debemos irnos para casa porque ya. . .	F.	cancha
7. _____ Tienes el pelo en desorden; debes. . . un poco.	G.	espada
8. _____ Tengo ganas de ver esa película. ¿Cuándo la van a. . .?	H.	faena
9. _____ La. . . de tenis es más pequeña que la de fútbol.	I.	hagas el tonto
10. _____ No sé. . . sacas esa conclusión tan absurda.	J.	a menos que
11. _____ Vamos a una disco(teca) para charlar, beber y. . .	K.	hacer la vista gorda
12. _____ Si Ud. es. . . tiene que pagar alquiler todos los meses.	L.	peinarte
13. _____ Tu ayuda fue fantástica. Te la tengo que. . . muchísimo.	M.	con tal
14. _____ El torero mata el toro con la. . .	N.	caspa
15. _____ Tú puedes hacerlo muy bien. No te. . .	O.	se hace tarde
16. _____ Elena irá a la fiesta. . . que tú vayas también.	P.	fombra
17. _____ Eso no tiene importancia. Vamos a. . .	Q.	de dónde diablos
18. _____ Con mucho trabajo pudo terminarlo. Lo acabó. . .	R.	inquilino

RESPUESTAS
p. 314

B. Subraye la palabra o expresión correctas.

19. Tenemos un / una (recámara, estante, escoba, sótano) para los libros de la casa.

20. Para encontrar los baños del edificio siga Ud. el / la (alfombra, polvo, alquiler, pasillo).

21. Si Ud. está (inquilino, mojado, resfriado, enojado) puede secarse con una toalla.

22. Es necesario firmar el / la (solicitud, puesto, bufete, entrevista).

23. Es tradicional esperar el Año Nuevo en este país y (agradecer, brindar, charlar, sorprender) con champán.

24. Antes de conseguir un empleo vas a necesitar un / una (corredor, despacho, entrevista, charla) con el gerente o encargado del personal.

25. Podemos usar una escoba para (sacudir, barrer, mullir, teñir) el piso.

26. Las siguientes expresiones significan lo mismo excepto una: (quizás, tal vez, puede ser, a duras penas).

RESPUESTAS
p. 314

C. Complete estas oraciones sobre la familia.

27. Si Ud. es padrino de una persona, esa persona es su ______________.
28. Si Ud. está casado, la madre de su esposa (mujer) es su ______________.
29. Si Ud. tiene una hija casada, el marido de su hija es su ______________.
30. Si Ud. está casado con una señora que tiene hijos de un matrimonio anterior, usted es el ______________ de esos hijos.
31. Si Ud. está casada y muere su esposo, Ud. se queda ______________.
32. Si Ud. tiene primos, sobrinos, abuelos, todos ellos son sus ______________.

RESPUESTAS
p. 315

D. Complete con una palabra adecuada.

33. La edad contraria de la niñez es la ______________.
34. Lo contrario de trabajador es ______________.
35. Si Ud. es ______________, construye edificios, carreteras, puentes.
36. La parte baja de la casa es el sótano; la parte alta es el ______________.
37. Si Ud. es dueño de casas, fincas, estas casas son sus bienes ______________.

Parte II.   Practique la gramática (63 puntos)

RESPUESTAS
p. 315

A. Subraye la palabra que completa correctamente la oración.

1. No iré contigo a menos que me (pagarás, pagarías, pagas, pagues) el billete de avión.
2. Tuvimos la suerte de ver a mi tío antes que se (moriera, murió, muriera, morió).
3. Mi amiga quería que yo (trayera, trajera, trayiera, trajiera) las entradas del teatro.
4. Jorge siempre toma una copa de coñac después que (come, coma, comer, comiendo).
5. Si Ud. tuviera un millón de dólares, ¿qué (hace, haría, hará, hiciera) con ese dinero?
6. Te vi ayer cuando (salieras, salías, hayas salido, habías salido) del dentista.
7. Me gustaría visitar Roma si (supiera, sabiera, sabría, sepa) un poco de italiano.
8. En esta biblioteca hay un libro que (tenga, tenía, tiene, tuviera) como cincocientos años.
9. Ya hace seis meses que mi amiga está (como, para, de, a) taquillera en este cine.
10. El actor afirmó que se (retiraría, retirara, retire, haya retirado) en unos meses del mundo del cine.
11. Mitsu habla bien el español (por ser, por siendo, para siendo, para ser) de Japón.
12. No iré al cine sin que Uds. (irán, vayan, fueran, irían) conmigo.

13. El gerente te pagará tan pronto como (llegue, llegará, llega, llegara) a su oficina.

14. ¡Qué bien respiraba yo antes de que (fumaba, fumará, fumara, fumaría)!

15. La farmacia no te dará esa medicina sin que el médico te la (receta, recetará, recetaría, recete).

16. Mi padre me enseñó (cómo, para, a) montar bicicleta cuando era niño.

17. Fue muy obvio que Roberto no (tendría, tenía, tuviera, tenga) la razón.

18. No te acompaño a almorzar porque ya (había, habré, haya, he) almorzado.

19. Ayer fui al mercado y compré (una docena huevos, docena de huevos, docena huevos, una docena de huevos).

20. En Mallorca conocí a un médico que (hablaba, hablara, hablaría, hablará) cinco idiomas.

21. Mi tío tenía más de veinte (millón de dólares, millones de dólares, millones dólares, millón dólares) cuando murió.

22. Fue necesario que el público (aplauda, aplaudiría, aplaudiera, aplaude) por cinco minutos.

23. Si el verano próximo tengo dinero, (viajaría, viajara, viajaba, viajaré) a Brasil.

24. Cuando vivía en La Florida, (iba, iría, fuera, he ido) muchos días a la playa.

25. Antes que me (llames, llamarás, llamaras, llamarías), los chicos habían regresado.

26. Era necesario que yo (iría, iba, fui, fuera) al médico antes de medianoche.

27. Jorge, no seas malo; (dígamelo, dímelo, me lo dices, me lo digas) a mí solamente.

28. Paco no irá a la fiesta si tú no lo (llevarás, lleves, llevaras, llevas) en tu carro.

29. No había nadie en el pueblo que (tañera, tañía, tañiera, tañería) las campanas (bells).

30. Yo nunca me imaginaba que esa artista (sería, fuera, era, fue) tan buena.

31. Creo que eres completamente inocente (frente a, antes de, ante, delante) la ley.

32. Fuimos al cine para que mi hijo (vio, viera, vería, verá) una película nueva.

33. La taquillera no permitió que (entraríamos, entraremos, entráramos, entremos) sin pagar la entrada.

34. Cuando (llegas, llegues, llegarás, llegaras) a México, llámame inmediatamente.

35. Si hubieras llegado a tiempo, (habías visto, habrías visto, vieras, hayas visto) toda la película.

RESPUESTAS
p. 315

B. Escriba los participios progresivos.

EJ: escribir = escribiendo

36. poder _______________________

37. reír _______________________

38. leer _______________________

39. ir _______________________

40. vestir _______________________

41. morir _______________________

42. impedir _______________________

43. dormir _______________________

RESPUESTAS
p. 315

C. Escriba los participios pasados. EJ: escribir = escrito

44. hacer _______________
45. leer _______________
46. volver _______________
47. romper _______________

48. decir _______________
49. caer _______________
50. morir _______________
51. resolver _______________

RESPUESTAS
p. 315

D. Traduzca las siguientes oraciones o frases.

52. Let's sit down. _______________.
53. Let them say it. _______________.
54. Let's do it. _______________.
55. Let Mary bring it. _______________.
56. We did it between you and me. _______________.
57. What an interesting novel! _______________!
58. Two heads of lettuce. _______________.
59. I bought three pieces of furniture. _______________.
60. The man who works here. _______________.
61. The boy whose mother. . . _______________.
62. The house about which. . . _______________.
63. Two loaves of bread. _______________.

RESPUESTAS LECCIONES 21–26 Y EXAMEN 4

Lección 21

Practique el vocabulario

A.
1. cine
2. película
3. vaqueros
4. misterio
5. hace
6. tal vez (quizá)
7. función
8. olvidas
9. perder
10. por

B. 1. F 2. F 3. V 4. V 5. F 6. V 7. V 8. V 9. V 10. F 11. F 12. V

C.
1. aplaudió
2. ensayar
3. estrella
4. sonríe
5. filmó
6. balcones
7. butacas
8. estrena
9. pantalla
10. telón
11. actrices
12. bailar

Practique la gramática

1. -ando / -iendo / -ing
2. estar / to be
3. siguiendo / i
4. río / riendo
5. frió / friendo
6. sonriendo
7. diciendo / bendiciendo
8. la forma progresiva / no
9. estoy hablando
10. creyendo
11. oyendo / yendo
12. no / salimos
13. adverbio
14. viajar
15. durmiendo
16. estaba sonando
17. están muriéndose

Ejercicios

A.
1. está mintiendo
2. están muriendo
3. está leyendo
4. están sonriendo
5. está regateando
6. se está probando
7. me estoy vistiendo
8. estás diciendo
9. está preparando
10. se está sentando
11. se está sintiendo
12. está pagando
13. está corrigiendo
14. nos estamos divirtiendo
15. está lloviendo
16. está bendiciendo
17. se está poniendo
18. está repitiendo
19. estaba cocinando
20. estuvo hablando
21. estará terminando
22. Estaría tomando
23. Estoy afeitándome
24. está jugando

B.
1. ensayando
2. sirviendo
3. riendo
4. oyendo
5. siendo
6. mintiendo
7. siguiendo
8. pudiendo
9. diciendo
10. huyendo
11. yendo
12. leyendo
13. bailando
14. viendo
15. divirtiendo
16. impidiendo
17. durmiendo
18. incluyendo
19. trayendo
20. recogiendo

C.
1. Salgamos
2. Sentémonos
3. Comprémoslos
4. Digámosela
5. Durmámos
6. Acostémonos
7. Bañémonos
8. Comprémoselo
9. Hagámosla
10. Veámosla
11. Tomémoslo
12. Paseemos

D.
1. Que lo haga María
2. Que juegue él
3. Que lo digan ellos
4. Que nos lo digan ellos
5. Que trabaje ella
6. Que entre (él) (que pase [él])
7. Que duerma (ella)
8. ¡Que aproveche(n)!
9. ¡Que tenga(s) suerte!
10. ¡Que tenga buen viaje! (¡Que tengas buen viaje!)

Lección 22

Practique el vocabulario

A.
1. un bufete
2. un enfermero / a
3. brindamos
4. profesorado
5. juez
6. charlar
7. programadora
8. cantinero
9. una entrevista
10. la pena
11. la solicitud
12. enojarse

B.
1. cantinero(a)
2. ingeniero(a)
3. banquero(a)
4. abogado(a)
5. camarero(a) (mesero[a])
6. auxiliar de vuelo (azafata, aeromoza)
7. juez (jueza)
8. corredor(a)
9. chofer (chófer)
10. piloto
11. marinero(a)

C.
1. solicitud
2. chistes
3. bienes inmuebles
4. profesorado
5. cantina
6. año / mes
7. brindar
8. a duras penas (apenas consiguió)
9. bufete
10. pluriempleo
11. corredores
12. enojo
13. sorprendente
14. aplica
15. lástima (pena)
16. empleo

Practique la gramática

1. indicativo
2. subjuntivo / vayas
3. emoción / esté
4. subjuntivo / ayude
5. pueda
6. encuentre
7. cocine
8. ponga
9. adjetival / conocido
10. come
11. subjuntivo / sea
12. indicativo / tiene
13. subjuntivo / cambie
14. sepa

Ejercicios

A.
1. canta
2. trató
3. cante
4. molesta
5. entren
6. cuiden
7. metamos
8. quede
9. visitan
10. quiso (quería)
11. cantó
12. cante

B.
1. dé
2. tiene
3. beba
4. gusta / gustaba / gustó
5. dure
6. es
7. sepan
8. viva
9. haya
10. hablan
11. sonría
12. pague
13. esté
14. venga
15. cobre
16. tiene
17. fume
18. se rompa
19. llueve
20. presten

C.
1. Me alegro mucho que usted ya tenga empleo.
2. Ella se enoja mucho de que Ud. maneje demasiado rápido.
3. Está claro que ella busca un puesto de maestra.
4. Es sorprendente que Rosaura trabaje de banquera.
5. Es evidente que necesitamos una buena secretaria.

D.
1. Queremos un profesor que nunca llegue tarde.
2. No hay nadie aquí que sea trilingüe.
3. Necesitamos una persona que escriba bien.
4. No hay ningún empleado que sepa español.
5. ¿Hay alguna persona aquí que hable portugués?

E.	1. llegue	5. salió	9. hagas	13. llegaba
	2. tengo	6. se case	10. vivíamos	14. tenga
	3. tome	7. duele	11. encuentre	15. ceno
	4. vuelvas	8. leo	12. le guste	16. me vaya

Lección 23

Practique el vocabulario

A.	1. Tenis	4. Balompié (fútbol)	7. Béisbol	10. Patinaje
	2. Ajedrez	5. Damas	8. Esquí	11. Natación
	3. Baloncesto	6. Fútbol ((norte)americano)	9. Jai-alai	

B.	1. frontón	4. balompié	7. capa
	2. canasta	5. tenis	8. fútbol (norte) americano
	3. medallas	6. madera	9. balompié

C. 1. V   2. F   3. F   4. F   5. F   6. V   7. V   8. V

D.	1. golear	5. enojar(se)	9. solicitar	13. lastimar(se)
	2. rayar (subrayar)	6. emplear	10. temer	14. entrevistar
	3. equipar	7. sorprender	11. alegrar(se)	15. charlar
	4. agradecer	8. entusiasmar	12. brindar	

Practique la gramática

1. -ado / -ido / -ed	6. tostar (to toast)	10. (tú) has ido / has ido (tú)
2. decir / hacer	7. haber / hay	11. presente / pasado
3. transcrito	8. no / número	12. pluscuamperfecto
4. previsto	9. ya he comido	13. futuro / futuro
5. freír / freído		

Ejercicios

A.	1. me he levantado	4. se había despertado	7. habían entrado
	2. me he bañado	5. había preparado	8. se ha puesto
	3. me he afeitado	6. He llegado	9. había terminado

B.	1. han escrito	7. he vuelto (regresado)	12. escrito	17. habrá graduado
	2. hemos ido		13. satisfecha	18. había tenido
	3. ha roto	8. han dicho	14. bien hecho	19. habrá acabado
	4. han muerto	9. ha nevado	15. compuesta	20. has puesto
	5. has freído	10. abierta	16. había leído	
	6. fritos	11. había dormido		

C. 1. me las he lavado 3. me he desayunado 5. la he leído 7. la he hecho
2. lo he comprado 4. la he escrito 6. lo he resuelto 8. se la he dicho

D. 1. quién
2. que
3. con quien / con la que / con la cual
4. el que / quien
5. cuya
6. con el que / con el cual
7. para quien / para el cual / para el que
8. cuyo
9. quien / el cual / el que
10. ¿De quién?
11. Lo que
12. lo cual / lo que
13. la cual / la que
14. lo que
15. que
16. de quien / de la que / de la cual

Leccion 24

Practique el vocabulario

A. 1. sido
2. de costumbre
3. corte de pelo
4. a los lados
5. patillas
6. estaban de moda
7. tijeras
8. lo que
9. recortes
10. champú
11. caspa
12. hecho

B. 1. a menos que
2. tijeras
3. me seco
4. trenzas
5. está de moda
6. se hace tarde
7. puede ser que
8. secador
9. certeza
10. hagas el tonto
11. peinado
12. peine
13. hace la vista gorda
14. recorte
15. apostamos

C. 1. V 2. V 3. F 4. F 5. V 6. V 7. V 8. V 9. F 10. V

Practique la gramática

1. subjuntivo / tenga
2. indicativo / tiene
3. duda / conozca
4. duda / opere
5. indicativo / está
6. los dos
7. indicativo / sé
8. esté / quiere
9. indicativo / llega
10. subjuntivo
11. entren
12. conozca
13. indicativo / ganaba
14. subjuntivo / tuvieran (tengan)
15. mejore

Ejercicios

A. 1. están
2. se casa
3. tenga
4. baje
5. protege
6. tiene
7. podemos
8. quieras
9. pagues
10. es
11. diga / quiere
12. tengas
13. fuma
14. indique
15. abandone
16. llueva (llueve)
17. necesita
18. acompañe
19. vaya
20. saque
21. tengan
22. cueste
23. va (irá)
24. den

B. 1. trabaja bien   3. se ponga furiosa   5. lleve peluca
    2. deje el bigote   4. haces (harás)   6. ricen el pelo

C. 1. Compramos dos lechugas.   7. Ella tiene pluma y lápiz.
    2. Don Juan tuvo muchos amores.   8. Cómprame dos panes.
    3. ¡Qué día tan (más) bello (lindo)!   9. Tengo cuatro muebles en casa.
    4. Te daré dos consejos.   10. ¿Oíste un trueno?
    5. Carolina es peluquera.   11. Ella es una gran maestra.
    6. Dame un dulce.   12. No hagas más locuras.

Leccion 25

Practique el vocabulario

A. 1. Bienvenido   4. dormitorios (alcobas)   7. alfombra   10. enojaría
    2. vender   5. alquilar   8. armarios
    3. cambiarla   6. inquilinos   9. llene (rellene)

B. 1. barrer   4. tejado / techo / ático   7. sótano   10. mudar
    2. estante   5. cómodas   8. amueblar   11. sacudir
    3. alquiler   6. cama   9. mojado   12. polvos

C. 1. alquilamos   4. zambulle   7. tiñe   10. bulle
    2. riñe   5. tañe   8. sacude   11. amuebla
    3. barro   6. moja   9. se mudan   12. mulle

Practique la gramática

1. dos / hablara / hablase   7. pidió / pidiera / i   12. produjera / condujera
2. ra / se / se   8. anduve / anduviera   13. oyera / huyera
3. diera / diese   9. hablarás   14. compusiera /
4. pretérito / -ron   10. divirtiera   mantuviera
5. dij / era / ese   11. deshiciera / satisficiera 15. llegara
6. yera / yese / y / leyera   16. saliera

Ejercicios

A. 1. dijeron / dijéramos   7. divirtieron / divirtiéramos   11. previnieron /
    2. produjeron /   8. zambulleron /   previniéramos
       produjéramos   zambulléramos   12. maldijeron /
    3. supieron / supiéramos   9. mantuvieron /   maldijéramos
    4. creyeron / creyéramos   mantuviéramos   13. estuvieron /
    5. tiñeron / tiñéramos   10. supusieron /   estuviéramos
    6. murieron / muriéramos   supusiéramos   14. anduvieron /
                                                                         anduviéramos

B.
1. llegaras
2. sacara
3. diera
4. estuviera
5. leyeras
6. pusiera
7. entrara
8. pudiera
9. tocáramos
10. concluyera
11. tañera
12. usáramos
13. se vistiera
14. supiera
15. fuera
16. zambullera
17. fuera
18. condujeras
19. dijera
20. molestara
21. mandara
22. trajeran
23. estuviera
24. saliera

C.
1. compraría
2. viajaría
3. daría
4. dejaría
5. haría
6. saldría
7. regalaría
8. me casaría
9. compraría
10. invertiría

D.
1. tuviera / -se
2. fuera / fuese
3. hubiera / -se
4. me ayudaran / -sen
5. quisiera / -se
6. ganara / -se
7. heredara / -se
8. estudiara / -se

E.
1. íbamos
2. iríamos
3. habríamos ido
4. vamos (iremos)
5. supiera / -se
6. sabe
7. practica
8. estuviera / -se
9. hubiera estudiado
10. gastaba
11. ayudaran / -sen
12. habría aceptado
13. gastó
14. llegará (llega)
15. saliera / -se

Lección 26

Practique el vocabulario

A.
1. padres
2. parientes (familiares)
3. prima / primo
4. sobrinos
5. nietos
6. abuelos
7. suegra / suegro
8. padrastro
9. padrino
10. ahijado
11. nuera
12. yerno
13. bisnietos
14. viuda
15. solterón

B.
1. madurez
2. viudez
3. vejez
4. belleza
5. pereza
6. dulzura
7. felicidad
8. negrura
9. blancura
10. verdura
11. bondad
12. maldad
13. pesadez
14. delgadez
15. escasez
16. palidez

C.
1. madurar
2. envejecer
3. divorciarse
4. casar(se)
5. amueblar
6. alfombrar
7. alquilar
8. vender
9. sorprender
10. endulzar
11. enrojecer
12. doler
13. adelgazar
14. escasear
15. apadrinar
16. palidecer
17. reír
18. sonreír
19. techar
20. aterrizar
21. secar
22. trenzar
23. peinar(se)
24. almorzar

Practique la gramática

1. hipotéticas o irreales
2. imperfecto
3. posible
4. condicional perfecto
5. subjuntivo / indicativo
6. subjuntivo / viniera
7. subjuntivo / se fuera
8. subjuntivo / lleguen
9. subjuntivo / entendieras
10. subjuntivo / hubiera ido
11. indicativo / hablaba (o 'habla')
12. subjuntivo / indicativo / subjuntivo
13. conocido
14. estuviera / desconocida
15. salías (saliste) / indicativo

Ejercicios

A.
1. tendría
2. amputara / -se
3. tomó (tomaba)
4. mantuviera / -se
5. aplaudía
6. estuvo (estaba)
7. se fue
8. llegó
9. fuera
10. aplaude
11. habría comprado
12. llegáramos / -semos
13. ayudara / -se
14. va
15. bajen
16. llamara / -se
17. supiera
18. se llamaba
19. llamé
20. hubiera tenido
21. hay
22. hablaba
23. gusta
24. escribiéramos

B.
1. pasaron
2. acompañara / se
3. llegaras / llegases
4. leímos
5. tuviera / -se
6. quedaran / -sen
7. tuvo
8. muriera / -se
9. te fuiste
10. fuera / -se
11. fue
12. tuviera / -se
13. huyera / -se
14. produjo
15. ganara / -se
16. costó

C.
1. entre tú y yo
2. contigo
3. según él
4. tú
5. a sí
6. para ti y para mí
7. yo
8. para mí / según yo
9. de él / de ella
10. para ti
11. a mí
12. para él y para ella
13. excepto ella y yo
14. la / a ella

Examen 4

Practique el vocabulario

A.
1. H
2. J
3. N
4. P
5. A
6. O
7. L
8. B
9. F
10. Q
11. C
12. R
13. D
14. G
15. I
16. M
17. K
18. E

B.
19. un estante
20. el pasillo
21. mojado
22. la solicitud
23. brindar
24. una entrevista
25. barrer
26. a duras penas

C.
27. ahijado
28. suegra
29. yerno
30. padrastro
31. viuda
32. parientes (familiares)

D. 33. vejez   35. ingeniero   37. raíces (inmuebles)
   34. perezoso   36. el tejado

Practique la gramática

A. 1. pagues   10. retiraría   19. una docena de huevos   28. llevas
   2. muriera   11. para ser   20. hablaba   29. tañera
   3. trajera   12. vayan   21. millones de dólares   30. fuera
   4. come   13. llegue   22. aplaudiera   31. ante
   5. haría   14. fumara   23. viajaré   32. viera
   6. salías   15. recete   24. iba   33. entráramos
   7. supiera   16. a   25. llamaras   34. llegues
   8. tiene   17. tenía   26. fuera   35. habrías visto
   9. de   18. he   27. dímelo

B. 36. pudiendo   38. leyendo   40. vistiendo   42. impidiendo
   37. riendo   39. yendo   41. muriendo   43. durmiendo

C. 44. hecho   46. vuelto   48. dicho   50. muerto
   45. leído   47. roto   49. caído   51. resuelto

D. 52. Sentémonos = vamos a sentarnos   58. Dos lechugas
   53. Que (ellos) lo digan (ellos)   59. Compré tres muebles
   54. Hagámoslo = vamos a hacerlo   60. El hombre que trabaja aquí
   55. Que (María) lo traiga (María)   61. El muchacho cuya madre. . .
   56. Lo hicimos entre tú y yo   62. La casa de la que (de la cual). . .
   57. ¡Qué novela tan (más) interesante   63. Dos panes

__ Apéndices

APÉNDICE 1   Números

1	un, uno, una	30	treinta
2	dos	31	treinta y un, treinta y uno(a)
3	tres	40	cuarenta
4	cuatro	50	cincuenta
5	cinco	60	sesenta
6	seis	70	setenta
7	siete	80	ochenta
8	ocho	90	noventa
9	nueve	100	cien, ciento
10	diez	105	ciento cinco
11	once	200	doscientos(as)
12	doce	300	trescientos(as)
13	trece	400	cuatrocientos(as)
14	catorce	500	quinientos(as)
15	quince	600	seiscientos(as)
16	dieciséis	700	setecientos(as) (sietecientos[as])
17	diecisiete		
18	dieciocho	800	ochocientos(as)
19	diecinueve	900	novecientos(as) (nuevecientos[as])
20	veinte		
21	veintiún, veintiuno(a)	1.000	mil
22	veintidós	2.000	dos mil
23	veintitrés	3.000	tres mil
24	veinticuatro	10.000	diez mil
25	veinticinco	100.000	cien mil
26	veintiséis	1.000.000	un millón de. . .
27	veintisiete	2.000.000	dos millones de. . .
28	veintiocho	1.000.000.000	mil millones. . . (*one billion*)
29	veintinueve	1.000.000.000.000	un billón de. . . (*one trillion*)

APÉNDICE 2   Verbos regulares

Infinitivo

habl **ar** (*to speak*)	com **er** (*to eat*)	viv **ir** (*to live*)

Participio progresivo

habl **ando** (*speaking*)	com **iendo** (*eating*)	viv **iendo** (*living*)

Participio perfecto

habl **ado** (*spoken*)	com **ido** (*eaten*)	viv **ido** (*lived*)

Indicativo: tiempos simples

PRESENTE

(*I speak, am speaking, do speak, will speak*)	(*I eat, am eating, do eat, will eat*)	(*I live, am living, do live, will live*)
habl **o**	com **o**	viv **o**
habl **as**	com **es**	viv **es**
habl **a**	com **e**	viv **e**
habl **amos**	com **emos**	viv **imos**
habl **an**	com **en**	viv **en**

IMPERFECTO

(*I was speaking, used to speak, spoke*)	(*I was eating, used to eat, ate*)	(*I was living, used to live, lived*)
habl **aba**	com **ía**	viv **ía**
habl **abas**	com **ías**	viv **ías**
habl **aba**	com **ía**	viv **ía**
habl **ábamos**	com **íamos**	viv **íamos**
habl **aban**	com **ían**	viv **ían**

PRETÉRITO

(*I spoke, did speak*)	(*I ate, did eat*)	(*I lived, did live*)
habl **é**	com **í**	viv **í**
habl **aste**	com **iste**	viv **iste**
habl **ó**	com **ió**	viv **ió**
habl **amos**	com **imos**	viv **imos**
habl **aron**	com **ieron**	viv **ieron**

FUTURO

(*I shall/will speak*)	(*I shall/will eat*)	(*I shall/will live*)
hablar **é**	comer **é**	vivir **é**
hablar **ás**	comer **ás**	vivir **ás**
hablar **á**	comer **á**	vivir **á**
hablar **emos**	comer **emos**	vivir **emos**
hablar **án**	comer **án**	vivir **án**

CONDICIONAL

(*I would speak*)	(*I would eat*)	(*I would live*)
hablar ía	comer ía	vivir ía
hablar ías	comer ías	vivir ías
hablar ía	comer ía	vivir ía
hablar íamos	comer íamos	vivir íamos
hablar ían	comer ían	vivir ían

Subjuntivo: tiempos simples

PRESENTE

(*that I [may] speak*)	(*that I [may] eat*)	(*that I [may] live*)
habl e	com a	viv a
habl es	com as	viv as
habl e	com a	viv a
habl emos	com amos	viv amos
habl en	com an	viv an

IMPERFECTO

(*that I [might] speak*)		(*that I [might] eat*)		(*that I [might] live*)	
habl ara	habl ase	com iera	com iese	viv iera	viv iese
habl aras	habl ases	com ieras	com ieses	viv ieras	viv ieses
habl ara	habl ase	com iera	com iese	viv iera	viv iese
habl áramos	habl ásemos	com iéramos	com iésemos	viv iéramos	viv iésemos
habl aran	habl asen	com ieran	com iesen	viv ieran	viv iesen

MANDATOS

(*speak*)	(*eat*)	(*live*)
habl a (tú)	com e (tú)	viv e (tú)
habl e (Ud.)	com a (Ud.)	viv a (Ud.)
habl en (Uds.)	com an (Uds.)	viv an (Uds.)

Indicativo: tiempos perfectos

PRESENTE PERFECTO

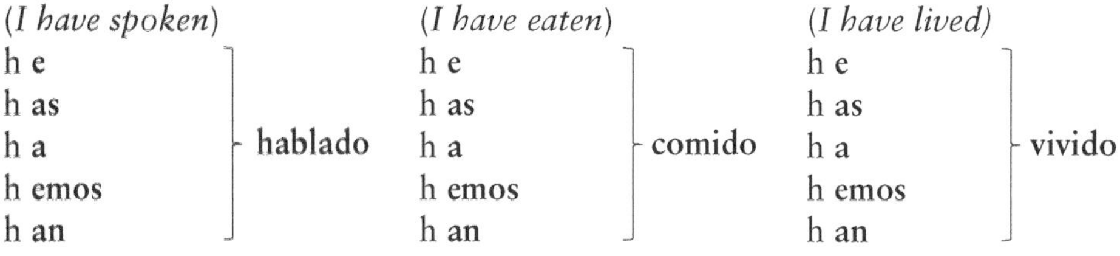

(*I have spoken*)		(*I have eaten*)		(*I have lived*)	
h e		h e		h e	
h as		h as		h as	
h a	hablado	h a	comido	h a	vivido
h emos		h emos		h emos	
h an		h an		h an	

Pluscuamperfecto

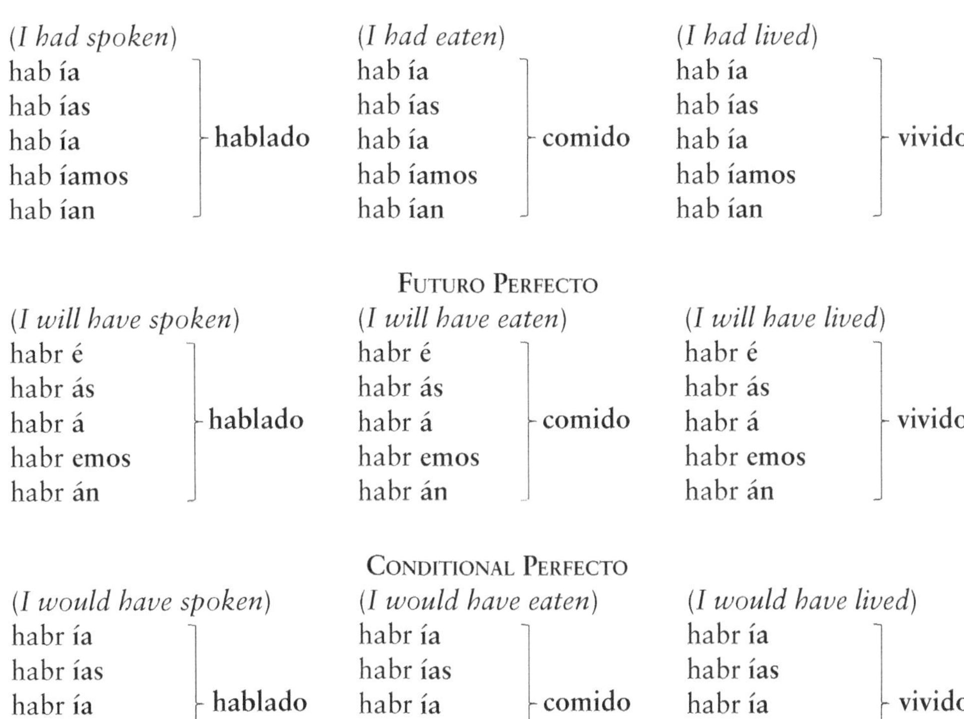

(*I had spoken*)
hab ía
hab ías
hab ía ⎱ hablado
hab íamos
hab ían

(*I had eaten*)
hab ía
hab ías
hab ía ⎱ comido
hab íamos
hab ían

(*I had lived*)
hab ía
hab ías
hab ía ⎱ vivido
hab íamos
hab ían

Futuro Perfecto

(*I will have spoken*)
habr é
habr ás
habr á ⎱ hablado
habr emos
habr án

(*I will have eaten*)
habr é
habr ás
habr á ⎱ comido
habr emos
habr án

(*I will have lived*)
habr é
habr ás
habr á ⎱ vivido
habr emos
habr án

Conditional Perfecto

(*I would have spoken*)
habr ía
habr ías
habr ía ⎱ hablado
habr íamos
habr ían

(*I would have eaten*)
habr ía
habr ías
habr ía ⎱ comido
habr íamos
habr ían

(*I would have lived*)
habr ía
habr ías
habr ía ⎱ vivido
habr íamos
habr ían

Subjuntivo: tiempos perfectos

Presente Perfecto

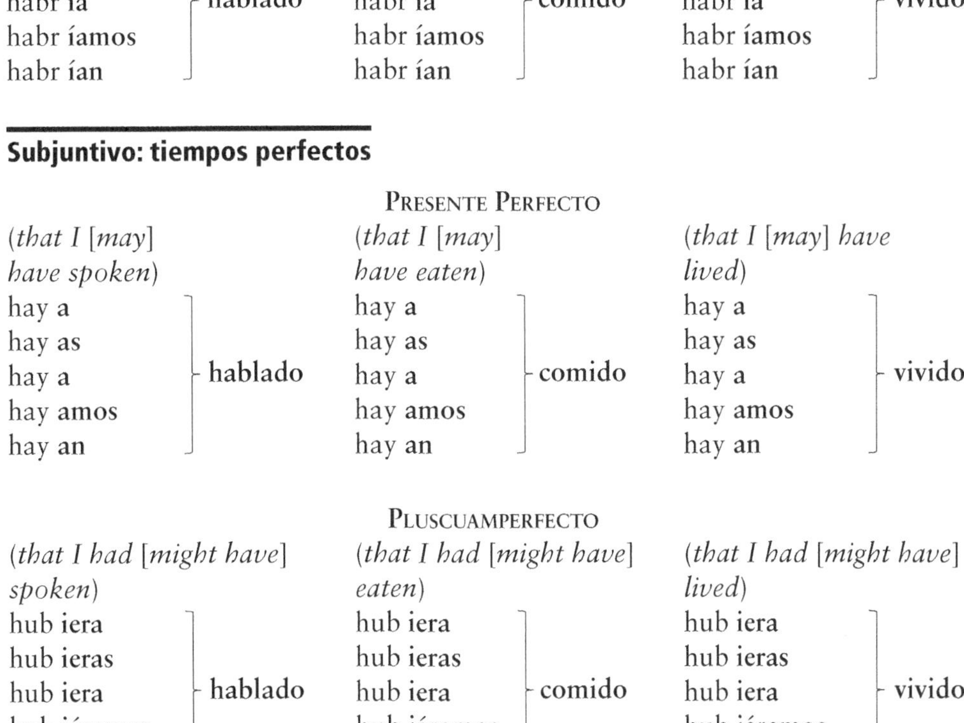

(*that I* [*may*]
have spoken)
hay a
hay as
hay a ⎱ hablado
hay amos
hay an

(*that I* [*may*]
have eaten)
hay a
hay as
hay a ⎱ comido
hay amos
hay an

(*that I* [*may*] *have*
lived)
hay a
hay as
hay a ⎱ vivido
hay amos
hay an

Pluscuamperfecto

(*that I had* [*might have*]
spoken)
hub iera
hub ieras
hub iera ⎱ hablado
hub iéramos
hub ieran

(*that I had* [*might have*]
eaten)
hub iera
hub ieras
hub iera ⎱ comido
hub iéramos
hub ieran

(*that I had* [*might have*]
lived)
hub iera
hub ieras
hub iera ⎱ vivido
hub iéramos
hub ieran

OR		OR		OR	
hub iese		hub iese		hub iese	
hub ieses		hub ieses		hub ieses	
hub iese	hablado	hub iese	comido	hub iese	vivido
hub iésemos		hub iésemos		hub iésemos	
hub iesen		hub iesen		hub iesen	

APÉNDICE 3   Verbos irregulares

(Sólo se incluyen los tiempos en los que son irregulares los verbos.)

Andar *to walk, go*

PRETÉRITO: anduve, anduviste, anduvo, anduvimos, anduvieron

IMPERFECTO DE SUBJUNTIVO: anduviera (anduviese), anduvieras, anduviera, anduviéramos, anduvieran

Caber *to fit*

PRESENTE DE INDICATIVO: quepo, cabes, cabe, cabemos, caben

PRETÉRITO: cupe, cupiste, cupo, cupimos, cupieron

FUTURO: cabré, cabrás, cabrá, cabremos, cabrán

CONDICIONAL: cabría, cabrías, cabría, cabríamos, cabrían

PRESENTE DE SUBJUNTIVO: quepa, quepas, quepa, quepamos, quepan

IMPERFECTO DE SUBJUNTIVO: cupiera (cupiese), cupieras, cupiera, cupiéramos, cupieran

Caer *to fall, drop*

PRESENTE DE INDICATIVO: caigo, caes, cae, caemos, caen

PRESENTE DE SUBJUNTIVO: caiga, caigas, caiga, caigamos, caigan

Conducir *to drive, conduct*

PRESENTE DE INDICATIVO: conduzco, conduces, conduce, conducimos, conducen

PRETÉRITO: conduje, condujiste, condujo, condujimos, condujeron

PRESENTE DE SUBJUNTIVO: conduzca, conduzcas, conduzca, conduzcamos, conduzcan

IMPERFECTO DE SUBJUNTIVO: condujera (condujese), condujeras, condujera, condujéramos, condujeran

Conocer *to know, be acquainted with*

PRESENTE DE INDICATIVO: conozco, conoces, conoce, conocemos, conocen

PRESENTE DE SUBJUNTIVO: conozca, conozcas, conozca, conozcamos, conozcan

Construir *to build, construct*

PRESENTE DE INDICATIVO: construyo, construyes, construye, construimos, construyen

PRESENTE DE SUBJUNTIVO: construya, construyas, construya, construyamos, construyan

Dar *to give*

PRESENTE DE INDICATIVO: doy, das, da, damos, dan

PRETÉRITO: di, diste, dio, dimos, dieron

IMPERFECTO DE SUBJUNTIVO: diera (diese), dieras, diera, diéramos, dieran

Decir *to say, tell*

PRESENTE DE INDICATIVO: digo, dices, dice, decimos, dicen

PRETÉRITO: dije, dijiste, dijo, dijimos, dijeron

FUTURO: diré, dirás, dirá, diremos, dirán

CONDICIONAL: diría, dirías, diría, diríamos, dirían

PRESENTE DE SUBJUNTIVO: diga, digas, diga, digamos, digan

IMPERFECTO DE SUBJUNTIVO: dijera (dijese), dijeras, dijera, dijéramos, dijeran

MANDATOS: di (tú), diga (Ud.), digan (Uds.)

PARTICIPIO PROGRESIVO: diciendo

PARTICIPIO PERFECTO: dicho

Estar *to be*

PRESENTE DE INDICATIVO: estoy, estás, está, estamos, están

PRETÉRITO: estuve, estuviste, estuvo, estuvimos, estuvieron

PRESENTE DE SUBJUNTIVO: esté, estés, esté, estemos, estén

IMPERFECTO DE SUBJUNTIVO: estuviera (estuviese), estuvieras, estuviera, estuviéramos, estuvieran

Haber *to have* (auxiliary)

PRESENTE DE INDICATIVO: he, has, ha, hemos, han

PRETÉRITO: hube, hubiste, hubo, hubimos, hubieron

FUTURO: habré, habrás, habrá, habremos, habrán

CONDICIONAL: habría, habrías, habría, habríamos, habrían

PRESENTE DE SUBJUNTIVO: haya, hayas, haya, hayamos, hayan

IMPERFECTO DE SUBJUNTIVO: hubiera (hubiese), hubieras, hubiera, hubiéramos, hubieran

Hacer *to do, make*

PRESENTE DE INDICATIVO: hago, haces, hace, hacemos, hacen

PRETÉRITO: hice, hiciste, hizo, hicimos, hicieron

FUTURO: haré, harás, hará, haremos, harán

CONDICIONAL: haría, harías, haría, haríamos, harían

Presente de subjuntivo: haga, hagas, haga, hagamos, hagan
Imperfecto de subjuntivo: hiciera (hiciese), hicieras, hiciera, hiciéramos, hicieran
Mandatos: haz (tú), haga (Ud.), hagan (Uds.)
Participio perfecto: hecho

Ir *to go*

Presente de indicativo: voy, vas, va, vamos, van
Imperfecto de indicativo: iba, ibas, iba, íbamos, iban
Pretérito: fui, fuiste, fue, fuimos, fueron
Presente de subjuntivo: vaya, vayas, vaya, vayamos, vayan
Imperfecto de subjuntivo: fuera (fuese), fueras, fuera, fuéramos, fueran
Mandatos: ve (tú), vaya (Ud.), vayan (Uds.)
Participio progresivo: yendo

Oír *to hear, listen*

Presente de indicativo: oigo, oyes, oye, oímos, oyen
Presente de subjuntivo: oiga, oigas, oiga, oigamos, oigan

Poder *to be able to, can*

Presente de indicativo: puedo, puedes, puede, podemos, pueden
Pretérito: pude, pudiste, pudo, pudimos, pudieron
Futuro: podré, podrás, podrá, podremos, podrán
Condicional: podría, podrías, podría, podríamos, podrían
Presente de subjuntivo: pueda, puedas, pueda, podamos, puedan
Imperfecto de subjuntivo: pudiera (pudiese), pudieras, pudiera, pudiéramos, pudieran
Participio progresivo: pudiendo

Poner *to put, place, set*

Presente de indicativo: pongo, pones, pone, ponemos, ponen
Pretérito: puse, pusiste, puso, pusimos, pusieron
Futuro: pondré, pondrás, pondrá, pondremos, pondrán
Condicional: Pondría, pondrías, pondría, pondríamos, pondrían
Presente de subjuntivo: ponga, pongas, ponga, pongamos, pongan
Imperfecto de subjuntivo: pusiera (pusiese), pusieras, pusiera, pusiéramos, pusieran
Mandatos: pon (tú), ponga (Ud.), pongan (Uds.)
Participio perfecto: puesto

Querer *to wish, want, love*

Presente de indicativo: quiero, quieres, quiere, queremos, quieren
Pretérito: quise, quisiste, quiso, quisimos, quisieron
Futuro: querré, querrás, querrá, querremos, querrán

CONDICIONAL: querría, querrías, querría, querríamos, querrían
PRESENTE DE SUBJUNTIVO: quiera, quieras, quiera, queramos, quieran
IMPERFECTO DE SUBJUNTIVO: quisiera (quisiese), quisieras, quisiera, quisiéramos, quisieran

Saber *to know*
PRESENTE DEL INDICATIVO: sé, sabes, sabe, sabemos, saben
PRETÉRITO: supe, supiste, supo, supimos, supieron
FUTURO: sabré, sabrás, sabrá, sabremos, sabrán
CONDICIONAL: sabría, sabrías, sabría, sabríamos, sabrían
PRESENTE DE SUBJUNTIVO: sepa, sepas, sepa, sepamos, sepan
IMPERFECTO DE SUBJUNTIVO: supiera (supiese), supieras, supiera, supiéramos, supieran

Salir *to go out, leave*
PRESENTE DE INDICATIVO: salgo, sales, sale, salimos, salen
FUTURO: saldré, saldrás, saldrá, saldremos, saldrán
CONDICIONAL: saldría, saldrías, saldría, saldríamos, saldrían
PRESENTE DE SUBJUNTIVO: salga, salgas, salga, salgamos, salgan
MANDATOS: sal (tú), salga (Ud.), salgan (Uds.)

Ser *to be*
PRESENTE DE INDICATIVO: soy, eres, es, somos, son
IMPERFECTO DE INDICATIVO: era, eras, era, éramos, eran
PRETÉRITO: fui, fuiste, fue, fuimos, fueron
PRESENTE DE SUBJUNTIVO: sea, seas, sea, seamos, sean
IMPERFECTO DE SUBJUNTIVO: fuera (fuese), fueras, fuera, fuéramos, fueran

Tener *to have*
PRESENTE DE INDICATIVO: tengo, tienes, tiene, tenemos, tienen
PRETÉRITO: tuve, tuviste, tuvo, tuvimos, tuvieron
FUTURO: tendré, tendrás, tendrá, tendremos, tendrán
CONDICIONAL: tendría, tendrías, tendría, tendríamos, tendrían
PRESENTE DE SUBJUNTIVO: tenga, tengas, tenga, tengamos, tengan
IMPERFECTO DE SUBJUNTIVO: tuviera (tuviese), tuvieras, tuviera, tuviéramos, tuvieran
MANDATOS: ten (tú), tenga (Ud.), tengan (Uds.)

Traer *to bring*
PRESENTE DE INDICATIVO: traigo, traes, trae, traemos, traen
PRETÉRITO: traje, trajiste, trajo, trajimos, trajeron
PRESENTE DE SUBJUNTIVO: traiga, traigas, traiga, traigamos, traigan
IMPERFECTO DE SUBJUNTIVO: trajera (trajese), trajeras, trajera, trajéramos, trajeran

Valer *to be worth, cost*
PRESENTE DE INDICATIVO: valgo, vales, vale, valemos, valen
FUTURO: valdré, valdrás, valdrá, valdremos, valdrán
CONDICIONAL: valdría, valdrías, valdría, valdríamos, valdrían
PRESENTE DE SUBJUNTIVO: valga, valgas, valga, valgamos, valgan

Venir *to come, go*
PRESENTE DE INDICATIVO: vengo, vienes, viene, venimos, vienen
PRETÉRITO: vine, viniste, vino, vinimos, vinieron
FUTURO: vendré, vendrás, vendrá, vendremos, vendrán
CONDICIONAL: vendría, vendrías, vendría, vendríamos, vendrían
PRESENTE DE SUBJUNTIVO: venga, vengas, venga, vengamos, vengan
IMPERFECTO DE SUBJUNTIVO: viniera (viniese), vinieras, viniera, viniéramos, vinieran
MANDATOS: ven (tú), venga (Ud.), vengan (Uds.)

Ver *to see, watch*
PRESENTE DE INDICATIVO: veo, ves, ve, vemos, ven
IMPERFECTO DE INDICATIVO: veía, veías, veía, veíamos, veían
PRESENTE DE SUBJUNTIVO: vea, veas, vea, veamos, vean
PARTICIPIO PERFECTO: visto

APÉNDICE 4

VERBOS CON CAMBIOS EN LA RAÍZ

1. Un solo cambio: *e → ie / o → ue*
Pensar *to think, plan*

PRESENTE DE INDICATIVO: pienso, piensas, piensa, pensamos, piensan
PRESENTE DE SUBJUNTIVO: piense, pienses, piense, pensemos, piensen

Volver *to return*

PRESENTE DE INDICATIVO: vuelvo, vuelves, vuelve, volvemos, vuelven
PRESENTE DE SUBJUNTIVO: vuelva, vuelvas, vuelva, volvamos, vuelvan

Los siguientes son algunos verbos comunes de este tipo.

acordarse (ue) *to remember*	**jugar (ue)** *to play*
acostarse (ue) *to go to bed*	**llover (ue)** *to rain*
cerrar (ie) *to close*	**mostrar (ue)** *to show*
comenzar (ie) *to start, begin*	**negar (ie)** *to deny*
contar (ue) *to count, tell*	**nevar (ie)** *to snow*
costar (ue) *to cost*	**perder (ie)** *to miss, lose*
despertarse (ie) *to wake up*	**querer (ie)** *to wish, love*
doler (ue) *to hurt*	**recordar (ue)** *to remember, remind*
empezar (ie) *to start, begin*	**sentar (ie)** *to sit down*

encontrar (ue) *to find*
entender (ie) *to understand*

tener (ie) *to have*
volar (ue) *to fly*

2. Doble cambio: *e → ie, i / o → ue, u*
Preferir *to prefer*

Presente de indicativo: prefiero, prefieres, prefiere, preferimos, prefieren
Pretérito: preferí, preferiste, prefirió, preferimos, prefirieron
Presente de subjuntivo: prefiera, prefieras, prefiera, prefiramos, prefieran
Imperfecto de subjuntivo: prefiriera (prefiriese), prefirieras, prefiriera, prefiriéramos, prefirieran
Participio progresivo: prefiriendo

Dormir *to sleep*

Presente de indicativo: duermo, duermes, duerme, dormimos, duermen
Pretérito: dormí, dormiste, durmió, dormimos, durmieron
Presente de subjuntivo: duerma, duermas, duerma, durmamos, duerman
Imperfecto de subjuntivo: durmiera (durmiese), durmieras, durmiera, durmiéramos, durmieran
Participio progresivo: durmiendo

Los siguientes verbos tienen doble cambio en la raíz.

advertir (ie, i) *to advise, warn*
convertir (ie, i) *to convert*
divertirse (ie, i) *to enjoy oneself*
invertir (ie, i) *to invest, reverse*

mentir (ie, i) *to lie*
morir (ue, u) *to die*
sentir (ie, i) *to feel, sense*

3. Cambio de *e → i*
Pedir *to ask for*

Presente de indicativo: pido, pides, pide, pedimos, piden
Pretérito: pedí, pediste, pidió, pedimos, pidieron
Presente de subjuntivo: pida, pidas, pida, pidamos, pidan
Imperfecto de subjuntivo: pidiera (pidiese), pidieras, pidiera, pidiéramos, pidieran
Participio progresivo: pidiendo

Otros verbos con este cambio son los siguientes.

competir (i) *to compete*
conseguir (i) *to obtain*
corregir (i) *to correct*
despedir (i) *to say good-bye, fire*
elegir (i) *to elect, choose*
freír (i) *to fry*
impedir (i) *to prevent*
medir (i) *to measure*

perseguir (i) *to pursue, follow*
proseguir (i) *to follow, continue*
reír (i) *to laugh*
repetir (i) *to repeat*
seguir (i) *to follow*
servir (i) *to serve*
sonreír (i) *to smile*
vestirse (i) *to get dressed*

VERBOS CON CAMBIOS DE ORTOGRAFÍA

1. **Los verbos que terminan en *-zar* cambian la *z* en *c* delante de *e*.**

   Empezar *to begin*

   PRETÉRITO: empecé, empezaste, empezó, empezamos, empezaron

   PRESENTE DE SUBJUNTIVO: empiece, empieces, empiece, empecemos, empiecen

   Otros verbos con este cambio de ortografía son los siguientes.

alunizar *to land on the moon*	comenzar *to start, begin*
atemorizar *to scare*	especializar *to specialize*
aterrizar *to land*	memorizar *to memorize*
cazar *to hunt*	organizar *to organize*
characterizar *to characterize*	rezar *to pray*

2. **Los verbos que terminan en *-cer* cambian la *c* en *z* delante de *o, a*.**
   Vencer *to defeat, conquer*

   PRESENTE DE INDICATIVO: venzo, vences, vence, vencemos, vencen

   PRESENTE DE SUBJUNTIVO: venza, venzas, venza, venzamos, venzan

   Convencer, to convince, tiene los mismos cambios que ***vencer.***

3. **Los verbos que terminan en *-car* cambian la *c* en *qu* delante de *e*.**
   Buscar *to look for*

   PRETERITE: busqué, buscaste, buscó, buscamos, buscaron

   PRESENTE DE SUBJUNTIVO: busque, busques, busque, busquemos, busquen

   Otros verbos que terminan en *-car* con el mismo cambio de *c* en *qu:*

explicar *to explain*	sacar *to take out*
practicar *to practice*	tocar *to touch, play*

4. **Los verbos que terminan en *-gar* cambian la *g* en *gu* delante de *e*.**
   Llegar *to arrive*

   PRETÉRITO: llegué, llegaste, llegó, llegamos, llegaron

   PRESENTE DE SUBJUNTIVO: llegue, llegues, llegue, lleguemos, lleguen

5. **Los verbos que terminan en *-guir* cambian la *gu* en *g* delante de *o, a*.**
   Seguir *to follow*

   PRESENTE DE INDICATIVO: sigo, sigues, sigue, seguimos, siguen

   PRESENTE DE SUBJUNTIVO: siga, sigas, siga, sigamos, sigan

   Conseguir, to obtain, and *distinguir, to distinguish,* follow the same changes.

6. **Los verbos que terminan en *-ger, -gir,* cambian la *g* en *j* delante de *o, a*.**
   Coger *to take, seize*

   PRESENTE DE INDICATIVO: cojo, coges, coge, cogemos, cogen

   PRESENTE DE SUBJUNTIVO: coja, cojas, coja, cojamos, cojan

Más verbos que terminan en *-ger, -gir,* con estos mismos cambios:

corregir *to correct*	**escoger** *to choose*
dirigir *to direct, go to*	**recoger** *to pick up*
elegir *to elect*	**regir** *to rule, command*
encoger *to shrink*	

7. **Los verbos que terminan en *-aer, -eer, -uir,* cambian la *i* en *y* cuando la *i* es átona y está entre dos vocales, como *traer, leer.***
Leer *to read*

PRETÉRITO: leí, leíste, leyó, leímos, leyeron

IMPERFECTO DE SUBJUNTIVO: leyera (leyese), leyeras, leyera, leyéramos, leyeran

PARTICIPIO PROGRESIVO: leyendo

Otros verbos que camban la *i* a la *y:*

caer *to fall*	**huir** *to flee*
construir *to build*	**incluir** *to include*
creer *to believe*	**influir** *to influence*
destruir *to destroy*	**recluir** *to send to jail*
excluir *to exclude*	**traer** *to bring*

Vocabulario

A

abogado (a) (el / la) lawyer
abonar, pagar to pay
abordar to board
abrazar to embrace
abrigo (el) overcoat
abrocharse to fasten oneself / to fasten (seatbelt, etc.)
acaso, tal vez perhaps
acción (la) stock, share; action
aceite (el) oil
aceituna (la) olive
acelerador (el) accelerator
acelerar to accelerate
aceptar to accept
acera (la) sidewalk
acero (el) steel
aconsejar to advise
actor (el) actor
actriz (la) actress
acumulador (el) battery
adelgazar to lose weight
aduana (la) customs office
aerolínea (la) airline
aeromozo (a) (el / la) steward (stewardess), flight attendant

agencia de viajes (la) travel agency
agradecer (zc) to thank
agrio (a) sour
agua mineral (el) mineral water
agua tónica (el) tonic water
águila (f.) (el) eagle
ahijado (a) (el / la) godchild
ahorrar to save
ajedrez (el) chess
ají (el), chile (el) pepper
ajo (el) garlic
a la americana to split the bill / go Dutch
al ajillo with a garlic sauce
a la plancha on the grill
alcoba (la) bedroom
    recámara (la) (México) bedroom (Mexico)
alcohol (el) alcohol
alergia (la) allergy
alfombra (la) carpet, rug
alimentar to feed
alimento (el) food
aliviar to relieve
almeja (la) clam

almorzar (ue) to eat lunch
almuerzo (el) lunch
a los costados on the sides
alquilar to rent, lease
alquiler (el) rent, lease
amarillo (a) yellow
a medianoche at midnight
a mediodía at noon
a menos que unless
amueblar to furnish
anaranjado (a) orange-colored
ancho (a) wide
andén (el) platform
angosto (a) narrow
antebrazo (el) forearm
anticongelante (el) antifreeze
antojito (el) hors d'oeuvre
anual annual
añadir to add
aparcar to park
apio (el) celery
aplaudir to applaud
aplauso (el) applause
a plazos in installments
apostar (ue) to bet

apretado (a) tight

apretar (ie) to tighten, be tight

armario (el) closet, cabinet

arrancar to start up, uproot

arroz (el) rice

asar to roast

ascensor (el) elevator

asegurar to insure, assure

asiento (el) seat

asma (*f.*) (el) asthma

aterrizaje (el) landing

aterrizar to land

atleta (el / la) athlete

a través across

atravesar to cross, go across

autobús (el) bus

autocaja (la) ATM

autopista (la) freeway, turnpike

auxiliar de vuelo (el / la) flight attendant

avería (la) damage, breakdown

avión (el) airplane

azafrán (el) saffron

azotea (la), **terraza** (la) terrace

azúcar (el / la) sugar

B

bailar to dance

baile (el) dance

balancear to balance

balanza (la) scale

balcón (el) balcony

balompié (el) soccer

balón (el), **esférico** (el) ball

baloncesto (el) basketball

bandeja (la) tray

bandera (la) flag

banderilla (la) dart with a banner

banquero (el) banker

banqueta (la) sidewalk

bañera (la), **tina** (la) bathtub

baño (el), **servicio** (el) bathroom

bar (el) bar

barato (a) cheap

barbería (la) barbershop

barbero (el) barber

barrendero (a) (el / la) street sweeper

barrer to sweep

batería (la) battery

baúl (el) trunk

baúl (el), **maletero** (el) trunk (*car*)

bautismo (el) baptism

bautizar to baptize

beber to drink

bebida (la) drink

béisbol (el) baseball

bendecir to bless

bicicleta (la) bicycle

bienes inmuebles (los) real estate

    bienes raíces (los) real estate

bienvenido (a) welcome

bigote (el) moustache

billete (el) (*España*) ticket (*Spain*)

bisabuela (la) great-grandmother

bisabuelo (el) great-grandfather

bisnieto (a) (el / la) great-grandchild

bisté (el), **bistec** (el) steak

blando (a) soft

blusa (la) blouse

boca (la) mouth

bocacalle (la) intersection

bocadillo (el) snack, sandwich

bocina (la) horn (*car*)

boda (la) wedding

bodega (la) wine cellar

boleto (el) (*América*) ticket (*America*)

boleto de ida (el) one-way ticket

boleto de ida y vuelta (el) round-trip ticket

bolsa (de valores) (la) stock market

borracho (a) drunk

bota (la) boot

botones (el), **mozo** (el) bellboy

brazo (el) arm

brindar por to make a toast to

broma (la) practical joke

bufete (el) law office

bullir to boil; bustle

butaca (la) seat, armchair

buzón (el) mailbox

C

cabello (el), **pelo** (el) hair

caber to fit in

cabeza (la) head

café con leche (el) hot milk with coffee

caja (la) cash register, box

caja fuerte (la) safe (box)

cajero (a) (el / la) cashier, teller

calcetines (los) socks

caldo (el) broth

calmante (el) sedative

caluroso (a) hot

camarero (a) (el / la) waiter (waitress)

camarón (el) (*América*) shrimp (*America*)

cambiar to change

cambio (el) change, exchange

camión (el) truck

camioneta (la) pickup truck

camisa (la) shirt

camiseta (la) undershirt

campeón (ona) (el / la) champion

campeonato (el) championship

canasta (la) basket

cancha (la) court, field

cangrejo (el) crab

cantinero (a) (el / la) bartender

capa (la), **capote** (el) cape

carie (la) cavity

carne (la) meat

carné (el) driver's license, ID card (Spain)

caro (a) expensive

carrera (la) career, race, run

carretera (la) road, highway

carril (el) lane

carrilera (la) lane

carta (la) letter (*mail*)

cartera (la) wallet, billfold

cartero (a) (el / la) mail carrier

caspa (la) dandruff

cebolla (la) onion

cena (la) supper

cenar to have supper

centavo (el), **céntimo** (el) cent, penny

cepillarse, lavarse to brush

cepillo (el) brush

cerdo (el) pig, pork

certeza (la) certainty

cerveza (la) beer

champán (el), **champaña** (el) champagne

champiñón (el), **seta** (la) mushroom

champú (el) shampoo

chapa (la), **placa** (la) license plate

chapado a la antigua old-fashioned

chaperón (ona) (el / la) chaperone

chaqueta (la), **saco** (el) jacket

charlar to chat

cheque de viajero (el) traveler's check

chequera (la) checkbook

chile (el) pepper

chiste (el) joke

chocar to crash

chofer (el) driver, chauffeur

chuleta (la) chop, steak

cine (el), **cinema** (el) movies, movie theater

cinto (el) belt

cintura (la) waist

cinturón (el) safety belt

ciprés (el) cypress

cirugía (la) surgery

cirujano (a) (el / la) surgeon

cobrar to charge, collect

coche cama (el) sleeping car

coche comedor (el) dining car

cocina (la) kitchen, cuisine

cocinado (a) cooked

   bien cocinado well-done

   poco cocinado rare

cocinar to cook

coctel (el) cocktail

codo (el) elbow

col (la) cabbage

coleta (la), **trenza** (la) pigtail

colibrí (el) hummingbird

coliflor (la) cauliflower

comedia (la) comedy

comediante (el / la) comedian

cómico (a) (el / la) comedian

cómico (a) comic

cómoda (la) chest, cabinet

cómodo (a) comfortable

computista (el / la) computerist

condominio (el) condominium

conducir (*España*) to drive (*Spain*)

conferencia (la) lecture

conjunto (el) outfit

con retraso late

conseguir (i) to obtain, get

conserje (el / la) desk person

contado (al) cash

con tal que provided that

coñá (el), coñac (el)
 cognac, brandy

copa (la) goblet, drink

copear to have drinks

corazón (el) heart

corbata (la) tie

cordero (el) lamb

corona (la) crown

corredor (el), pasillo (el)
 hall, corridor

corredor (a) (el / la) broker,
 runner

correo (el), correos (los) mail,
 post office

correo aéreo (el) air mail
 correo certificado (el)
  registered mail
 correo expreso (el)
  express mail

correr to run

corrida de toros (la) bullfight

cortar to cut, trim, mow

corte de pelo (el) haircut

costumbre (la) custom, habit

cotización (la) rate
 (of exchange)

crédito (el) credit

crema (la) cream

crema dental (la) toothpaste

cruce (el) crossroads

cruzar to cross

cuadra (la) (*América*) (city)
 block (*America*)

cuarto (el) room
 cuarto doble (el) double
  room
 cuarto sencillo (el) single
  room
 servicio al cuarto (el) room
  service

cubiertos (los) cutlery

cuchara (la) spoon

cucharada (la) tablespoonful

cucharadita (la) teaspoonful

cuchillo (el) knife

cuello (el) neck, collar

cuenta (la) bill, invoice

cuenta corriente (la) checking
 account

cuenta de ahorros (la) savings
 account

cuna (la) cradle, crib

cuñado (a) brother- / sister-
 in-law

curva peligrosa (la) dangerous
 curve

D

damas (las) checkers

dar to give

dar la lata to annoy, bother

débil weak

dedo (el) finger, toe

de dónde diablos from where
 in the world

delgado (a) thin

de mala gana reluctantly

demorar to delay

dentadura (la) set of teeth

de pared a pared wall-to-wall

depósito (el) tank

desayunar to have breakfast

desayuno (el) breakfast

desempleo (el), paro (el)
 unemployment

deshacer to undo, melt, break

despacho (el) office

despacio slowly

despegar to take off

despegue (el) takeoff

desviación (la) detour

detener (se) to stop,
 detain

diente (el) tooth
 diente de leche (el) baby
  tooth
 echarle el diente
  to try hard
 tener buen diente to be a
  hearty eater

dios (el) god

diosa (la) goddess

dirección (la) address

dirección obligatoria (la)
 one-way street

discoteca, disco (la)
 discotheque

disponible available

divisa (s) (la[s]) foreign
 currency

divorciarse to divorce

divorcio (el) divorce

doblar to turn

doble circulación (la)
 two-way street

dolor de muelas (el)
 toothache

drama (el) play, drama

dramatico (a) dramatic

dramaturgo (el) playwright
droga (la) drug
droguería (la) drugstore
ducha (la) shower (*bathroom*)
ducharse to take a shower
dulce sweet
durar to last
duro (a) hard, tough

E

echar de menos to miss
elevador (el) elevator
embarazada pregnant
emborracharse to get drunk
empastar to fill (a tooth)
empaste (el) filling (for teeth)
empeorar to get worse
empleado (el) employee
emplear to employ
empleo (el) employment, job
enderezar to straighten
endosar to endorse
en efectivo cash
énfasis (el) emphasis
enfermedad (la) sickness, illness
enfermero (a) (el / la) nurse
engordar to get fat
enlatar to can
enojarse to get angry
en punto sharp, on the dot
ensalada (la) salad
ensayar to rehearse
en serio seriously
entidad (la) entity
entrada (la) ticket, entrance
entrega especial (la) special
    delivery

entregar to deliver
entrevista (la) interview
entusiasmar to excite,
    to cheer up
enviar to send
envío (el) remittance,
    shipping
enviudar to become a
    widow (er)
equipaje (el) luggage
equipo (el) team; equipment
equivaler to be equal to
escalera (la) stairs, ladder
escalofrío (el) chill
escenario (el) stage
escoba (la) broom
escote (el) neckline
esmalte (el) enamel
espada (la) sword
espalda (la) back (*of the*
    body)
especia (la) spice
espejo (el) mirror
esquema (el) outline, sketch
esquí (el) ski
esquiar to ski
esquina (la) corner
estacionar to park
estante (el) stand, bookcase
estar a dieta to be on a diet
estar de moda to be in style
estar embarazada
    to be pregnant
estar para ir to be about to go
estar por hacer yet to be
    done
estrecho (a) narrow
estrella de cine (la) movie star

estrenar to present for the
    first time (*a film or play*)
estreno (el) premiere
estrés (el) stress (mental)
etiqueta (la) label
evento (el) event, happening
evidencia (la) evidence
evidente evident
extranjero (a) (el / la)
    foreigner
extranjero (a) foreign

F

factura (la) invoice, bill
faena (la) task, chore
farmacia de turno (la)
    all-night pharmacy
ferrocarril (el) railroad
ficción (la) fiction
fiebre (la) fever
filete (el) steak
filmar, rodar (ue) to film
filtro de aceite (el) oil filter
flaco (a) thin, skinny
flan (el) custard
freír (i) to fry
frenar to brake
freno (el) the brake
frenos (los) braces, brakes
fresa (la) strawberry
fresco (a) fresh, cool
frijol (el) bean
frijol verde (el) green bean
frito (a) fried
frontón (el) fronton, wall
fruta (la) fruit
frutería (la) fruit shop
fuerte strong, loud

fumar to smoke

función (la) show (*movies, theater*), function

funcionar to work (*a machine*)

fútbol (el) football, soccer

G

gamba (la) (*España*) shrimp (*Spain*)

ganado (el) cattle, stock

ganancia (la) earnings

ganga (la) bargain

garganta (la) throat

gaseosa (la) soda

gato (el) cat, jack (*car*)

gerente (el / la) manager

ginebra (la) gin

giro postal (el) money order

gol (el) goal, point

gota (la) drop

gotear to drip, leak

gratis free (*of charge*)

gratuito (a) free (*of charge*)

gripe (la), **gripa** (la) flu, influenza

gritar to shout, scream

grito (el) shout, shouting

guardia (el) traffic police

guisqui (el) whiskey, scotch

H

habichuela (la) bean

habitación (la) room

hablante (el) speaker (*person*)

hacer caso to pay attention

hacer cola to stand in line

hacer escala en to make a stopover

hacer la vista gorda to turn a blind eye

hacerse el tonto to play dumb

hacerse tarde to get late

hall (el) entrance hall, lobby

hamburguesa (la) hamburger

hecho (a) done, made

hecho (el) fact

helado (el) ice cream

hembra (la) female

hervido (a) boiled

hervir (ie) to boil

hierba (la), **yerba** (la) grass

hipoteca (la) mortgage

hoja de afeitar (la) razor blade

hombro (el) shoulder

horario (el) schedule

hueso (el) bone

huevo (el) egg

   huevos duros hard-boiled eggs

   huevos pasados por agua soft-boiled eggs

   huevos revueltos scrambled eggs

humo (el) smoke

I

impedir (i) to prevent

impermeable (el) raincoat

impuesto, IVA (el) tax

incomodo (a) uncomfortable

ingeniero (a) (el / la) engineer

inoxidable rustproof

inquilino (a) (el / la) tenant

insistir en to insist on

inútil useless

inyección (la) shot (*booster*)

J

jabón (el) soap

   enjabonarse to soap oneself / to lather oneself

jamás never

jamón (el) ham

jarabe (el) syrup

jerez (el) sherry

jonrón (el) home run

joven (el / la) young, youngster

juez (a) (el / la) judge

jugada (la) play

jugo (el) (*América*) juice (*America*)

juventud (la) youth

L

langosta (la) lobster

lástima (la) pity

lata (la) can

   dar la lata to bother, pester

leche (la) milk

lechuga (la) lettuce

lectura (la) reading

leer to read

legumbre (la) vegetable

letra (la) letter (*alphabet*)

letrero (el) sign

libreta del banco (la) bankbook

licencia (la) license

licor (el) liquor

licorería (la) liquor store
ligero (a) light, fast
limón (el) lemon
limonada (la) lemonade
limpio (a) clean
listo (a) smart
litera (la) berth
litro (el) liter (2.2 *pints*)
llanta (la), goma (la) tire
llanta de repuesto (la) spare tire
llave (la) key
llegada (la) arrival
llevar to wear, carry
llorar to cry, weep
lujoso (a) luxurious
luna de miel (la) honeymoon

M

macho (el) male (*animal*)
madrastra (la) stepmother
madrina (la) godmother
madurez (la) adulthood
maldecir to curse
maletero (el) porter, trunk (*car*)
maletín (el) briefcase
mandar to send, command
manejar (*América*) to drive (*Latin America*)
mano (la) hand
mantequilla (la) butter
manzana (la) apple
manzana (la) (*España*) (city) block (*Spain*)
maquillaje (el) makeup
mar (el) sea

marca (la) trademark
marearse to get dizzy / sick
mareo (el) dizziness
margarina (la) margarine
marido (el) husband
marisco (el) seafood
mecanógrafo(a) (el / la) typist
mecedora (la) rocking chair
mecer to rock, swing
medalla (la) medal
medias (las) stockings
mejorar to improve
membrete (el) letterhead
mensaje (el) message
mentir (ie, i) to lie
merendar (ie) to eat a snack
ir de merienda al campo to go on a picnic
mes (el) month
mesero(a) (el / la) waiter (*Latin America*)
minuta (la) (*España*) menu (*Spain*)
misterio (el) mystery
mojado(a) wet
mojar to dampen, wet
moneda (la) currency, coin
moño (el) bun, topknot
morado(a) purple
motocicleta (la) motorcycle
mover(se) to move (*in general*)
moverse (ue) to move
mozo (el), maletero (el) porter (*luggage*)
mudanza (la) move
mudarse to move (*residence*)

muela (la) molar, tooth
muela del juicio (la) wisdom tooth
mullir to soften
muñeca (la) wrist; doll
muslo (el) thigh

N

nacer (z) to be born
naranja (la) orange
nariz (la) nose
natación (la) swimming
náusea (la) nausea
necesitar to need
nervio (el) nerve
nervioso(a) nervous
nevar (ie) to snow
nieto(a) (el / la) grandchild
nieve (la) snow
niñez (la) childhood
novio(a) (el / la) boyfriend/ girlfriend; bride/bridegroom
novocaína (la) novocaine
nublado(a) cloudy
nuera (la) daughter-in-law

O

obeso(a), grueso(a) obese, fat
obra de teatro (la) play
oeste (el) west
oído (el) ear, hearing
ojo (el) eye
oler (ue) to smell
olfato (el) smell (*sense*)
oliva (la) olive
olivo (el) olive tree
olvidar to forget

operar to operate
oreja (la) (outer) ear
oscuro(a) dark, obscure
oveja (la) sheep
oyente (el) listener

P

pabellón (el) ward (*hospital*)
paciente (el / la) patient
padecer (zc) to suffer
padrastro (el) stepfather
padres (los) parents, fathers
padrino (el) godfather
paella (la) paella
pagar to pay
país (el) country
pájaro (el) bird
palidez (la) paleness
pálido(a) pale
pan (el) bread, loaf
pantalla (la) screen
pantalón (el) pants, trousers
papa (la) (*América*) potato (*America*)
paquete (el) package, parcel
parabrisas (el) windshield
para con (uno) toward
parada (la) stop
para mí in my opinion, for me
para ser for being
para siempre forever, for good
pardo(a) brown
pariente(s) (el / los) relative(s)
parquear to park

partido (el), **partida** (la) game, set
pasaje (el) ticket
pasajero(a) (el / la) passenger
pasaporte (el) passport
pasta (la), **crema** (la) toothpaste
pastel (el) cookie, cake
pastelería (la) pastry shop
pastilla (la) pill
pata (la) paw, foot, leg (*animal*)
   estirar la pata to kick the bucket
   meter la pata to put one's foot in it
patata (la) (*España*) potato (*Spain*)
patear to kick
patilla (la) sideburn
pavo (el) turkey
peatón (el) pedestrian
pecho (el) chest, breast
pedir (i) to ask, request
peinado (el) hairdo
peinarse to comb one's hair
peine (el) comb
película (la), **film** (el) film, movie
peligroso(a) dangerous
pelo (el) hair
   tomar el pelo to pull one's leg
pelota (la) ball
peluca (la) wig
peluquería (la) beauty parlor, hairdressing salon
peluquero(a) (el / la) hairdresser

pena (la) penalty, sorrow
   a duras penas barely
pension (la) boardinghouse, inn
pepino (el) cucumber
pera (la) pear
perder (ie) to lose, miss
pérdida (la) loss
perezoso(a) lazy
pesado(a) heavy
pesar to weigh
pescado (el) fish
pestaña (la) eyelash
pie (el) foot
pierna (la) leg (*of a person*)
   pierna de cordero leg of lamb
píldora (la) tablet
pimienta (la) pepper
pimiento (el) green pepper
pincharse to have a flat tire
piso (el) floor, story
piyama (el) pajamas
plátano (el), **banana** (la) banana
plato (el) dish, plate
plaza de toros (la) bullring
pluriempleo (el) moonlighting
pollo (el) chicken
polvo (el) dust
polvoriento(a) dusty
polvos (los) powder
poncharse to have a flat tire
poner peros to find faults
por casualidad by chance
porcentaje (el) percentage
por ciento percent

por eso for that reason
por fin finally
por mucho que no matter how much, even though
por si acaso just in case
portería (la) goalpost; lobby
portero (el) goalkeeper; doorman
por tonto for acting silly / for being foolish
postre (el) dessert
    de postre for dessert
preocuparse to worry
preparar to prepare, cook
préstamo (el) loan
prestar to loan, lend
presupuesto (el) budget
prever to foresee
primo(a) (el / la) cousin
probador (el) fitting room
probarse (ue) to try on
profesorado (el) faculty
puede ser que maybe
puente (el) bridge
puerco (el) pig, pork
puerta (la) gate, door
puesto (el), trabajo (el) job, position
pulmón (el) lung
pulmonía (la) pneumonia
punto de vista (el) point of view
pupitre (el) desk

Q

quedar to be located
queso (el) cheese

R

raíz (*pl.* raíces) (la) root, stem
raqueta (la) racket (tennis)
raya (la) line
receta (la) prescription, recipe
reciente recent
recordar (ue) to remember
recortar to trim
red (la) net
refresco (el) soft drink
regatear to bargain, haggle
registrar(se) to register, check in
reír (i) to laugh
remitente (el) sender
reñir (i) to scold
res (la) head of cattle
    carne de res (la) beef
resfriado (el), catarro (el) cold
respirar to breathe
restar to subtract
reunión (la) meeting
risa (la) laughter
rizador (el) curler
rizar to curl
rodar (ue) to roll, run on wheels
rodear to surround
rodilla (la) knee
rogar (ue) to beg, request
rojo(a) red
romper to break, tear
ron (el) rum
ropa interior (la) underwear
rosado(a) rosé, pink
roto(a) broken, torn
rueda (la) wheel

S

saber to know
sacamuelas (el) bad dentist
sacar to pull out
sacudida (la) shake
sacudir to shake
sacudir el polvo to dust
sal (la) salt
salario (el), sueldo (el) salary, wages
salida (la) departure, exit, gate
salir to go out, leave
salir caro(a) to come out expensive
salón de belleza (el) beauty salon
salud (la) health
saludable healthy
sangre (la) blood
sangría (la) wine cooler
secador (el) dryer (for hair)
secar to dry
seco(a) dry
seguridad (la) safety
seguro(a) safe, sure
sello (el) (*Spain*) estampilla (la) (*Latin America*) postage stamp
semáforo (el) traffic signal
semanal weekly
seno (el) breast
señal (la) the sign
señas (las) address
ser preciso to be necessary
servilleta (la) napkin
servir (i) to serve, work

sin duda no doubt
sin falta without fail
sobre (el) envelope
sobresalir to stand out, excel
sobrina (la) niece
sobrino (el) nephew
solamente, sólo only
soleado(a) sunny
solicitar to apply
solicitud (la) application
soltero(a) single
solterona (la) old maid
sonreír (i) to smile
sopa (la) soup
sorprendente surprising
sorprender to surprise
sorpresa (la) surprise
sostén (el), brasier (el) (*brassiere*)
sótano (el) basement
stop (el), alto (el) stop sign
suave smooth, soft
sucio(a) dirty
suegra (la) mother-in-law
suegro (el) father-in-law
suéter (el) sweater
sumar to add
súplica (la) petition, request
suplicar to beg, request

T

taladro (el) drill
talla (la) size
talón (el) the stub
tal vez, quizá(s) perhaps, maybe
tanque (el) tank

tañer to play music / bells
tapa (la) hors d'oeuvre
taquilla (la) ticket window
taquillero(a) (el / la) ticket agent
tarjeta (la) card
tarjeta de embarque (la) boarding pass
tarjeta postal (la) postcard
taza (la) cup
techo (el) ceiling
tejado (el) roof
tejer to knit, weave
tejidos (los) textiles
televisor (el) TV set
telón (el) curtain
temer to be afraid
tenedor (el) fork
tener mala pata to be unlucky
tenis (el) tennis
tensión (la) pressure
teñido(a) dyed
teñir (i) to dye
tertulia (la) social gathering
tierno(a) tender, soft
tijera(s) (la[s]) scissors
timbre (el) postage stamp; doorbell, bell
timón (el) steering wheel
tinto (el) red wine
toalla (la) towel
tobillo (el) ankle
tocadiscos (el) record player
tomar una copa to have a drink
torcer (ue) to twist, turn
torcido(a) twisted, crooked
torear to fight bulls

toreo (el) bullfighting
torero (el) bullfighter
matador (el) bullfighter, killer
tos (la) cough
toser to cough
trabajar to work
traer to bring
tragar to swallow
trago (el) drink
traje (el) suit
traje de baño (el) bathing suit, trunks
transeúnte (el) pedestrian
travesura (la) mischief
travieso(a) mischievous
trenza (la) braid, bun
trenzar to braid
tripulación (la) the crew
tubo de escape (el) exhaust pipe
turbulencia (la) turbulence

U

último(a) last
uña (la) fingernail, toenail
útil useful

V

vaca (la) cow
vacío(a) empty
vacuna (la) vaccine, shot
vagón (el), coche (el) wagon, car (*train*)
vajilla (la) tableware
valer to be worth
valer la pena to be worthwhile
valioso(a) valuable, expensive

vaquero (el) cowboy
varón (el) male (*human*)
vaso (el) drinking glass
vehículo (el) vehicle
vejez (la) old age
velocidad (la) speed
veloz fast
venir to come
ventanilla (la) small window
verde green
verdulería (la) vegetable store
verdura (la) vegetable, greens
vermú (el) vermouth

vestido (el) dress
viajar to travel
viaje (el) trip
viajero(a) (el / la) traveler
viento (el) wind
vinagre (el) vinegar
vino (el) wine
viudez (la) widowhood
viudo(a) (el / la) widower, widow
vodka (el) vodka
volante (el) steering wheel
volar (ue) to fly
vuelo (el) flight

Y

yerno (el) son-in-law

Z

zambullir to dive
zanahoria (la) carrot
zapatería (la) shoe store
zapato (el) shoe
zona escolar (la) school zone
zumo (el) (*España*) juice (*Spain*)

Printed and bound by CPI Group (UK) Ltd, Croydon, CR0 4YY

09/07/2026

14917378-0001